Mil Poemas e um Suicídio

A biografia de um homem sem esperança

DYLAN RICARDO

Mil Poemas e um Suicídio

A biografia de um homem sem esperança

partners coerência

DIREÇÃO EDITORIAL
Lilian Vaccaro

PRODUÇÃO GRÁFICA
Giovanna Vaccaro

PREPARAÇÃO
Gabriel Lago

REVISÃO
Jadna Alana

CAPA
Décio Gomes

DIAGRAMAÇÃO
Michael Vasconcelos

DADOS INTERNACIONAIS DE CATALOGAÇÃO NA PUBLICAÇÃO (CIP)

Ricardo, Dylan
Mil poemas e um sucídio / Dylan Ricardo. – 2ª edição – São Paulo: Coerência, 2021

ISBN: 978-85-53272-24-2

1. Poesia brasileira I. Título

CDD: 869.1

Grupo Editorial coerência

partners coerência

São Paulo
Avenida Paulista, 326,
cj 84 - Bela Vista
São Paulo | SP – 01.310-902
www.editoracoerencia.com.br

Dedicatória

Às essências torturadas que não mais buscam se enquadrar a um meio tacanho, por já haverem desistido do falso entrosamento, da obrigação de agradar e da necessidade de máscaras.

Aos âmagos destroçados que renunciaram a colar seus pedaços, em razão de já se terem tornado sombras de seus próprios fragmentos.

Aos julgados e condenados por não serem medíocres, tendo por juízes e algozes todos os iguais.

Aos que sofrem os açoites de uma doentia mesmice usurpadora do ânimo.

A todos e todas que na noite erigiram o seu castelo de solidão.

Prefácio

E eis a segunda edição desta penosa obra! Quem teria adquirido os poucos exemplares da primeira?

Novamente me vi debruçado sobre estas páginas, tendo de reler tudo o que nelas foi relatado, desta vez para encaixar frases, modificar sentenças, detalhar melhor as situações, discorrer com maior esmero acerca de sentimentos experimentados pelo personagem; deslocar vírgulas, substituir palavras, e o pior, recordar todos os eventos que foram narrados. Foi torturante, asseguro-lhes.

Senti-me como um triste e revoltado fantasma que perambula pelos sombrios cômodos da casa abandonada na qual foi assassinado. Uma alma condenada cuja penalidade é a de recordar repetidamente o seu próprio desenlace trágico.

Para melhor ilustrar, esmiucei cada episódio vivenciado pelo perturbador e transtornado personagem com o mesmo rigor e entrega que dediquei à primeira edição, e, destas narrativas, outra vez, colhi toda a prejudicial carga psicológica.

Só um devotado masoquista se deixaria envolver mais uma vez por este protagonista.

Há pouco mais de dois anos, concebi este problemático rebento literário em um parto extremamente doloroso, e, tendo nascido, achei por bem entregá-lo à vida. Agora, como uma maldição que regressa para cobrar uma dívida, ele despontou ante meus olhos, desejando maiores cuidados. Insistiu em ser trazido de volta tal qual um horrendo e vingativo espectro inconformado.

Envolver-me outra vez com a danosa complexidade desta obra definitivamente não foi aprazível; a carga presenteada por cada episódio lido pesou-me deveras aos pensamentos e à sanidade, suscitando um implacável desânimo, além de uma contumaz e perniciosa insônia.

Com frequência, senti irem-se as energias, em razão de estarem fielmente direcionadas à conclusão deste trabalho, e isso me causou um doentio e preocupante esmorecimento. Pensei estar enfermo e até em consultar um médico, mas entendi a tempo que o estranho estado que me consumia realmente se originava da excessiva dedicação legada à obra.

O livro regressou como um afiado bumerangue, como um inflexível e obstinado parasita; ressurgiu tal qual um sedento vampiro que busca uma jugular para desesperadamente se manter vivo.

O personagem se havia tornado tão presente quanto a assustadora e encorpada sombra que se arrasta ao meio-dia, porém guardando em sua escuridão o peso reflexivo e atemorizante da meia-noite.

Como de praxe, envolto por uma enfraquecida luz, atravessei silentes e conflituosas madrugadas arqueado sobre as teclas no notebook, desta vez para deixar-me levar pela complexa personalidade de um ser que eu já não encontrava havia algum tempo.

Estabelecemos infindáveis, filosóficos, peculiares e assustadores diálogos por todos os angustiantes trechos do penumbroso labirinto percorrido, sempre imbuídos na sufocante certeza de que a luz que fatalmente despontaria ao seu fim não seria a da almejada saída, mas a que indicaria um profundo abismo – natural conclusão de nosso funesto relacionamento.

Quisera jamais me ter deixado envolver pelos inebriantes tentáculos do seu morbo saudosismo, e nunca me ter permitido seduzir pelo pessimismo natural de sua presença.

Agora é muito tarde para lamentações.

Há algo de tão reflexivo quanto ameaçador nos desagradáveis comentários e questionamentos deste protagonista. Algo que remete a uma incômoda sensação. Talvez eles se assemelhem ao que muitos sentem inconscientemente com relação à existência. Até o que eu sinto.

A sensação de incompletude, a percepção do iminente fracasso, o peso tão presente das infaustas ocorrências do passado, a péssima relação familiar, os desapontamentos amorosos e as naturais decepções do dia a dia servem, e muito, para abrandar o ânimo de se estar vivo. E este é precisamente o cárcere que o mantém sufocado: o desânimo existencial.

A perversa influência do abatimento oriundo da desesperança, quando envolve mentes com tendências à negatividade, pode levar a comportamentos perigosos e, por vezes, fatais. Esta obra despretensiosamente busca esmiuçar tais comportamentos através de um profundo mergulho ao cerne da psique de alguém que se percebe obsoleto em seu tempo. De alguém que, por assim dizer, possui uma alma ancestral. Uma alma perdida no empoeirado porão do passado, e que dele colhe não apenas inspiração para escrever, mas força para existir.

A melancolia, a inconformidade e a inadaptação são espinhosos fardos intrínsecos à natureza do personagem, e esses pungentes sentimentos, dentre outros, causam o aflorar de sua brutal e destrutiva sensibilidade. Sua macabra interpretação dos corriqueiros eventos da vida o remete a certezas pessimistas tanto quanto a condutas desaconselháveis. Talvez ele seja o seu pior inimigo, o mais impiedoso e envolvente.

E, enquanto o estresse, a insônia, o álcool e os cigarros lhe roubam a saúde, o derrotismo e o excesso de racionalização lhe emparedam qualquer passo ensaiado. E tudo entorpece seus movimentos, até que desista de sequer tentá-los.

Ele está preso em si, irremediavelmente detido num claustro sufocante de pensamentos repetitivos. Ele é um títere nas mãos das recordações, uma marionete manipulada pelas imagens torturantes que eclodem do passado. Está entregue ao descontrole dos atos e ao desequilíbrio psicológico tanto quanto ao medo do futuro.

Sua imaginária fuga dá-se através da leitura de grandes obras, dos livros de autores clássicos como José de Alencar, Machado de Assis, Oscar Wilde, Álvares de Azevedo, Cervantes, Shakespeare, Gaston Leroux, Dostoiévski, etc. E essa prática – que deveria ser de todo positiva – serve também para solidificar ainda mais o seu constante estado de insatisfação, pois dela colhe a impossibilidade de vivenciar as situações narradas, bem como a tristeza por não poder perambular por épocas que tanto o atraem.

A mediocridade contemporânea empalidece a sua coragem, envolve-o em uma enfermiça monotonia, sufoca-o em um estado de revolta e abatimento que o arremessa ao exílio e à misantropia.

Há muito ele já perdeu a familiaridade com o diálogo, passando a viver quase como um náufrago apartado em uma ilha de descontentamento. Ele é um genuíno recluso da vida.

Para alguns, não há divertimento ou prazer em escrever, só uma doentia compulsão, pois grafar aflições é quase como aquele amargo remédio da infância cuja ingestão é necessária para limpar o organismo. Assemelha-se a um desagradável fármaco vomitivo.

No meu caso, por exemplo, escrever não atenua coisa alguma, mesmo sendo a escrita, muitas vezes, uma forma de regurgitar um "câncer psíquico". Para mim, ortografar apenas enfatiza e fortalece o que insiste em perenizar-se. É como se cada página redigida se convertesse em uma tela na qual as imagens dos eventos ocorridos saltassem aos olhos.

Redigir dores converte-se em uma duplicação de feridas quando transferimos as algias da essência para as laudas, torna objetivo ao sentimento um profundo conteúdo até certo ponto abstrato à explicação. Imagino cada lauda como um membro do corpo, e as sentenças como profundos cortes que sangram, em razão dos açoites das ideias.

Há obras que são capturas físicas de emoção, que encarceram desagradáveis e inesquecíveis experiências. Há livros que guardam nas sofridas letras acres respingados de lágrimas contumazes, e nas frases, partículas do próprio autor. Quiçá as pontuações sejam gotas de seu sangue.

E por que se faz isso, já que é tão doloroso? Por que se escreve? Pelo mesmo motivo que levou o escorpião a picar o sapo quando este o ajudou a cruzar o rio. É da natureza; nada pode ser feito para mudar.

Velhas fábulas muitas vezes explicam fatos obscuros.

Expor a angústia através da arte tem um preço: o de vivenciar novamente o que se guardou no peito, ressuscitando com igual intensidade o sofrimento conservado. É morrer novamente.

Há pessoas que possuem uma mágica capacidade de olvidar as tristezas adquiridas ao longo da existência, ou de, se não esquecer, saber lidar com elas e absorvê-las de forma a gerar uma carga positiva de aprendizado e renovação de esperança. Essas pessoas são "sorridentes profissionais".

Porém, existem seres que vieram ao mundo como se destinados à noite. Não apenas a noite que se mostra além da janela, mas aquela que se aninhou à alma. Estes absorvem o que de mais triste e desesperador há na existência, e suas excessivas sensibilidades os mantêm enclausurados em estados perpétuos de tristeza.

Esta obra se refere a uma dessas pessoas.

Desde muito cedo, o trágico personagem desta obra macabra percebeu entranhado em sua conduta um estranho isolamento, uma natural inadaptação ao meio. Em sua infância, observava a distância o inocente entrosamento das outras crianças enquanto permanecia timidamente estático, silencioso e reflexivo. Talvez, de alguma maneira, ele devesse ter lutado contra isso, mas, para alguém tão pequeno, não há como entender determinadas situações, restando apenas vivenciá-las.

Para ele, ser largado no pátio de um colégio, sendo tão diferente, tornava os dias com os outros garotos, que eram tão iguais, um exercício torturante de inconsciente autodescobrimento e sensações desagradáveis.

Por esse e outros fatores, seu distanciamento agravou-se com o tempo, convertendo-se em uma patológica apartação. E esta cerrou as portas da exposição dos seus reais sentimentos. Não que ele mentisse, mas, por uma questão de defesa, resolveu não expor as fraquezas. Pelo menos, hoje, tendo o conhecido como conheci, entendo dessa maneira.

Ele sentia-se ameaçado a cada instante, a cada nova situação, e, não sabendo lidar com as novidades que a vida impunha, buscava proteger-se das decepções que fatalmente ocorreriam.

Só bem mais tarde ele compreenderia que a ausência de diálogo fez toda a diferença na construção do adulto no qual viria a se tornar. Adulto emocionalmente destruído e vítima de um comportamento repetitivo, que ao longo da vida criaria novos traumas. Esses abalos psicológicos se tornariam tão profundos que o fariam buscar na solidão uma dolorosa salvaguarda contra as vindouras desilusões.

O protagonista desta obra está completamente perdido. Abandonado não só ao inferno da realidade, mas à sorte de um comportamento destrutivo. Sonhador, preferiu nutrir seus dias com hábitos quase autistas, buscando no mundo dos livros refúgio e acolhimento. Decidiu imergir na fantasia desejada, apesar de permanecer assombrado pelos fatos do passado. As decepções e os erros o perseguem sob a forma de arrependimentos e despertos pesadelos, tornando sua rotina uma penalidade.

Sua taciturna forma de ser, cultivada ao longo dos anos no sombrio molho da negatividade, fê-lo aprofundar-se no mundo das obras ultrarromânticas e simbolistas, tendo nelas encontrado inspiração não só para escrever, mas também para conduzir seu "estilo de existir".

Anacrônico, isolou-se em seu minúsculo quarto, convertendo a sua cela mental em cárcere físico, e ali, vitimado por lembranças e desejos, regurgitou violentamente em textos suas perdas, sonhos, dores e revoltas.

O insano planejamento deste perturbado protagonista resume-se a tirar a própria vida ao completar o milésimo poema escrito. Nesta obra, constam os cem últimos. Terá ele realmente cometido suicídio? Leiam e descubram, caros leitores; não posso revelar o fim da piada antes de contá-la.

Podemos afirmar que, sem dúvida, os infaustos eventos que rechearam a sua existência forneceram material suficiente para o pessimismo e desesperança que permeiam suas composições. Sendo todas elas prolongamentos de sua própria personalidade transtornada.

Para finalizar, preciso dizer que nem todas as referências citadas possuem notas; em razão disso, conto com o interesse dos leitores em buscar informações acerca do que desconhecem.

Leitor, ou leitora, deixo-o(a) à mercê de sua idiossincrasia. A tudo entenda como lhe convier. A mim, basta saber o que realmente aqui está escrito, porém apelo ao seu bom senso, sensibilidade e inteligência, para que busque com dedicação deixar-se ocupar pela verdade que tentei descortinar.

Bom proveito, se for possível.

I

Há quem acredite que o inferno não existe, e que tampouco o Diabo seja real, mas e se eu disser que conheci a ambos, seria tomado por mentiroso? Decerto que sim.

Eu sei, minha afirmação é ousada, e eu entendo a relutância de alguns em dar crédito às minhas palavras. Permitam-me, então, explicar a que me refiro antes de ser mal interpretado ou classificado como insano. O que eu desejo dizer vocês agora entenderão.

Quando cito a palavra "inferno", não aludo a um espaço físico, no qual gritos horrendos, brumas sufocantes, sofrimento eterno e colossais labaredas integram uma exótica e doentia decoração, mas como sendo um conturbado e detestável estado psicológico. De igual maneira, quando toco no nome de seu mais conhecido morador, não quero com isso convencê-los de que um ser inflamado, com chifres, cauda ondulante e tridente na mão seja real. Dito isto, entendo por Diabo aquele que alimenta as chamas de sua própria desesperança, nutrindo-as com tamanho pessimismo a ponto de incendiar qualquer sorriso ensaiado e de destruir toda perspectiva positiva que a existência possa fornecer.

Sim, é disso que se trata, da realidade, sem bizarros ilusionismos, sem misticismos medievais, fanatismos religiosos ou enganadoras máscaras. Reporto-me tão só a um ser humano, a um poeta e escritor, a alguém que sempre alimentou lembranças destrutivas como quem nutre a um filho, e por isso converteu-se em vítima dos ardis maquinados por seu peculiar desequilíbrio e pessimismo.

Trago nesta obra alguém que se tornou o Diabo de sua própria vida, o verdugo de suas alegrias, e, em razão disso, passou a cumprir pena – por assim dizer – em um inferno profundamente pessoal erigido no interior do crânio.

Por questão de prudência e respeito, serei obrigado a não citar o nome deste angustiado indivíduo, pois o conheci muito bem, bem até demais, e não desejo expô-lo.

Tive a oportunidade de com ele relacionar-me desde muito cedo, e de, com isso, vivenciar um vínculo de amizade e ódio. Posso dizer, sem temer enganar-me, que sou a pessoa com a qual ele mais se relacionou. Por muitos anos fui seu confidente, e não só ouvi de sua boca o muito que nesta obra está registrado, mas também fui testemunha de vários eventos.

Por meio do longo texto que agora se inicia, desejo conduzir aos olhos de quem tem esse livro nas mãos um autêntico réquiem à felicidade. Comecemos.

Foi em junho de 1968 que arrancaram o poeta do ventre de sua mãe. Após nove meses aconchegantes de parasitismo, mergulhado em tíbia proteção, a existência o sequestrou para mantê-lo no cárcere privado dos dias.

Um frio indefinível abraçou-o com a paixão de quem castiga com prazer, e finalmente despontou o meu amigo como um condenado que vem ao mundo, como mais uma peça do quebra-cabeça da humanidade. Bem-vindo à vida!

Dependurado de cabeça para baixo, ele oscilou como um morcego ensanguentado no compasso preguiçoso das forcas, para logo prantear escandalosamente em razão das nádegas estapeadas pelo médico.

– É um menino! – alguém anunciou.

A cortina se descerrou e a peça começou; ali, no palco do hospital, ele chutou as portas da existência, estreando como ser vivo. Era quase meia-noite quando o olharam nos olhos verdes e sonharam por ele.

1968; no ano que não havia terminado, a vida iniciava-se para aquela criança.

Naquele ano, um negro sonhador havia sido baleado mortalmente, e o mundo estava mais perplexo diante de mudanças ferozes. Um branco rico, tal como o negro que tinha um sonho, também tombou. O rei Luther e o procurador Robert carimbaram seus nomes a sangue e ferro quente nas páginas da história.

A apoteose cinematográfica hollywoodiana vinha do sudeste asiático. Helicópteros, bombas, rajadas de metralhadoras, gritos, cadáveres em sacos pretos, agente laranja, napalm, massacres e soldados – a maior parte negros e latinos – buscavam frear o avanço vermelho em um lugar de vasta floresta de que o estadunidense jamais ouvira falar.

No país, Costa e Silva — o Artur que não era rei — decretava o AI-5.

Em junho de 1968, o cordão umbilical do meu amigo poeta foi cortado por uma tesoura amolada, e quero crer que o metal prateado do instrumento reluziu em suas íris glaucas como em uma tela na qual se exibia o vindouro filme triste de sua vida.

Enquanto ele tinha dois palmos de altura e era embalado pelos amorosos braços de sua mãe, o mundo tomava um rumo conturbado. No dia seguinte ao seu nascimento, no Rio de Janeiro, cem mil marchariam em protesto contra o regime militar, e naquele mesmo ano a UNESCO decretaria o ano internacional dos direitos humanos.

Em tempo algum ele foi tão inocente, seus pais jamais foram tão esperançosos e o mundo até então nunca se mostrou tão perigoso.

Naquelas saudosas manhãs setentistas, despertar ao som da música do rádio-relógio era desgastante e assustador. Aquele era o toque da alvorada do soldado mais desobediente. Por mais agradável que fosse ouvir Luiz Gonzaga cantar, uma criança não deve acordar sobressaltada tendo seus sonhos esfacelados a golpes de realidade.

Ser sacolejado pela imposição da hora fazia o poeta pensar que tão desagradável quanto ser forçado a dormir era ser obrigado a acordar, principalmente para ele, que sempre adorou permanecer sobre o leito, até para compor. Em alto e bom tom, ele sempre assumiu ser um cultivador de remelas.

— Olhe a hora! — gritava o seu pai, como se os olhos verdes e embaciados de meu futuro amigo pudessem ver algo além dos macios braços abertos da cama, chamando-o de volta.

Seus pés mal tocavam o chão gelado quando ele se sentava à beira do colchão, tomando coragem — enquanto não havia aprendido a tomar uísque — em doses cavalares para saltar no agitado líquido do ardente caldeirão da vida.

Para ele, sair da cama era um pulo de paraquedas em um abismo escuro, era o próprio esforço do parto. Trinta anos depois, ele me diria que o ato de acordar é uma tentativa inconsciente de suicídio, e essa frase passou a integrar os meus despertares preguiçosos e doloridos.

Enquanto o mundo travava as suas guerras, ele lutava as dele, desde cedo.

Repetia-se a rotina pelas manhãs de sua infância: pão com manteiga, ovos mexidos e café com leite, depois escovava os poucos dentes que tinha e partia, como um soldado sem ideologia que é empurrado para uma inglória batalha. E, quando entrava na sala de aula, lá estava o exército inimigo, ruidoso, indisciplinado, fardado, todos iguais. Nenhum bom-dia, nenhum sorriso, só a velha algazarra ensurdecedora que o acompanhou por anos. Eram autômatos produzidos em escala industrial, os mesmos olhares, os mesmos gestos, as mesmas gargalhadas.

Em plena ditadura militar, o seu herói era Mickey, e ele era o Pateta. Todos ali estavam sendo cuidadosamente adubados com a alienação, regados diariamente com litros de desinformação. Preparava-se nas escolas o cidadão do futuro, o homem do amanhã.

No recreio, os esconderijos o engoliam enquanto ele brincava de esconde-esconde com os sentimentos. Não dizia o que pensava e muitas vezes não pensava o que dizia.

Porém, apesar de todo o incômodo que foi frequentar o hospício das salas de aula, ele teve grandes amigos naquela rumorosa matilha. Amigos cujas vozes, anos depois, o acordavam à noite com frases sussurradas que ecoavam em seu peito tal qual uma oração do passado. Seus rostos permaneceram guardados por muitas décadas.

Em seus momentos de reflexão noturna, o poeta perguntava-se onde todos estariam, que rumo haviam dado às suas vidas; inquiria-se se estavam felizes, casados, com filhos, e se ainda estavam vivos.

À noite, ele perdia-se de si numa vastidão de pensamentos em que cada instante guardado desabrochava como uma rosa plantada em areia movediça. Ele era todos os que conheceu. E por muitas vezes se flagrava pensando se alguns daqueles garotos dos anos setenta ainda se lembravam dele.

E ele marchava pela desarmonia dos minutos, perguntando-se qual caminho deveria trilhar. "Eu sou o acaso de mim, pois, sempre que planejo, mudo de ideia. O mundo é inseguro, e, sendo mais um troglodita a habitar essa grande caverna, como posso não deixar o macrocosmo influenciar meu pequeno reino?"

Não quero me perder em divagações, mas é impossível que tal fato não se dê quando escrevo sobre alguém que tem tanto do que se recordar. As memórias cultivadas do meu amigo poeta fazem eclodir as que não me abandonam, como se as dele erguessem as minhas sobre os ombros. Mais uma noite, mais algumas páginas escritas, assim vão-se as horas e escorre a vida.

É certo que, naquela época, as responsabilidades eram tão pequenas quanto ele, e faltava-lhe a consciência adquirida mais tarde com os golpes da vida, mas não tenho dúvidas de que ele plantou as árvores que impediriam a sua fuga da floresta de angústia que o cercou.

As lembranças o consumiam; ele não se esquecia, por exemplo, da primeira casa onde morou, tampouco do cemitério que despontava logo na esquina.

Era um típico lar dos anos setenta, localizado em uma rua onde os vizinhos se conheciam, se respeitavam e frequentemente compartilhavam a calçada sentados em confortáveis cadeiras de praia. A brisa dos fins de tarde tornava aquelas reuniões familiares muito aconchegantes; o pôr do sol avermelhado tingia de sangue os telhados e salpicava algumas janelas com um facho colorido de luz, como se cada lar tivesse seu próprio arco-íris. Aquele mormaço entorpecia o meu amigo, envolvia-o em uma sonolência inocente e ele bocejava enquanto esperava a sua mãe chegar com o suco de limão gelado.

E, quando o lusco-fusco desabrochava, todos corriam para dentro de suas casas para assistir às novelas da TV Tupi, a primeira emissora de televisão do Brasil e da América do Sul, fundada em 1950 por Assis Chateaubriant. Alguns anos depois, a TV Tupi faliria.

Assis Chateaubriant, paraibano de Umbuzeiro, para o leitor que não conhece, foi um grande magnata das telecomunicações no Brasil. Jornalista, empresário, político, professor de Direito, escritor e membro da Academia Brasileira de Letras, esse homem revolucionou uma época. Chamado de Cidadão Kane brasileiro, ou Chatô – como era mais conhecido –, foi Senador da República e uma figura extremamente polêmica. Amado por uns, temido e odiado por outros, faleceu de colapso cardíaco em abril de 1968, dois meses antes de o poeta nascer.

Bem, as recordações eram tantas, tão numerosos mostravam-se os eventos e presentes suas impressões sobre cada fato, que se tornou uma obrigação registrar tudo. E ele esmerou-se extraordinariamente para trazer sua vida aos papéis.

Certo dia, após um trabalho sobre-humano, meu amigo, como quem contempla perplexo a um cenário de desolação, estancou ante o que havia escrito; saíra-lhe cada letra como um vômito, frases, acentuações, ideias, eventos, memórias, sentimentos, tudo. Alguns versos rapidamente, outros resvalando tal qual um imenso, enfermo e corpulento réptil, como algo que comprime e apodrece o estômago.

Os poemas entornaram nas páginas como alimento deteriorado que, imposto pela vida e tragado pela covardia, é expelido por extrema necessidade.

Ele aproximava-se do fim de mais um livro.

Contemplando as alvas "folhas cibernéticas" salpicadas por letras negras, ele só conseguia compará-las a paredes sujas de sangue. O velho notebook, já levemente amarelado pelos anos de nicotina bafejada, erigia-se feito um ídolo, uma ancestral estátua venerada que dele tudo sabia. Era a deidade tecnológica que registrava suas dores.

Ele recostou-se no travesseiro e, quase como se envolto por um cansaço pós-batalha, suspirou profundamente. No canto da boca, o cachimbo balançava, enquanto a perfumada fumaça com fragrância de cereja subia escurecida. "Estou chegando ao fim", pensou. "Quero pelo menos dez livros escritos, com cem poemas em cada. Será pouco? Após a morte de Emily Dickinson, encontraram entre seus escritos mil e setecentos! Acho que não chegarei a tanto..."

Sua alma silenciou e o seu olhar perdeu-se pelas centenas de livros na estante. Contemplou Oscar Wilde, Balzac, Jane Austen, Gogol, Tchékhov, Cervantes, Augusto dos Anjos, Bernard Shaw, Álvares de Azevedo, Casimiro de Abreu e outros que havia devorado em noites de insônia. Eram décadas de leituras que ali se espalhavam cobertas por capas vistosas e empoeiradas.

No quarto, entre baforadas aromáticas, de súbito ele sentiu a presença de sua mãe no corredor, percebeu seus cuidadosos passos, talvez oriundos da cautela de quem busca informar-se sobre as estranhas atividades que ocorrem atrás de uma porta fechada.

Sua mãe... Ah, a sua mãe! Esta, sim, esta é que era a verdadeira vítima de todos os lamentos e ideias deturpadas que dele brotavam diariamente. De suas incessantes reclamações e recriminações. De sua carrancuda quietude e perpétuo pessimismo. Esta era a sofrida refém de um depressivo ultrarromântico perdido no tempo, que se comportava como um eremita rebelde, sonhador frustrado e desgostoso oitocentista.

Porém, a culpa por aquela confusão mental, em sua totalidade, decerto não podia ser atribuída exclusivamente ao solitário monstro, afinal, este havia sido gerado sem poder opinar sobre a própria concepção. Havia sido arremessado às pútridas incompatibilidades do mundo a partir do útero de um maternal doutor Frankenstein.

No caso, uma doutora, que definitivamente jamais esteve preparada para a procriação, sendo isso comprovado pela absoluta incapacidade que sempre exibiu em educar a sua prole.

Alguém sem criatividade, autocrítica, imaginação, iniciativa ou capacidade de reter informação jamais poderá legar algo positivo aos filhos que entrega à existência. Gente com essa índole é o claro exemplo do ser no qual criança alguma deve se espelhar.

Posso afirmar que, se ser mãe fosse uma profissão, ele já a teria despedido.

Estou sendo cruel ao referir-me de tal maneira a essa senhora, eu sei, mas entendam, eu conheci a ambos, e lhes asseguro que sou um excelente observador. Acompanhei a trágica convivência destes por muitos e muitos anos, por toda a minha vida, e sei o que estou relatando.

Quando o meu amigo buscava os conselhos de sua desorientada genitora, ou tecia lamentos, ela, como era de se esperar, trazia tão somente comentários dignos de um livro de autoajuda, e neles reinava a positividade infantil de quem não tinha o que dizer, de quem se prendia a frases automáticas de revoltante otimismo. E sempre havia qualquer coisa de espiritual em toda aquela inutilidade.

Ela costumava a fazer um confronto de vicissitudes, citando sempre que às suas eram mais dolorosas que as dele. Certa feita li em algum lugar que "dor não se compara, se ampara", e isso definitivamente ela não sabia fazer. A mulher usava suas angústias para galgar o patamar mais elevado no pódio das histórias tristes. Sempre que penso nisso, me vem à cabeça um conto de Barbey d´Aurevilly, chamado *Léa*. Nele há uma sentença que muito se adapta à situação: "... a dor também tem a sua vaidade".

Eu sei que ela só queria ajudar, compreendo perfeitamente as boas intenções de uma mãe, como ele também. De igual forma entendo que a culpa por não compreendê-la e até criticá-la em razão daquele infrutífero esforço doía bastante no meu amigo, e se somava à aflição que já o consumia.

Creio que o maior erro dos pais é o de não considerarem seriamente a própria finitude, e em razão desta imprudência não criarem os filhos para quando estiverem ausentes. Esta falha fortalece a dependência. O doentio apego alimentado só será percebido mais tarde, no futuro, quando a criança se tornar um adulto inseguro e incapaz de resolver ou lidar com as dificuldades inerentes à vida. Alguém problemático, isolado e depressivo.

A incompetência exibida na própria criação será percebida pelo adulto consciente, e isso gerará um inimigo revoltado com aqueles que o trouxeram ao mundo.

Filhos nascem para a vida e devem ser criados para encarar os revezes desta. Protegê-los no perfumado interior de uma colorida redoma de mimos trará funestas consequências, pois a existência ensinará da forma mais cruel que a educação recebida não passou de uma fantasia perpetrada por quem definitivamente jamais esteve preparado para procriar.

Após a morte do pai deste meu tão confuso amigo, os anos vindouros se tornaram ainda mais torturantes para ele; os desentendimentos com sua mãe eram frequentes, discussões acerca do que ele entendia como erros cometidos por ela. Ele a culpava pelos fracassos constantes dos quais era vítima e se sentia como uma marionete da deficiente educação ministrada por alguém com absoluta inaptidão à maternidade. Entendia que se havia convertido em um autômato que obedece cegamente aos equívocos de um raciocínio nutrido pelos descuidos da criação. Entendia-se como um ser frágil, emocionalmente vulnerável, tímido, hesitante e inseguro com relação à aparência, concluindo que fora vítima dos cuidados de uma pessoa tóxica.

Ela não deixava por menos; em sua inconsciência, argumentava que a culpa era da própria criança, afirmava que a índole do filho pequeno tornara o relacionamento difícil, sendo impossível educá-lo devidamente. Ela também culpava o destino, e até a influência dos excessos de amabilidade da tia, jamais assumindo qualquer responsabilidade naquela criação. Isso o deixava enlouquecido de cólera, pois havia chegado à conclusão de que os problemas de sua mãe não eram apenas psicológicos, mas de caráter.

Acredito que a mulher sofria de mitomania. Para não assumir a responsabilidade com os problemas que criava, ela mentia compulsivamente, e isso ele atribuía ao medo que a dominava. Medo de assumir os próprios erros e, consequentemente, sentir-se inferiorizada ante os demais.

Sendo ela incapaz de aprender com os equívocos, punha-se sempre a repeti-los e, claro, necessitava mentir para não ser admoestada.

Seria tão mais fácil assumir os enganos e aprender com eles... Isso se chama evoluir.

Criar um vórtice repetitivo de lapsos e deixar-se levar pelas lâminas de suas hélices sem sequer buscar entender a gênese do próprio desleixo é saltar espontaneamente no abismo da ignorância.

A esse grande problema psicológico ela chamava de "meu jeito", como se a patologia fosse tão somente uma divertida peculiaridade do caráter, e não um mal a ser tratado.

Deixem-me relatar duas pequenas passagens que bem atestam a confusa originalidade da mãe do poeta. Porém, antes de iniciar, sinto-me no dever de alertar aos pacientes leitores que chegaram a este trecho da obra, acerca do fato de meu bom amigo não odiá-la. Não! Decerto que não! É verdade que a relação entre ambos sempre conteve um agigantado grau de conflito, e é correto afirmar que os dois jamais se "encaixaram", todavia a presença do amor era patente, apesar de mesclado às rusgas constantes em razão da mais absoluta incompatibilidade. Mas sigamos:

Eu soube que a mulher não podia ouvir falar de banana! Isso mesmo, da pseudobaga da bananeira. Sempre que surgia qualquer tema relativo, ela se referia à infância, de quando uma amiga da família a forçava a comer. E a tal pessoa assim agia, quero crer, imbuída tão somente da autêntica vontade de nutrir uma criança, nada mais. Sem qualquer inclinação ao sadismo.

Ao contrário dela, a tia do poeta adorava, e sempre fritava algumas para deleitar-se durante o tradicional café das dezoito horas. Ao vê-las na panela, chiando, quase borbulhando e salpicadas de canela, a crítica genitora tornava-se séria, e se estabelecia um clima pesado.

A mãe do meu amigo ainda comentava que quando as bananas eram retiradas do suporte negro que as unia ao cacho – creio que se chama raque –, a peça, ao tornar-se enegrecida, se assemelhava a uma aranha, e aquilo provocava pesadelos nela.

E ela não parava de falar, como se repetisse, ad infinitum, um mantra que ele já não mais suportava ouvir: "Eu não gosto de banana... Eu não gosto de banana... Eu não gosto de banana". Depois falava do trauma, e do tal aracnídeo. Cada louco tem sua peculiar fixação.

Outra coisa que deixava o poeta enraivecido era quando a sua mãe trocava o bom pelo ruim, em virtude do melhor estar em falta. Eu explico! Mas para isso terei que ilustrar narrando "O caso do amendoim". Vamos a ele.

Dentre os vários tipos de amendoins encontrados nos mercados, os mais comuns são o amendoim japonês, o descascado salgado e o temperado.

O japonês é encapado por uma crosta de farinha de trigo escurecida pelo calor, o descascado salgado, como o próprio nome revela, é o mais simples, e o temperado recebe em sua receita orégano, cebola, alho, pimenta vermelha, noz-moscada e, claro, como em todos, produtos químicos.

Na primeira compra feita por ela dos produtos, o descascado salgado e o japonês foram muito bem aceitos. Na vez que se seguiu, estes estavam em falta, então ela trouxe o temperado, e ao provarem, de imediato não gostaram. Resolveram não mais adquirir.

Na segunda compra, surpreendentemente o temperado voltou à mesa.

— Ué! Trouxe esse novamente? — disse o poeta.

— Só tinha esse! — justificou ela.

— Se só tem o ruim, não compre! Se falta o que nós gostamos, por que trazer o que não nos agrada?

Ao que parece, a mulher não aprendeu. Na terceira compra, ela trouxe novamente o temperado.

— Nós não tínhamos combinado de não comprar mais esse? — inquiriu em tom admoestativo.

— Eu comprei porque quero experimentar... — explicou.

— Mas você já experimentou, e não gostou!

Ela calou-se.

Na quarta vez, semanas depois, quando sua mãe saiu do apartamento para fazer novas compras, e esperava o elevador chegar, ele parou à porta, e enfatizou as palavras:

— Não compre o temperado! Temperado... Não! Entendeu? — E ainda repetiu: — O amendoim temperado... não compre! — disse oscilando os dedos indicadores de ambas as mãos à altura da cabeça que, como eles, também se movia em sinal negativo.

Horas mais tarde ela regressou, e quando retirou, uma a uma, as mercadorias das sacolas, lá estava ele, o maldito amendoim temperado. E parecia ter no pacote azul uma cara demoníaca desenhada, que sorria.

Ela não tinha consciência do erro, não aprendia com ele e não o admitia, ainda inventava desculpas para justificá-lo. Se ela pelo menos dissesse "eu errei" ou "eu esqueci", o poeta se calaria solidário. Mas, não! Não mesmo! Havia sempre um rocambolesco esclarecimento para não ter que admitir o equívoco.

Antes de prosseguir, devo comentar sobre algo que neste preciso instante me veio à mente. Eu já ia mudar de assunto, é verdade. Ia seguir com o texto, mas não posso deixar de mencionar isso. Escreverei sobre outra "coisa" que envolve esta genitora tão exótica. E se coloco aspas na palavra "coisa" é por pura ironia. Explico:

Dentre as peculiaridades da mãe do meu amigo, havia uma que bem a caracterizava. Era a estranha e irritante mania de classificar tudo como "coisa".

Não sei se era um vício adquirido com a criação, se preguiça de dizer o nome do que quer que estivesse em questão, ou se esquecia momentaneamente da palavra. O fato é que aquele hábito enervante dava um nó no cérebro do poeta, e ele pedia com frequência estafante que ela repetisse o que havia dito, mas que desta feita utilizasse o termo correto para que ele fosse capaz de identificar ao quê a mulher se referia. Deixe-me dar um exemplo:

Ela apontava para o balcão da cozinha e pedia que lhe fosse entregue "aquela coisa". Ora, ali havia pratos, xícaras, panos, talheres, copos, panelas, etc. O poeta se perdia.

– Que coisa? – perguntava ele, vasculhando o local com os olhos.

– O garfo! – ela respondia.

– Então diga a palavra... Coisa, eu não sei o que é!

Por anos a tragicomédia persistia, diariamente, em relação a tudo, como se fosse uma brincadeira, uma pequena tortura psicológica ministrada a conta-gotas. Aquele, dentre outros, era um dos traços imutáveis da personalidade daquela senhora.

Eu sei! Eu ia mudar de tema – pelo menos, por agora –, quase prometi! No entanto, as memórias são como um trem: um vagão puxa o outro.

Lembrei-me neste momento da tal história do cotonete, isso mesmo, do cotonete, e de outras mais... A locomotiva é extensa, e os vagões se atam como as contas de um rosário.

A mãe do meu amigo tinha por costume, sempre pela manhã quando acordava, a limpar as orelhas com um cotonete. Mas ela não limpava simplesmente e se desfazia do objeto, ela costumava a andar com ele pela casa, enfiado ali, no ouvido, como uma pequena antena azul de ponta branca.

E passava meia-hora, uma hora, não sei! Bastante tempo com aquele graveto saltando da cabeça, tal qual um pequeno chifre de plástico, enquanto preparava o café, punha a xícara na mesa, passava manteiga no pão, etc. Aquela bizarria metia medo no poeta, em razão dele sempre recordar de que, havia muitos anos, ela tinha esquecido aquilo ali espetado, e ferido a parte mais interna do ouvido.

— Mamãe... — cônscio de que seria inútil, ele dizia — limpe os ouvidos no banheiro, depois jogue o cotonete no lixo, leva só alguns segundos. Não ande pela casa com isso na orelha, você vai esquecer e pode se ferir.

Ela permanecia calada, e no dia seguinte fazia a mesma coisa.

— O esquecimento é uma rebeldia inconsciente — brinquei quando ele me contou o fato.

— Para mim é só falta de memória — retorquiu meneando a cabeça.

Aquela mulher tinha um verdadeiro horror de fazer exames médicos, e quero crer que não era tanto pelos exames em si, ou pelo resultado, mas pelo trabalho que tinha em marcá-los, aguardar o dia e esperar na fila o momento de ser chamada. Ela era do tipo que deixava o problema de saúde ir-se de livre e espontânea vontade, por preguiça.

Uma vez, contou-me o poeta, ela levou um tombo enquanto fazia compras em um mercado, e seu queixo topou na quina de um desses carrinhos de metal. Mesmo com a mandíbula estalando quando mastigava, recusou-se a procurar ajuda profissional. Ele me disse que durante as refeições a admoestava por ela não ter buscado um médico, e que no correr das semanas ouviu os inquietantes estalidos sempre que ela mascava os alimentos.

E mais, ele já estava cansado de pedir que ela escovasse os dentes com pasta sobre as cerdas da escova. Ela só usava água.

— Mamãe... — ele insistia — coloque sempre pasta na escova, é mais higiênico. Não adianta escovar os dentes só com água.

Como sempre, ela continuava calada, e mesmo sem falar o hálito que exibia demonstrava que as recomendações dele não haviam sido seguidas.

Ah! Que pessoa difícil de conviver! Se o poeta lhe oferecia um chocolate, ela dizia que havia acabado de comer salgadinhos. Se lhe oferecia algo salgado, ela dizia que havia dez minutos comera um doce. E assim ia se recusando a alimentar-se, já estava pele e osso. Frutas, então, nem pensar! Ela as odiava!

Ele sentia-se como a triste reprodução de um de seus tios, um homem que praticamente passou a vida trancado no quarto, preso a insociáveis pensamentos, tal qual um eremita nutrido pela incapacidade de lidar com os problemas da vida e, quiçá, também com a própria aparência.

Ele entendia que aquele cruel determinismo herdado pela criação roubou-lhe importantes oportunidades na vida, além de comprometer todos os seus relacionamentos. Culpava-se pela extrema imperícia em lidar com as dificuldades, mas condenava ainda mais a sua mãe por não lhe ter fornecido meios de relacionar-se adequadamente com os malogros da realidade.

Certa vez meu amigo me chamou, apontou para a tela do notebook e disse:

— Faça-me um favor, leia, é um e-mail que irei enviar para minha irmã. Quero sua opinião.

Aquiesci, já esperando ser estapeado pelo texto que, certamente, estava pleno de revelações e palavras duras. Não me enganei, assim o foi. Li com atenção e trato de reproduzi-lo, *ipsis literis*, neste livro, cuidando apenas de utilizar a primeira letra de cada nome citado — o W para a tia, o G para o tio, e o L para um amigo —, assim, quero crer que resguardo a identidade dos envolvidos.

Alguns trechos do conteúdo da mensagem foram utilizados por mim para desenvolver muitas passagens que constam nesta obra. Cito isso para não parecer repetitivo quando novamente tocar no assunto.

Segue o e-mail:

"Cheguei à idade que tenho com inteligência bastante para estar ciente das péssimas decisões que tomei na vida. Assumo minhas culpas e me arrependo das escolhas erradas, mas, sei que, se as decisões vêm do pensamento, e a mecânica do pensamento de cada um é derivada da educação, terei que dividir essa culpa com quem me educou.

Papai sempre foi distante, e mamãe profundamente dominável. Ele duro e ela mole. Ele cerebral e ela emocional. Ele severo, ela tolerante. Essa combinação foi fatal para mim. De alguma maneira, ele tornou-se incapaz de participar ativamente da minha educação, ao contrário dela, que me criou e foi uma mãe sem autoridade.

Quanto a você, não sei. O que sei é que comigo foi assim, e hoje percebo.

Ela é hoje do jeito que sempre foi, apenas piorou com a idade. Vejo isso há anos. Falta-lhe iniciativa (já ouvi papai dizer isso alguma vezes), ela não tem imaginação e nem criatividade. Ela sempre acha que está certa, não ouve ninguém, e persiste no erro usando a desculpa de querer fazer tudo "do jeito dela" (do jeito errado), é cheia de traumas, problemas psicológicos, e não tem a menor capacidade de aprender com os próprios erros, por isso os repete. Se tudo isso vem da criação que ela teve, posso dizer que ela me criou como foi criada e me legou seus problemas emocionais.

Em nenhum momento, mesmo sendo musicista desde os nove anos, ela pensou em me inscrever em um conservatório, ou em me incentivar a aprender um instrumento musical, nem ela e nem papai. Qual o motivo disso? Eu não sei. Ela me disse uma vez que queria que eu decidisse a profissão quando crescesse. Errado! Ela errou! Devia ter me posto para aprender música quando eu tinha cinco anos. Independentemente de qualquer carreira, filho de músico tem que tocar um instrumento, pois esse é seu trunfo se tudo der errado, é a bala reserva. Música é universal, se lê uma partitura no Brasil, na China, na Dinamarca e em Marte, é a mesma coisa. Eu não posso perdoar esse erro. Hoje isso me dói.

Quando falo nisso ela vem com três desculpas: que eu era uma criança difícil (e com isso apenas comprova a péssima mãe que foi em se deixar governar por um filho pequeno), que foi W que me estragou (como sempre, ela coloca a culpa nos outros. Nunca assume os próprios erros), ou que meu destino era esse, o de não aprender nenhum instrumento (até o destino ela culpa).

Fui criado para procurar a minha mãe em todas as mulheres, claro que isso não daria certo! Eis a razão de eu estar sozinho. Nenhum relacionamento que tive deu certo. Ela me criou dependente, e paguei muito caro por isso. Quanto a papai, nem posso falar, pois jamais o conheci de verdade. De que adiantou ele manter toda aquela distância? Agora só tenho mágoa da falta de atenção dele.

Ela foi uma mãe fraca, sem pulso, sem mando, jamais esteve preparada para a maternidade, isso é um fato, e eu a culpo por minha situação emocional. Só após muitos anos, quando já era tarde demais para mudar, percebi que fui manipulado pela criação. Não fujo das culpas que tenho, mas sei que sou uma vítima. Por isso não tive filhos.

Hoje vivo trancado no quarto, exatamente como G. Porque será? Criação. Não tenho mulher, não tenho diploma, não tenho emprego. Sim, sou um fracassado de mais de quarenta anos que mora com a mãe. Ela conseguiu, me fez jamais abandoná-la.

Outra coisa. Você acha seu marido parecido com papai? Se achar, pense... Por quê? Por que você procurou alguém igual? Nós fomos criados para reproduzir a criação que tivemos e para procurar nas relações futuras aqueles cujas personalidades se assemelham às dos nossos pais. Que prisão, hein!

Se houve amor na criação que tive, sim, claro. Não duvido. Porém, só isso não basta. Houve amor, mas não houve autoridade. Nem de papai, dele eu só tinha medo. Ele nunca se sentou comigo para conversar sobre a vida.

Quem tem filho tem que ter firmeza, tem que tomar decisões, tem que pensar no futuro e não deixar as resoluções para as crianças quando crescerem. Isso é de uma incompetência atroz.

Sinto muito, é assim que penso. Já meditei bastante sobre o tema e deduzi que sou um erro de criação. Repito, tenho minhas culpas, não fujo dos meus erros, mas eu sinto no coração que meus pais erraram comigo.

Se você me perguntar por que deu certo para um e não deu para o outro, já que tivemos praticamente a mesma criação, as duas únicas respostas que me vêm à cabeça é que você herdou a personalidade de papai e eu a de mamãe. E que eu fui o primogênito, por isso, criado de maneira diferente.

Mamãe e W não irão durar muito, estão envelhecendo a olhos vistos, e eu ficarei sozinho. Não tenho ninguém. Não tenho mulher, amigos ou parentes com os quais tenha intimidade. Você tem a sua vida, tem a sua família, tem ombros sobre os quais chorar. Eu não. Quando eles morrerem você não irá sentir tanto quanto eu, pois está distante há muito tempo. Sorte sua. Eu não terei qualquer apoio psicológico.

Quando eles morrerem eu vou ficar só nesse apartamento minúsculo cheio de contas para pagar. Esse será o meu futuro, a minha maldição, e eu sei disso. Você não sabe o medo que sinto. É inevitável que tudo seja assim.

Tenho uma relação de amor e ódio com mamãe, na qual reina a culpa. Puno-a e me arrependo, brigo e sinto pena, depois começa tudo novamente em um ciclo eterno.

Culpo a ela por morarmos nesse lugar. Ela não soube dizer não, aceitou a mudança como uma escrava, não abriu a boca nem por um segundo para dizer que não queria sair daquela mansão.

Mamãe é uma armadilha.

Hoje vivo na sujeira de um quarto infecto, e ela, das sete da manhã às dez da noite, sentada em uma cadeira de balanço cochilando o dia todo, vendo TV e esperando a morte chegar.

Não tomo banho com frequência, pois você sabe de meu problema com água fria, aqui não tem água quente. É estresse o dia todo por causa do barulho dos vizinhos. Já briguei com a síndica, já pus o dedo na cara da vizinha, já briguei com funcionários. E o inferno segue.

Mamãe tem hábitos que não mudam, é cheia de frases que se repetem. Ela é rigorosamente a mesma pessoa a vida toda. Não evolui, não aprende e nem quer. Não tem nenhum interesse em se desenvolver, em crescer intelectualmente, em ser melhor.

A repetição é a maldição dela. Ela lê os mesmos livros há anos, e não aprende nada. Permanece lendo aquelas obras espíritas de mais de trinta anos, e todo dia me mostra a mesma, perguntando se eu li.

Não posso ajudá-la, pois ela se fecha, fica calada o dia todo e entende qualquer tentativa de auxílio como uma ofensa. Ela se coloca como vítima de tudo e sempre relembra a infância, quando foi explorada pela família. Não aguento mais ouvir as lamentações dela.

Mamãe morre de inveja de W, pois na verdade queria ser como ela, e como não consegue passa o dia todo a perseguindo com ironias.

Você ensina trezentas vezes as coisas a mamãe e ela não aprende. Depois vem com a desculpa de que não prestou atenção. É sempre a mesma coisa.

Mamãe é uma sugadora de energia e de felicidade. Ela é o que chamo de "mãe Frankenstein", a que cria o monstro que regressa para assombrá-la.

Uma amiga dela disse que eu tenho que pensar na possibilidade de internação, mas não dá. Eu não conseguiria fazer isso.

Eu estou tão perturbado que não posso me relacionar com ninguém. Não sei como tratar as pessoas. Lembra-se de L? Nós brigamos. Não nos falamos há muito tempo. Ele, que era um bom amigo, disse que do jeito que estou, afeto todos ao redor. E é verdade! Exatamente como ela afeta.

Tornei-me quase uma versão masculina de minha própria mãe, mas, claro, não plenamente. Os traços adquiridos de sua personalidade me fazem ser confuso em tomar decisões, e ainda a dar excessiva importância aos olhos alheios. Em razão destes males, creio que me converti em um eremita.

Tem muito mais. Mas vou lhe deixar com esse e-mail. Lembre-se, você está distante, em outro país, você tem outra mamãe na cabeça, uma mãe cujas excentricidades eram mais brandas e até divertidas. Hoje ela tornou-se ela ao quadrado, e essa você não conhece.

Beijo."

Quem rotineiramente, por anos, apenas convive com pessoas anormais, instáveis, perturbadas, torna-se seminormal, e só percebe o quanto foi afetado quando passa a se relacionar com gente equilibrada.

O trauma insiste em alterar a conduta, que muda, difere, foge do modelo, e o pensamento se converte em uma miscelânea de imagens que mais se assemelha a um pesadelo. Todos percebem, e se sobrar à pobre vítima um pouco de consciência, ela também.

Com o tempo se torna tarde demais para varrer da mente a quantidade de poeira da coexistência que ali ficou, pois as décadas trataram de transformá-la em uma lama tão enraizada, tão endurecida, que o material psíquico guardado se converte no próprio cimento que aprisiona a alma.

Para esse problemático poeta, a vida não era apenas um natural desafio, mas um buraco sem fundo. Atrás de cada arbusto ele via uma fera, na escuridão ele percebia vultos assassinos, e dependurados nos galhos das árvores mais belas e frondosas ele identificava horrendas imagens de enforcados. Enfim, sua fraqueza e pessimismo eram doentios, eram cruéis estimuladores de sua misantropia. "O mal do mundo é que há gente nele", era o que amiúde ele repetia.

E os olhos de Nietzsche, de uma das prateleiras repletas de livros, estranhamente fixavam-se nos seus. "A insanidade arregimenta os neurônios", pensou. "Eu sou um monumental desperdício de precioso tempo de vida! A sorte das pessoas é que de mim podem afastar-se, mas eu... Como farei isso? Estou destinado a este triste convívio, a habitar esta carcaça até o último arfar. Fadado também a esta estranha sensibilidade que me toma em desvarios e devaneios desesperançados. Talvez, até o milésimo poema."

E nas orelhas aconchegou os fones de ouvido, pelos quais se derramavam Vivaldi e inspirações. "Porei tudo isto em mais poemas. Todo este cancro de decepções, toda esta mágoa instalada, a dor do abandono, da traição, da morte de quem se ama, do completo desânimo rotineiro, das decepções, do assassinato dos sonhos... Quem sabe eu consiga dizer alguma coisa. Quem sabe alguém se identifique com meus sentimentos. Será que conseguirei traduzir a dor em palavras?"

Enquanto os respingos das lágrimas de um céu plúmbeo tombavam sobre a janela de vidros sujos e os acordes do padre ruivo[1] lhe fustigavam os ouvidos, ele escrevia, deixava fluir o universo comprimido e calado que ocupava a árida gleba dos deformados corredores de seu cérebro.

Sonetos desabrochavam, abriam-se como esfomeadas plantas carnívoras, e frases salpicavam na tela do notebook, cuja luminosidade lhe destruía os olhos.

Pensamentos tombavam do inconsciente, invadiam sua aldeia mental como violentas hordas mongóis. As ideias eram colossais esqualos agressores que surgiam das profundezas enegrecidas e abissais de suas lembranças. Páginas e mais páginas iam sendo devoradas, mastigadas pela memória, enquanto seus olhos avermelhados vertiam imagens guardadas nas empoeiradas arcas do tempo.

E o pobre garoto de mais de meio século de existência escrevia compulsivamente, como se sua vida dependesse disso, e quem sabe realmente assim o fosse, pelo menos, não sua vida em si, mas o que dela deixaria registrado.

Uma palavra que melhor se adaptasse à ideia, um sinônimo, uma crase – ah, esse problema com a crase! –, pontuação, simetria, sentido etc. Ele se preocupava com a estética do texto, além de ter extremo cuidado com a influência dos autores exaustivamente lidos, para que, assim, não caísse no perigo do plágio inconsciente. Em tudo pensava, menos nos pulmões, no fígado e na sanidade, pois a presença do álcool, dos cigarros e da entrega artística era brutal e ininterrupta.

A saúde não mais lhe importava, física ou mental. Seu corpo quase não se movia, só os dedos sobre o teclado e os olhos diante da tela. O colchão – órfão de cama –, no qual se prostrava, há muito já se tornara como um jazigo, como um ninho encostado na parede daquele quarto minúsculo e extremamente empoeirado, cheio de livros, de papéis, de cinzas de cigarro, ideias e sonhos.

O cinzeiro ao lado, abarrotado, registrava a passagem do tempo e a gradativa fuga da vida. Ao seu redor, pastas amontoadas de escritos e cadernos lotados de frases apinhavam-se, enquanto ele, engasgado em recordações, sobrecarregava-se de ideias, mas esvaziava-se de esperanças.

Ele era quase um autista recluso, um eremita aprisionado nas frias cavernas do pensamento. No interior daquele crânio um infindo número de mundos existia, e ali as histórias que tanto o envolviam estavam vivas; delas ele coletava a sua "realidade" literária.

Ele encarava o dia a dia como uma sentença irreversível, sobrando-lhe tão somente a imaginação para que a vida se tornasse mais suportável.

O que seria dele sem o teatro de Martins Pena? Como viveria sem deixar-se levar pelas situações nas quais Shakespeare envolvia seus personagens? Seria possível para ele aguentar as toneladas de decepções sem mergulhar nos mistérios de Lovecraft?

Era infinitamente mais fácil e agradável ver à sua frente as magníficas províncias descritas por Jane Austen a aceitar estar diante da podridão das ruas de sua cidade.

Seu círculo de "amizades" resumia-se a gente morta havia pelo menos cem anos. Conversava com Freud, discutia com Jung, bebia com Edgar Allan Poe, divagava com Bram Stoker, Mary Shelley, Robert Louis Stevenson e Guy de Maupassant. Enternecia-se com José de Alencar e com as irmãs Brontë. E apaixonava-se reiteradamente por Mallarmé, Alfred de Vigny e Byron, além de polemizar acaloradamente com Medeiros e Albuquerque, Keats, Cruz e Sousa, Manoel Bandeira, García Lorca e Percy Shelley.

Até imaginava como seria encontrar com essas pessoas, e o que diria a elas. Mostraria seus escritos a Camões ou a Castro Alves? Certamente que sim.

E, nesses encontros, beberia absinto com Verlaine e Rimbaud; talvez até emprestasse dinheiro a Baudelaire. Sem dúvida que salvaria Lorca da morte. Quem sabe beijasse Lou-Salomé, se ela permitisse, o que duvido. Mas, definitivamente, daria um afetuoso e demorado abraço em Charlotte Brontë e declararia amor eterno a Jane Austen; sentaria com ela em algum jardim e ouviria suas ideias sobre romances, personagens e situações, enquanto discretamente acariciaria a sua mãozinha. Ah, as mãos de Jane Austen!

II

Apesar do asfixiante contexto no qual o meu amigo poeta estava inserido, ele era um incurável sonhador, e fantasiar era necessário, era pura questão de sobrevivência. Sua imaginação era o que de mais precioso ele possuía, era o que mantinha a sua sanidade razoavelmente intacta. Divagar era a sua doença e o seu remédio, era o seu castigo e a sua salvação.

Se por um lado sonhar tornara-se a única forma de ele suportar os dias, por outro, aqueles românticos delírios se converteriam em uma constante tortura, pelo fato de a realidade reagir violentamente. E ela, a malfazeja realidade, esperneava, bracejava, gritava, como alguém que distante se esmera escandalosamente em chamar atenção. "Não sonhe!", berrava a desgraçada. "Olhe para mim! Ei! Eu estou aqui!". No entanto, meu amigo poeta insistia em afugentar aquele monstro selvagem que cheirava a derrota, a sofrimento, a desagradáveis surpresas.

Frequentemente imaginava-se à mesa de um bar sombrio, embriagando-se ao lado de Álvares de Azevedo, e até junto a ele compondo um poema. Às vezes, fantasiava aconselhar Van Gogh sobre a melhor tonalidade a ser usada em um de seus quadros. Por vezes, também, até via-se chorar junto a Goethe, ou percebia-se atrevido o suficiente a ponto de dar ideias a Flaubert.

Todos esses delírios o mantinham confinado ao cerne lisérgico de um mundo paralelo. Uma dimensão povoada por grandes mentes, por pessoas que deram tudo de si à arte e à literatura. Gente cuja inquietação artística e existencial legou ao mundo obras eternas.

E, enquanto sonhava, sentia-se sozinho, inacreditavelmente apartado da humanidade. Isolado das mentes aferrolhadas às grades do cotidiano. Ele pensava se haveria no planeta alguém que sentia como ele, que divagava de igual maneira. Alguém que ainda não tinha sido corrompido pela realidade ou se vendido à morte dos sonhos.

E o medo de expor verbalmente o que experimentava lhe impunha a escrita, mas não só isso, tornava-o um voraz consumidor de filmes voltados à época vitoriana. Imaginava-se enroupado elegantemente, na pele de um famoso escritor em um salão de baile, paparicado pela aristocracia rural oitocentista. Mimado por latifundiários, militares, cavalheiros e belas damas que buscavam chamar-lhe a atenção, desejosas não somente por um convite para a próxima contradança, mas, quiçá, por um matrimônio.

Ele perdia-se por florestas nas quais banshees[2] gritavam, gnomos passeavam, bruxas e espectros dançavam. Até imaginava-se a afagar a cabeça de um gytrash[3]. Florestas em que, vez por outra, quixotescos cavaleiros em reluzentes armaduras buscavam suas romanescas donzelas arfantes.

E, durante suas despertas fantasias, ele era atacado por pesadelos. Não por angústias emergidas daquelas tão almejadas quimeras, mas por dores regurgitadas da memória. Dores resultantes dos fatos ocorridos em sua história de vida. Criava-se, então, um campo de batalha no qual se digladiavam seu romantismo e a realidade. Uma arena na qual, em atroz enfrentamento, esgrimiam esperanças e arrependimentos, trazendo-lhe a consciência de que a busca por fugir das culpas era o verdadeiro fator que gerava a sua excessiva imaginação, mas ele sabia disso, e a opção que lhe restava eram os poemas. Escritos que não só serviam como uma tentativa de expelir as dores, mas como forma de criar o mundo no qual ele gostaria de habitar.

Era na poesia que ele registrava não apenas as chagas do passado, mas o desejo de seu mundo ideal.

Não posso calcular o número de vezes em que o flagrei debruçado sobre o notebook, escrevendo e escrevendo, sem parar, ou o vi buscando inspiração em um número exorbitante de livros. Era deste estado de "nirvana poético" que surgiam suas sentenças buriladas e as esmeradas construções de frases nas quais reinavam termos antigos, já esquecidos, seja pelo natural progresso do vernáculo, seja pela insensibilidade dos tempos modernos.

Ele deambulava pelo labirinto do cérebro, lutava contra os minotauros do pretérito, enquanto esvoaçava no lombo dos pégasos de seus reconfortantes desejos. E quartetos, tercetos, quintilhas e sonetos eram paridos, como filhos abortados, mas vivos. Alguns sorridentes e outros terrivelmente furiosos. Cada escrito era um ente, um ser vivo que com ele confabulava. Eram rebentos que surgiam às centenas, diferentes, mas gêmeos em dor.

Os poemas saltavam de seu "ventre cerebral", eram arremessados ao mundo como legados de uma vida abastada de aflições, e alguns despontavam apolíneos, enquanto outros surgiam dionisíacos. Opostos e contraditórios, como ele, crias brotavam, umas klingons[4], outras vulcanas[5], umas húbris[6], outras sofrósinas[7]. De sua essência, díspares tendências eram regurgitadas, todas filhas de um mesmo cerne enfermiço.

E que bizarra figura noturna era esse poeta; ao mesmo tempo em que decantava as flores, afiava seus espinhos. Amava Jane Austen, mas abraçava Schopenhauer; beijava Álvares de Azevedo, mas dormia com Emil Cioran. Perdido estava também entre o computador e o gramofone, entre o teclado do notebook e a caneta de pena, entre o LED e a vela. Entre naves espaciais e velhas escunas piratas.

A tecnologia o empolgava, não apenas pelo fato de facilitar o cotidiano, mas por permitir-lhe realizar profundas pesquisas sobre o passado, pois o que era antigo envolvia-o em um intenso estado de encantamento. Bengalas de castão prateado, cartolas, carruagens, relógios de corrente em bolsos de colete, camafeus e monóculos traziam-lhe estranhas sensações. Era como se não pertencesse ao tempo em que vivia. Sentia-se como um fóssil aprisionado na rocha da modernidade. Quiçá aquela entranhada percepção fosse fruto dos ecos emanados pelos gritos de uma alma ancestral.

Vez por outra se lembrava da infância, de quando dormia em casa de sua avó, e do velho candeeiro nutrido por querosene preso à parede. Recordava-se de como aquele objeto suspirava uma sinistra fumaça enegrecida, e de como ela pintava artísticas fuligens no reboco.

O fogo estremecido, encarcerado por uma fina redoma de vidro, criava poéticas e assustadoras sombras bailarinas que se espalhavam pelo silencioso quarto de móveis antigos. Só bem mais tarde ele se identificaria com aquela chama aprisionada, e em suas reflexões associaria a imagem daquele vítreo invólucro aos sufocantes muros erguidos por seus medos.

Dormir naquele casarão o punha apavorado. Havia na parede do quarto, logo acima da cabeceira da cama, um enorme terço de madeira cuidadosamente espalhado sobre alguns pregos, dando quase o aspecto de uma negra teia de aranha. E ele passava um bom tempo, antes de ser colhido pelo sono, olhando para o teto muito alto de vigas e telhas.

A casa era antiga, construída, creio, em meados dos anos 1920, talvez até no final do século XIX, e até hoje o lugar existe; é como um símbolo de resistência à modernidade que, com a construção do metrô, aos poucos passou a devorar aquele bairro tradicional.

Às vezes, enormes baratas voadoras planavam sorridentes pelos cômodos e ele quase podia ouvir suas gargalhadas de prazer pelo desespero que causavam. Sentir uma barata desordeira se jogar propositalmente contra a pele definitivamente é uma experiência diabólica para uma criança.

Pelas madrugadas, os sons que aquela casa fazia enchiam de fantasias a sua mente amedrontada, talvez por isso ele sempre despertasse sobressaltado e com uma vontade indescritível de urinar. Então, ele punha a mão embaixo da cama e de lá puxava o clássico penico de ágata ou alumínio, no qual o som estridente da urina fazia tilintar uma percussão constrangedora. O pobre objeto aguardava paciente os anseios da bexiga e sempre era muito bem utilizado.

Estalidos secos pelos aposentos eram constantes; passos tímidos e portas rangendo transformavam aquelas madrugadas num martírio de pavor.

Por vez ele levantava-se e ia até o janelão da sala para, com muito cuidado, abrir os ferrolhos endurecidos pela ferrugem e olhar a rua. O silêncio era sepulcral, a cidade dormia, enquanto de um lado a outro, pelas calçadas molhadas de chuva, os imensos ratos brincavam.

Havia um relógio negro, como um relógio cuco, pendurado na parede da sala, à semelhança de um pequeno ataúde para criança, e em seu ventre de vidro um pêndulo redondo dourado oscilava como uma medalha reluzente. De um lado a outro ele ia com um tique-taque hipnótico, até badalar, e ao final de cada badalada o som de algo que parecia um ronco podia ser ouvido.

Diante de tudo isso, um imponente pinguim em cima da geladeira, como um alpinista vitorioso, permanecia observando a taciturna penumbra daquele imenso jazigo vivo. O velho pinguim de louça, símbolo da passividade meditativa dos que tinham respostas para tudo, ainda vive, intacto permanece como relíquia dos anos em que, apesar do medo, ele era feliz.

Um dia, eu tive a oportunidade de manusear essa reprodução fria de animal e senti nas mãos o que entendi ser quase uma raridade descoberta nas escavações da tumba de um faraó. A louça fria da estatueta preta e branca, de olhar inabalável e bico dourado — talvez com quase cem anos de confeccionada — trouxe o peso do passado às minhas mãos e me remeteu a recordações adormecidas. Tornou-se, por assim dizer, a chave que abriu o cadeado do tempo, libertando imagens que eu nem sequer sabia que ainda estavam encarceradas em minha memória.

Havia um museu dentro de sua cabeça, e entendo que tal lugar não representava apenas o seu próprio passado, mas épocas pregressas da história humana, pois por elas ele sentia uma visceral atração.

Folhear páginas amareladas de antigas edições o remetia a um estado meditativo, como se a sua conflituosa consciência se transportasse para outra era. Velhas fotografias, objetos antiquados, adereços anacrônicos, locuções arcaicas e principalmente vestes, casas e móveis lhe traziam uma profunda saudade. Uma estranha melancolia.

Ele se sentia como um viajante do tempo que, vindo do passado, fora vítima de uma brutal amnésia, tornando-se um prisioneiro do futuro, porém ainda sentindo leves e estranhas reminiscências oriundas de seu pretérito século.

III

Ante os eventos da modernidade, cada vez mais se convencia de que habitava em uma época errada, que havia nascido quase duzentos anos à frente do que deveria, pois seu coração era oitocentista. Mas, se há duas centúrias tivesse realmente nascido, decerto que lá, embebido em meditações, acreditaria que seus pensamentos estavam à frente de seu tempo. Que complicada contradição era ele!

A única certeza que tinha era a de que definitivamente não se encaixava onde quer que estivesse, e isso o remetia ao isolamento, à solidão e à constante exploração de seus pensamentos. E, mais ainda, ao total fracasso em suas relações pessoais, principalmente amorosas.

Por vezes, ele pensava assemelhar-se a Jean Floressas des Esseintes, o debilitado eremita e reflexivo esteta do livro "À Rebous", ou "Às Avessas", de Joris-Karl Huysmans – obra que devorou por inúmeras vezes –, excetuando, obviamente, a riqueza que tal personagem possuía.

Trouxe-lhe este livro infindas reflexões e interesse, não só pelo conteúdo didático e filosófico que possuía, mas por ele ter sido citado por Oscar Wilde em "O Retrato de Dorian Gray" como a obra que, presenteada por Lord Henry Wotton, corrompeu o protagonista.

Preciso discorrer um pouco sobre essa obra, pois creio que a personalidade de seu protagonista assemelha-se bastante à deste que trago.

Publicado em 1884, "À Rebous" narra a história de um duque frágil, enfermo e inquieto, um anti-herói excêntrico que, percebendo-se impossibilitado de encaixar-se à sociedade que odiava, que entendia como medíocre e esteticamente inaceitável, decidiu isolar-se em sua mansão. Lá ele criou o seu mundo ideal, um mundo repleto de formas peculiares moldadas pelo seu incomum senso de harmonia, concebendo um autêntico paraíso artificial.

Pelas páginas da obra – classificada por muitos como a bíblia do decadentismo – passeia o vasto conhecimento do anêmico personagem sobre os mais variados assuntos: tapeçaria, ourivesaria, perfumaria, floricultura etc., ainda se referindo à estética do mobiliário, a quadros, bebidas, geologia e encadernação de livros.

A obra foi criticada até por Émile Zola em carta ao autor, datada de 1884. Huysmans, anos depois, tendo-se tornado religioso, arrepender-se-ia de tê-la escrito.

O perturbado des Esseintes, exatamente como o meu triste amigo, apartara-se de um mundo que classificava como deteriorado, para, contraditoriamente, enclausurar-se na própria decadência. Sob esse aspecto a similaridade entre ambos era patente, porém a clara diferença era devida ao fato de que, para o primeiro, a riqueza sorrira com a possibilidade de modificar o espaço físico, enquanto, para o segundo, restava-lhe tão somente gerar um estado mental de apartação.

Talvez as viagens que meu amigo poeta promovia entre as orelhas fossem mais peculiares que os passeios de Kerouac pelas empoeiradas rodovias ianques.

Ele achava-se tão diferente que, em seus arroubos de fantasia, às vezes, quando despertava pela manhã, olhava as mãos, como se buscasse patas, pois quem sabe por apenas um dia tivesse se transformado em um merencório Gregor Samsa[8].

Como se inconscientemente em busca de um grande amor, ele questionava-se com frequência sobre o paradeiro das Nastienkas[9], das Aurélias Camargo[10], das Emmas[11], das Agnes Grey[12], das anjas de alvos seios que Álvares de Azevedo decantava. E aos shakespearianos suspiros permanecia com a atribulada cabeça mergulhada no travesseiro, sem mover um músculo, absorvido por um marasmo digno da mais preguiçosa múmia.

Quem sabe, ao longo dos dias do poeta, a vida imitando Jacques Cazotte[13] não o houvesse presenteado com inúmeras Biondetas[14], levando-o a assinar sinistros pactos em detrimento da solidão. Tratos que obviamente fracassaram, por haverem abalroado à sua natureza, pois de seus inúmeros relacionamentos o único legado foi o da culpa.

Do estado quase lisérgico no qual ele mergulhava dedicadamente, surgiam as letras, trazidas pela impossibilidade de se relacionar com os deslumbrantes ideais da literatura de outrora.

Posso dizer que ele era como um Camilo Castelo Branco, preso atrás das grades das costelas, e que escrevia sobre o seu amor de perdição, que até então não havia despontado.

Sua vida era quase um conto de Tchékhov, se não o fosse verdadeiramente. Tão rotineira, tão previsível, sem espadas ou dragões. Isenta de desfechos incomuns. Assemelhava-se à pequenez dos poemas de Anna Akhmátova[15]. Era de um acmeísmo[16] cruelmente prático.

Porém, mesmo que a realidade se esmerasse por confiná-lo em Sartre, ele batalhava por Neruda.

Nada de apoteótico ocorria em sua existência, nem uma viagem de trem para ouvir as insanidades de um Pózdnichev[17] ou o romântico corre-corre do apaixonado personagem do conto "Cinco Minutos", de José de Alencar. Correria que custou a vida de um cavalo. Coitado...

Nada acontecia. O que lhe restava era aquele ao qual Ali no-Rouze[18] se referia como "A rosa vermelha colhida religiosamente no mais melancólico jardim da Pérsia". O bom e velho Omar Khayam e a sua desanimadora frase "Aurora, lâmpadas que se apagam, esperanças que se acendem. Noite, lâmpadas que se acendem, esperanças que se apagam".

Para o pobre homem que cito nesta obra, só havia lâmpadas que se apagavam e escurecidas auroras.

A existência do sombrio poeta cuja descrição sangra por estas páginas era assim, repleta de memórias erguidas sobre os frios passadiços do museu que carregava dentro do crânio. Museu no qual estátuas barrocas pareciam chorar e as labaredas da garganta de Gregório de Matos se mesclavam às fumaças do cachimbo de Bertrand Russell. Ele era cérebro e coração, o chicote e as costas. A gargalhada do louco e o pranto do prisioneiro.

IV

Quando o fim de tarde despontava ao horizonte e aos poucos envolvia o firmamento com rasgos enrubescidos de melancolia, um habitual sentimento de inutilidade o tomava, como se tudo o que fizera antes, por todos os anos, empalidecesse. No desabrochar das noites, a percepção da frivolidade existencial trazida pela consciência da efemeridade sempre o atacava com brutais chibatadas. O céu que o cobria como uma mortalha e a alma que lhe doía pareciam sangrar.

Ele era levado por um enfermo langor meditativo, que quase o mantinha estático. Tornava-se então uma estátua que se movia com quilos de chumbo nos pés e uma sensação estranha de estar mergulhado em algum tipo de geleia cinza.

E, ante o desabrochar da lua, seus movimentos se convertiam aos de um longevo, alguém de corpulenta idade. Arrastava-se pelos cômodos da casa escura, sentindo-se como uma trouxa de roupa prestes a ser doada, como um cadáver na iminência de ser devorado por uma cova. Talvez um zumbi despenteado, ou quiçá alguém que inconscientemente ensaiava ser alma penada.

E surgiam os cigarros; os copos se esvaziavam, e as garrafas também. O apetite o abandonara havia muito tempo, mas engolia qualquer coisa de vez em quando, como uma necessária obrigação. Perdia peso; faltava-lhe ar e vontade de viver. Um sentido, uma meta, uma razão para sair da cama. Sentia-se a cada dia mais fraco. Sequer em sexo pensava.

Ah! Esse era outro assunto traumático que perambulava pelos pensamentos do meu depressivo amigo. Questionava-se ele sobre a invariabilidade dessa prática, refletia acerca da uniformidade que sempre se apresentava, como uma automatização instintiva que carcomia o sentimento, tornando as pessoas em robôs voltados à carne e não à profunda emoção que tal atividade suscitava.

Onde estava a troca, o carinho, o respeito e a relevância da experiência?

Não o atraíam seios fartos ou nádegas à mostra. Decotes ameaçadores, coxas expostas ou incontidos e propositais requebrados sedutores. Não que ele fosse um moralista – muito pelo contrário, asseguro-lhes; a questão era a ausência de profundidade, a submersa luz que as montanhas de carne não deixavam transparecer. Para ele, ocultar o conteúdo da alma se assemelhava a um tesouro escondido sob escombros policromáticos.

Ele buscava a essência, o pensamento, a capacidade de evidenciar emoções profundas com o toque, com a fala, com o olhar, com os gestos, e isso não encontrava. Parecia-me um amargo Quixote que sonhava com sua Dulcineia.

Mas ele não tornava isso um sentido, um fundamento de existência. Essa era apenas mais uma questão, era mais uma peça do quebra-cabeça que o vento da inconformidade havia dispersado.

Não era a voluptuosidade que o atraía, mas a fragilidade, a ternura, a inteligência, a capacidade emocional, o senso crítico, a sensibilidade. A depuração do caráter.

Eu disse que ele era um sonhador.

V

Eu já mencionei que o meu lúgubre amigo era um descomedido aficionado da leitura, mas ainda não relatei que essa paixão beirava a insânia. Ele devorava com a fome de um somali o que lhe passava pelas vistas, lia cento e cinquenta páginas por dia, divididas em cinquenta por livro, sendo três livros por vez.

Se antes evitava ler poesias por medo de influenciar-se e plagiá-las inconscientemente, passou a lê-las com frequência, pois aprendeu que a inspiração não é oriunda apenas das próprias experiências, mas, também, da sintonia com a dor de outros. Há sempre uma identificação que faz aflorar sentimentos escondidos que tão somente esperavam um ligeiro sacolejar para despertar. Porém, não só de poesias se alimentavam suas reflexões; havia os contos e as biografias. As histórias de horror de Lovecraft, Charles Dickens, Daniel Defoe e Guy de Maupassant o interessavam sobremaneira, mas eram os contos de Edgar Allan Poe que o arrebatavam visceralmente. O clima misterioso das narrativas e os ambientes descritos capturavam a sua atenção de maneira tão intensa que ele se imaginava como um daqueles personagens. Via-se caminhando por becos escuros, por ruas desertas, por velhas ruínas e pelo interior de casas silenciosas e sombrias, nas quais, por vez, até podia ouvir as assustadoras badaladas de antigos relógios. E em suas mãos fantasiava chacoalhar os dentes de Berenice, podendo até sentir à nuca os suspiros de Ligeia.

Os romances de Tolstoi e Dostoievski, de Gogol e Tchékhov o arremessavam em outro ambiente, em algo bem mais real, e destes ele também extraía alento para escrever.

Em sua fome literária — que era insaciável — ele leu todas as peças teatrais de Oscar Wilde, todos os livros de Jane Austen e José de Alencar, além de boa parte das obras de Balzac. Machado de Assis e Aluísio Azevedo também o encantavam. E, assim, povoava seu universo com as presenças daqueles que admirava e amava profundamente.

A técnica que utilizava para a leitura era a seguinte: erigia uma pilha de livros, pondo os mais finos sobre os mais grossos, e lia como quem às colheradas inicia a degustação de um saboroso sorvete, de cima para baixo. À proporção que o acervo ia se tornando menor, ele adquiria novas obras. Era um vício; ele jamais deixava um vácuo entre a pilha que diminuía e a nova que era adquirida. Não havia lacunas. Cada livro era como o elo de uma corrente que se estendia ao infinito, era como uma macarronada composta por apenas um colossal macarrão.

O pai do poeta sempre lhe dizia: "Só escreve quem lê", e definitivamente eu concordo. Quanto mais a leitura entra na vida, mais as ideias florescem, mais se aprende a escrever e até a se expressar verbalmente. E a tendência natural de quem assim procede é a de buscar para seu círculo de amizades outros que ajam de igual maneira. Nesse galgar ininterrupto de degraus, as aspirações tornam-se maiores no que se refere aos relacionamentos. Não afirmo que a leitura elitiza as pessoas, ou que as torna superiores, mas, sim, que as resgata da escuridão intelectual.

Mas não era apenas a arte escrita que o poeta amava; a música integrava o seu dia a dia. Não só as clássicas, mas as contemporâneas, e estas refletiam muito o seu perpétuo estado saudosista. Lembro-me de que, além de ser um oitocentista, ele era oitentista, e de que se perdia em recordações da adolescência quando o chamado Rock Nacional era divulgado nas rádios. Ele recordava-se dos professores, das roupas da época, dos cortes de cabelo, dos amores juvenis, das peripécias imaturas que praticava pelas madrugadas quando dirigia o carro do pai em alta velocidade por ruas desertas nas quais resplandecia as luzes melancólicas dos postes de ferro.

Conversávamos muito sobre aquele tempo.

No caldeirão fumegante de sua perplexa consciência, toda a sorte de estilos misturava-se, e o clássico era por influência dos pais, isso em razão de sua mãe ser uma violoncelista, e de o pai, em vida, ter exercido a magnífica profissão de violinista, compositor e maestro. Por esse fato, desde muito cedo, foi-lhe possível ter um íntimo contato com os eternos e grandes compositores eruditos.

Em vista de tudo isso, por anos ele perguntou-se com exaustiva periodicidade acerca de quais motivos levaram os seus pais a jamais o terem incentivado a aprender qualquer instrumento musical. Ele achava aquilo uma imperdoável e incorrigível falha.

Lembro-me de que a ausência dessa formação o fazia lamentar-se visceralmente. Em suas constantes reflexões sobre o tema, o motivo dessa imprudência familiar continuava a ser um insondável mistério, e outra justificativa para a sua antipatia por quem o trouxe ao mundo.

Toda essa construção de perfil na qual a sensibilidade frequentemente era nutrida e avigorada criou a sua forma de ser, claro, acrescentando uma natural predisposição à melancolia.

Inspirava-o demasiadamente escrever enquanto ouvia música, e variava de estilos. O clássico, no qual estavam presentes Vivaldi, Beethoven, Debussy, Mozart e seu preferido, Chopin. O gótico, com The Cure, Bauhaus, Siouxsie and the Banshees, The Sisters of Mercy e outros; o oitentista com New Order, Pet Shop Boys, Depeche Mode etc. E ainda o eletrônico com Kraftwerk, Jean-Michel Jarre, Tangerine Dream e muito mais. Posso afirmar que as fontes que nutriam sua tristeza eram ecléticas.

De todos os estilos e representantes da arte musical, era em Chopin que ele encontrava uma profunda identificação. O reflexivo desalento do enfermiço compositor o cativava integralmente.

Ouvir Chopin, para ele, era uma exploração dos próprios sentimentos, era uma submersão no denso caldo de seu desalento. Por vezes, entre os compungidos acordes de seus Noturnos, lágrimas vertiam-lhe pela face tanto quanto letras derramavam-se pelas páginas, e era impossível não empreender dolorosas viagens ao passado.

Chopin de madrugada, definitivamente, é para poucos.

Os acordes do triste violão de Francisco Tárrega – principalmente a canção "Recuerdos de la Alhambra" – ou as composições de Villa Lobos – em especial o concerto para violão e orquestra – rasgavam a sua sensibilidade como giletes incendiadas.

Vez por outra, seu estado de ânimo agravava-se ainda mais, arremessando-o em uma profunda espiral descendente de esmorecimento; então, ele substituía a lastimosa cadência musical de Chopin pelo sombrio compasso da banda Bauhaus, apenas para ouvir o refrão repetido por Peter Murphy na canção "Bela Lugosi is Dead": *undead, undead, undead!*

Ter me lembrado de todas essas músicas me fez também recordar um episódio.

Certo dia, à mesa de um bar, no centro de Recife, entre goles de cerveja, eu e o poeta falávamos sobre assuntos variados, quando de repente surgiu um carro de som tocando frevo. E aquela música fez meu amigo emudecer. Claro, qualquer um emudeceria em razão da altura a que a canção estava sendo emitida, porém aquele foi um silêncio mais profundo, era algo que ia além do incômodo provocado pela intensidade da melodia. Em verdade, ele nem parecia estar ouvindo. E vi em seus olhos surgir uma recordação.

Quando o ruidoso carro já se havia afastado, o poeta virou-se em minha direção e eu fiquei de prontidão esperando por mais uma história. Percebi que a passagem do carro havia despertado alguma memória. E ele disse:

— Foi por intermédio de meu pai que tive um aprofundado contato com as melodiosas canções dos anos cinquenta. Nossa casa era repleta de discos de vinil e fitas cassete. E sua aparelhagem de som era incrível para a época; eu sempre a associava às naves espaciais que via nos filmes.

"Seu trabalho virava noites. Pelas madrugadas, com enormes e negros fones de ouvido — que para mim lembravam as orelhas de Mickey, e só mais tarde se assemelhariam ao corte de cabelo da Princesa Leia —, papai se deixava levar por canções românticas, clássicas, por chorinhos, frevos e valsas. E, cercado pelo equipamento mágico, ele encurvava-se sobre uma mesa e criava, escrevia em partituras como um pintor de sons que salpica o pentagrama com a mágica de suas composições. Aqueles discos ainda giram na radiola da minha cabeça...

"Minha formação musical não só advém dos clássicos, mas dos frevos tocados pelos antigos álbuns e compactos simples dos anos cinquenta e sessenta da velha e saudosa Rozenblit."

Sem esperar que ele continuasse, perguntei o que queria dizer Rozenblit, e ele explicou:

— Rozenblit foi a primeira gravadora a funcionar fora do eixo Rio–São Paulo. Localizada no bairro de Afogados, aqui mesmo em Recife, foi a grande difusora da cultura nordestina, a maior divulgadora na época. Aqueles discos, pequenos ou grandes, eram como tábuas mosaicas de uma herança cultural. Cada um deles era uma medalha oferecida ao vitorioso empresário José Rozenblit, e a todos que tinham orgulho de sua cultura. Recordo-me de que na capa dos discos havia o desenho de uma casa e uma nota musical; logo abaixo vinha escrito "Gravações Mocambo". A querida Rozenblit de minha infância viveu sua melhor fase na década de sessenta, quando exercia domínio sobre 22% do mercado brasileiro de discos e 50% do mercado regional. O frevo apossava-se de 25% dos seus lançamentos. Que maravilhosa visão, não só empresarial, mas cultural, teve esse grande homem, José Rozenblit! A imagem daqueles discos girando na minha pequena radiola vermelha ainda me deixa tonto de saudade...

Vi o poeta então se calar, engasgado com aquelas recordações, e, após alguns segundos completamente imóvel, sem pestanejar, contemplando algum lugar perdido no tempo, ele levantou o copo em um brinde silencioso e sorveu um grande gole de cerveja.

E enredando uma história à outra – como ele costumava a fazer –, falou dos pássaros que teve durante o início da adolescência. Eu não sei o porquê do assunto ter surgido, isso sempre acontecia. Sem qualquer proêmio explicativo, ele disse:

– Fui um carcereiro de pássaros... Essa é uma das coisas mais cruéis que um ser humano pode fazer. Imagine, engaiolar o que tem asas!... Para uma criança, cuja inconsciência beira a insensibilidade, o ato se justifica, pois ela aprisiona a beleza em nome da contemplação, da curiosidade, mas para um adulto, não. Hoje eu jamais defenderia essa prática.

Lembro-me de dois pássaros em especial, um casal preso na mesma gaiola. Um deles, não sei se o macho ou a fêmea, conseguiu escapar por entre as grades, e não se afastou, não ganhou à liberdade, permaneceu no céu, fielmente circulando a cadeia do outro. E o que estava preso, instigado pela independência do que havia fugido, esmerou-se tanto, mas tanto por juntar-se a ele, que conseguiu, da mesma maneira. E ambos ganharam o firmamento, juntos, felizes, cantando, como almas que se libertam de corpos apodrecidos pela enfermidade.

Caminhar ao seu lado era uma aula constante; ele via história em tudo, e não apenas falava sobre o pretérito das coisas, das ruas, dos prédios, dos monumentos, mas acerca do seu. O passado estava vivo e sem dúvida lhe ocupava presente bem mais que qualquer pensamento voltado ao futuro.

Mais uma vez, unindo um assunto a outro, ele prosseguiu:

— Por falar em pássaros, deixe-me lhe mostrar um que tenho aqui, veja — disse levantando a manga esquerda da camisa.

Lá estava em traços negros uma tatuagem de coruja que lhe tomava quase todo o antebraço. O bicho, de patas grossas, tinha um olhar reprovador. Eu já havia visto outras tatuagens do meu amigo, mas essa era nova.

— É recente? — perguntei.

— Sim, é. É a coruja de Atena. Atena para os gregos, depois se tornou Minerva, para os romanos. É a deusa da sabedoria — explicou. — Aqui — disse apontando — tenho a Psi, que é a vigésima terceira letra do alfabeto grego. É como um tridente. É o símbolo da psicologia. Agora veja outra ave...

No antebraço direito, eu pude ver uma Fênix colorida.

— É uma Fênix! — Espantei-me.

— Exato! Ela renasce das próprias cinzas... Como eu.

Notei também, três palavras em hebraico, e o inquiri sobre isso:

— O que querem dizer? — indiquei.

— São os nomes de meu pai, de minha mãe e de minha tia.

E seguiu mostrando outras que eu já conhecia:

— Aqui tenho a foice e o martelo, tenho o Yin e o Yang, tenho esse arame farpado que representa o id preso...

— O id? — o interrompi, apesar de já saber o significado.

— Você já leu Freud? — Sorriu.

— Você sabe que sim!

— Então está ciente do que o id significa. É uma das três estruturas do aparelho psíquico.

— Eu sei, é a fonte da libido, dos instintos, dos desejos inconscientes.

— Precisamente!

— E você espera conter a libido com uma tatuagem? — brinquei.

— Claro que não! É apenas um símbolo. Para retê-la tenho a minha depressão. Deixe-me continuar... — E seguiu, tocando o dedo sobre os desenhos. — Tenho a bandeira da Palestina, a clave de sol, o emblema do feminismo, o símbolo da anarquia e da paz, a interrogação, e ainda, veja aqui, escrito em japonês, família e liberdade. Tenho outras duas, nos deltóides, depois lhe mostrarei. Agora a camisa não permite.

E toda essa conversa surgiu a partir de um frevo tocado por um carro de som!

Se ele adorava música, também era fascinado por arte, e alguns pintores o atraíam profundamente: o sombrio Goya, Picasso e suas artísticas deformidades, Giorgione e seu esfumaçado, as mulheres de Artemísia Gentileschi, Artur Timóteo da Costa e suas paisagens, os contornos escuros de Émile Bernard, Paul Signac e seu pontilhado colorido, o simbolismo de Odilon Redon, Beksinski e seus pesadelos lisérgicos, Ivan Aivazovsky e seus horizontes marítimos. Assim como as velas dos ambientes melancólicos e penumbrosos dos quadros de Petrus Van Schendel, e ainda os cadáveres mutilados das pinturas de Theodore Gericault.

Todos eram inspiradores, profundamente adorados e deveras absorvidos, mas Van Gogh era seu preferido, e sua biografia leu inúmeras vezes. A fragilidade, a perturbação e a profundidade que o grande artista holandês expunha em suas obras enterneciam e assustavam a este que tenho o desprazer de desnudar no texto. Ele identificava-se com a absoluta dedicação e ausência de paz do pintor. Van Gogh, como meu debilitado amigo poeta, sofria de uma necessidade atroz de expor os sentimentos engasgados; não lhe cabia a imensidade de emoções, era preciso a tudo vomitar por meio da arte. Sua trêmula e enfermiça pele aparentava encobrir uma essência morbidamente obesa, e por ser impossível aprisionar tão colossal conteúdo, por vezes, manifestações insanas de turbação rasgavam-lhe o invólucro carnal.

E assim também acontecia ao poeta quando nos momentos de revolta sua razão eclipsava. Ele sentia a murmuração corrediça das artérias, e não resistia em arremessar um copo contra a parede, em esmurrar um espelho — por isso sendo levado três vezes ao hospital —, em chutar o que lhe surgisse pelo caminho, em gritar, praguejar, ou, pasmem, em esfaquear uma porta! – melhor uma porta do que uma pessoa, admitamos.

A ira assomava-se, vinda da erupção do que estava guardado, e esses arroubos eram como um ser vivente aconchegado no útero da incompletude, um rebento constituído por problemas não resolvidos, que ali, em seu âmago, vez por outra, esperneava, mostrando a cólera de sua existência.

A aproximação destes violentos ímpetos de descontrole era perceptível através do aparecimento de uma leve queimação no estômago, que aumentava gradativamente até que ocorresse a explosão, e esmerar-se em resistir era impossível, pois, quando a consciência retornava, já era tarde: a reação já se havia deflagrado mecanicamente. O ataque da obsessora adrenalina o cegava e a violência eclodia, como se ele fosse um boneco manipulado por uma jocosa entidade demoníaca. Tudo isso lhe havia custado muito sangue, e as cicatrizes o comprovavam.

Sem dúvida, ele precisava de tratamento psicológico; disso não tenho a menor dúvida. Seu desequilíbrio emocional era evidente, e ele sabia disso, mas relutava em iniciar uma terapia, pois receava que a inspiração artística fosse comprometida pelo uso de medicamentos. Para ele, aquela era uma escolha difícil: medicar-se e ter por consequência o abalo do impulso criativo, ou continuar vitimado pela depressão, mas ser capaz de escrever? Ele não possuía uma resposta conclusiva. Pelo visto, ele preferia sofrer a ter de cessar a sua atividade poética.

Já havia ido a pelo menos cinco profissionais, talvez mais, que com o tempo foram abandonados. A triste verdade era que o seu estado de revolta e tristeza já se integrava à sua essência, e ele não sabia como viver sem aquilo. Aquele era o amargo tempero de sua vida, e sem ele era impossível escrever. Às vezes ele se inquiria se realmente valia a pena, mas essa era outra resposta que lhe faltava.

Sua instabilidade psicológica o fazia compreender os loucos, e com frequência por eles era atraído. Atraíam-no também os manicômios, a postura de liberdade dos supostamente insanos que lá eram obrigados a habitar. Suas ideias, gestos, esgares e a dança desvairada de seus corpos. Ali, ele sentia ser um local de extrema inspiração. Aquelas eram pessoas livres, e por isso haviam sido presas em pequenos quartos, sendo ainda entorpecidas por remédios que lhes roubavam a criatividade. Seus sorrisos incomuns, suas gargalhadas impudicas, gritos enfurecidos e, por vez, geniais observações lhe soavam como música, ecoavam como verdadeiros poemas.

Também lhe deslumbravam os necrotérios. A visão clara e grave da transitoriedade da existência estampada à face sem vida de corpos azulados o preenchia de desânimo e inspiração.

Para ele, nos olhos opacos dos cadáveres exibia-se a inevitabilidade que se avizinhava com o passar dos dias, e isso o encorajava a escrever. Estar diante de um defunto lhe era extremamente revelador, pois acreditava que aquela era a verdade absoluta da vida, era a incontestável realidade vindoura.

A funesta placidez dos cemitérios instigava-o a reflexionar sobre os atos que havia praticado, mas não só isso, ajudava-o também a encontrar temas para seus textos. Discorrer acerca do formato das sepulturas, sobre rosas mortas, covas vazias, árvores retorcidas, velórios ou até sobre fantasmas lhe inflava o peito com uma mórbida completude.

Fascinava-o passear por ermas necrópoles, contemplar velhos túmulos de séculos passados, fotos amareladas nas lápides, vasos quebrados, velas crepitantes e os comoventes escritos dos familiares sobre tumbas. Tudo o arrebatava.

A origem desses gostos tão peculiares lhe era desconhecida, e ele só podia encará-los como sendo de sua natureza.

Todos os textos que advinham de seus estranhos sentimentos eram escritos com muito cuidado, e não se referiam apenas ao horror característico que causava a ideia da morte, ou à saudade provocada pela perpétua ausência de quem se ama, mas também ao profundo e triste sentimento de brevidade existencial.

A morte o acompanhava, mas não apenas a natural fragilidade orgânica, ou a certeza negada e silenciosa de que um dia todos retornarão ao pó; escoltava-o o sentimento vivo desta certeza, a percepção diária de que cada dia a mais era um dia a menos. Ele não era como os que preferem esquecer que irão morrer. Ele sabia, e com essa convicção convivia.

Ao mesmo tempo em que essa certeza o inflava de coragem para produzir poemas e aproveitar a vida, também lhe impunha um desânimo visceral, como se absolutamente tudo fosse repleto de uma cruel inutilidade. Como se nada valesse a pena.

Esse estado de constante reflexão e questionamento robustecia sua predileção por ambientes incomuns, desertos, lúgubres e, de quando em quando, assustadores. A penumbra tornava-se o denso manto que lhe possibilitava manter-se oculto e afastado do convívio – o que lhe trazia certo conforto –, além de presenteá-lo com a mórbida força inspiradora tão necessária para a criação de seus poemas.

E, enquanto tragava sua nicotina e bebia uísque no gargalo da pequena garrafa de metal que carregava, tecia seus escritos numa caderneta, companheira fiel que registrava frequentemente as variadas e peculiares ideias que surgiam durante seus passeios pelos cemitérios.

O que também o agradava profundamente eram as velhas casas vazias, certamente pelo fato de ele próprio se sentir como um casarão desabitado e cheio de lembranças.

Andar pelos corredores silenciosos e empoeirados desses lugares o fazia pensar nos que ali viveram, e isso fortalecia o seu saudosismo. Sempre que ele vagueava pelos cômodos e passadiços de lugares assim, meditava sobre as histórias que as paredes teriam testemunhado, e até podia ouvir os tristes soluços que ainda ecoavam pelos umbrais.

O ranger das escadarias de madeira chegava-lhe aos ouvidos como a mais sublime melodia; os murmúrios dos espectros convertiam-se em sugestões poéticas, enquanto o enfraquecido assovio do vento pelas frestas musicalizava o ambiente com os macabros acordes das emanações do passado. Não há nada mais apaixonante do que ouvir os segredos do tempo trazidos pelo silvo de uma brisa calma ou contemplar as teias de aranha como autênticas obras de arte – era o que ele sempre dizia.

Às vezes, ele brincava, comparando-se a um vampiro anêmico que adorava alho.

VI

Mas que perfeita imperfeição era esse homem! E como me custa devotar os dias a escrever sobre ele! Talvez o meu fascínio pela sua enfermiça personalidade seja de fato tão doentio quanto a atração que ele possuía pela tristeza que o infectava. Se assim não o fosse, eu não teria grafado sequer uma única frase sobre a sua vida. Admito que isso me assusta.

Às vezes, perdido em pensamentos, ele deixava-se levar pela imaginação e era abordado pelos mais incomuns e jocosos delírios. Fantasiava ser um extraterrestre, quem sabe abandonado no planeta Terra com uma maquiavélica e provocada amnésia para que purgasse algum crime cometido contra o Conselho Intergaláctico. Obviamente ele não acreditava nisso, não era tão louco assim, mas divertia-se com a ideia.

Apesar de todo o conhecimento que acumulara, de toda a sensibilidade que continha, de todos os livros lidos, de todas as infinitas páginas escritas, de todos os sonhos e erudição, havia algo que o impedia de caminhar. Um torpor na alma, uma indolência na psique, uma mortificação constante; ele não sabia como classificar. Era algo que o aferrolhava em um estado perpétuo de abatimento e desesperança. Ele percebia a presença de um imenso muro invisível erguido para separá-lo do convívio. E esse estranho muro sempre lhe vinha à mente.

Como bom fã de Pink Floyd que era, frequentemente usava essa alegoria para referir-se ao seu constante estado de isolamento e introspecção. Imaginava-se, como o personagem do conhecido filme que tanto adorava, arranhando um colossal e encorpado muro de pedra, golpeando-o e tentando escalá-lo, enquanto perguntava se havia alguém lá fora, para além daquela asfixiante prisão.

Se me permitem o forçado jogo de palavras, ele era um genuíno Freudiano Floydiano.

Influenciado por toda a bagagem etária e filosófica que lhe pesava nas espaldas, por todo o estoque existencial que lhe sufocava o peito, por todo o didático conteúdo aconchegado na mente, enfim, por toda a obesidade intelectual adquirida da vida, era impossível não se questionar sobre o futuro. Envelheceria? E, se assim o fosse, como seria sua nova realidade de ancião? Afinal, ele já não era tão jovem, havia passado dos cinquenta anos, e os cabelos brancos surgiriam tão céleres quanto um estalo de dedos; o tempo verte rápido. Ele não se imaginava de bengala, ou sendo cuidado por um geriatra, ou ainda sentado em uma cadeira de balanço esperando o derradeiro suspiro, mas sabia que o futuro é implacável, que sempre chega, e não adianta crer que o presente é congelado. O presente nada mais é que um gemido temporal preso entre dois abismos opostos.

Para a morte não há tempo, não há presente, passado ou futuro; existe apenas a sádica obrigação de perpetuar o medo, o sofrimento e o nada.

Creio que eu deva ter despertado certo espanto ao relatar que ele havia ultrapassado meio século de vida. Sim, ele não era um adolescente, não estava sofrendo das perturbações clássicas da juventude, tampouco se via acometido pelas naturais dúvidas tão comuns aos inquietos representantes dessa faixa etária. Muitos problemas relativos a certos períodos da vida ele já havia resolvido, é verdade, pois isso se dá de maneira espontânea, sem que seja necessária ajuda profissional, porém os problemas mais sérios as mentes mais sensíveis conservam.

O poeta que conheci na juventude era um acúmulo dos traumas de todas as idades pelas quais havia passado; e de cada uma delas ele havia colhido os abalos mais significativos, sendo estes os que permaneceram, passando a manipular a sua vida através das decisões equivocadas que sempre tomava.

E, de súbito, o meu assustado amigo percebeu-se pensando no porvir, o que ele caracterizou como uma forma de pensar "não jovem". Seriam aquelas as reflexões oriundas dos ecos de uma realidade inevitável?

Não era a velhice que o assustava, mas a ausência dos que lhe eram queridos, então envelhecidos. Ele entendia que, se naturalmente o futuro da juventude é a senilidade, qual o desfecho da vetustez a não ser a morte? Ah, a morte, dessa não escapa ninguém!

E ele pensou em como seria a vida sem a sua mãe e a sua tia, essas que eram as duas pessoas mais próximas, e as que ele mais amava no mundo — a despeito de serem as principais artífices de seu inferno psíquico. Em especial, a sua mãe, com a qual o convívio era turbulento. Quanto à tia, com esta que era independente e de temperamento díspar da irmã, sem dúvida que havia a inquietação por sua saúde, no entanto ela não apresentava problemas emocionais. Isso servia para abrandar um pouco a aflição do meu amigo.

Se as recordações lhe pesavam, o que dizer então quando estivesse idoso e novas lembranças trazidas pela idade se assomassem às já existentes? Para ele, aquela era uma perspectiva absolutamente aterradora.

Então, como se soprada pelos lábios do Diabo, inesperadamente lhe ocorreu a ideia de que poderia morrer antes da velhice; dessa forma apagaria todas as memórias que tanto o torturavam. Entendeu que, não havendo vida, nenhuma outra recordação surgiria para somar-se às existentes, pois defunto não absorve informação, tampouco tem lembranças. Mas como isso se daria? A resposta lhe pareceu a mais óbvia possível: suicídio.

A que estúpida conclusão chegou o meu amigo poeta! Como se não bastasse ser incompetente em lidar com os problemas da vida, agora buscaria a solução na morte...

Porém, ele estava plenamente cônscio de que não poderia ser tão covarde e egoísta a ponto de perpetrar esse ato enquanto sua mãe e tia estivessem vivas; seria necessário esperar que ambas morressem, assim, além de sua irmã — que já havia constituído sua própria família, e que era forte o suficiente para suportar o desaparecimento de um irmão que não via há vários anos —, não haveria mais ninguém que sofresse de forma profunda com a sua perpétua ausência. Estava decidido, iria matar-se.

A ideia pouco a pouco germinava, desabrochava em planejamentos claros, borbulhava na pressão do saárico mormaço de seus pensamentos, tornando-se o que era apenas uma perigosa fantasia em meta determinada, em destino inevitável. E ele passou a organizar as fases anteriores ao ato. Havia etapas a preencher, degraus a serem galgados com cuidado e determinação.

A primeira etapa seria completar o número de poemas a que se havia proposto, com dedicação. Precisaria escrever os que faltavam e organizá-los em dez livros; seriam cem poemas por obra, totalizando mil.

A segunda fase consistiria em pelo menos tentar publicar o maior número possível de livros, pois ele queria sentir uma obra sua nas mãos, com uma capa interessante, encadernada com esmero e exalando a mágica fragrância dos livros novos. Se possível, sentir mais de uma.

Ele já havia abandonado a ideia de que conseguiria publicar os dez, não durante sua existência, mas ainda havia a esperança de que os não publicados em vida o fossem como obras póstumas. Talvez, em se tratando de um poeta que se matou, tal ato despertasse a atenção de alguma editora. Em sua perturbação, era o que ele pensava.

A terceira e última fase seria a escolha inteligente – se é que podemos associar a palavra "inteligência" a quem pensa em subtrair a própria vida – de como se daria o desenlace, mas, antes desta, reitero, seria necessário aguardar o decesso de sua mãe e tia. E ambas, apesar de idosas, permaneciam exuberantes em saúde. Por certo ele não desejava os seus falecimentos, porém sabia que deles dependia o seu, e isso criaria uma situação estranhamente contraditória.

Os fatos indicavam que o planejamento se congelaria na segunda etapa, pelo menos por algum tempo. De certa forma, isso até seria vantajoso, pois, assim, ele poderia não só dedicar-se mais profundamente a escrever, como também a aperfeiçoar o que dantes havia grafado.

Pergunto-me, após o desaparecimento do poeta, para onde iria toda a sua história, tudo o que leu, todos os filmes que viu, peças teatrais, biografias e poemas que devorou? Para onde iriam todas as lembranças dos contos com os quais se emocionou, os personagens inesquecíveis que tanto o extasiaram, suas tristezas e alegrias? Sua cabeça, recostada ao alvo tecido do ataúde e sob sete palmos de terra, seria também o túmulo de todos os seus pensamentos e emoções, de tudo o que viu e tocou, de todas as músicas que ouviu e de cada linha que escreveu. Seria o fim, sem retorno.

Cada sentimento despertado pelas frases de Florbela Espanca e meditações presenteadas por Olavo Bilac, ali, em sua cova, apodreceria. Cada suspiro provocado por Cecília Meireles e reflexão legada por Fernando Pessoa, sob a leiva sepulcral, desapareceria. Cada acorde ouvido do diabólico violino de Paganini, trecho lido dos contos de Lovecraft, ou verso de Castro Alves a um buraco se resumiria.

Não mais leria as obras de Edgar Allan Poe, pois a morte, tão decantada por esse fenomenal escritor, já o teria colhido. E, como um Hamlet, o resto seria silêncio.

Causa-me revolta quando penso que tudo se daria sem que ele jamais houvesse recebido uma carta de Rilke[19]...

Será que após abandonar a matéria ele seria procurado pelo paciente e dedicado Virgílio[20]? Decerto que não pela apaixonante Beatriz[21]. Navegaria o Aqueronte, o Flegetonte, o Estige, o Lete ou o Eunoé? Desaguaria no Cocito[22]?

"Lasciate ogni speranza, voi che entrate"[23] é o que bem poderia estar escrito em sua lápide, com uma relevante diferença: finalmente as chamas de seu inferno se teriam apagado.

Sei que o poeta, quando pensava no instante de seu enterro, imaginava quem estaria ao redor de sua tumba, quem choraria e quem se sentiria aliviado.

Sei também que ele fantasiava o seu último suspiro, imaginava que nele ecoaria o discreto grito guardado de uma entristecida banshee, e que esse brado tímido seria ouvido apenas por aqueles que pela depressão foram condenados.

VII

Certo dia, o meu amigo suicida – e muito me pesa usar essa trágica denominação – me fez saber que, para a sua surpresa, entre as garfadas da macarronada, de súbito, um insight desvelou-se: e se a forma de morrer fosse um processo? Se não fosse rápida, mas gradativa, exatamente da forma que ele lia os livros que tanto amava?

Dessa maneira, ele morreria um pouco a cada dia, sem pressa, deixaria a morte levá-lo aos exíguos nacos, degustando parcelas de sua vida, como petiscos. Com morosidade ela cravaria um palitinho em suas energias, até esvaziar o prato da existência.

Ele procederia de maneira serena, construindo seu futuro óbito a partir do descuido contínuo com a saúde.

Convenhamos, com tanto álcool que ingeria e tanta nicotina que tragava, ele já estava fazendo isso, mas não percebera até então. O ato não precisaria ser de maneira desesperada, tampouco dramática. Não seria necessário pular de um prédio, ingerir veneno, fender os pulsos com uma faca de cozinha, ou com um disparo espalhar fragmentos do crânio pelas paredes. Levaria certo tempo, que ele utilizaria não só para escrever com mais calma e atenção, mas também para vivenciar a existência de um modo mais profundo, assim adquirindo mais material para os poemas.

– A morte atrasaria; eu lhe daria um pouco mais de tempo. Ela poderia sentar e esperar. Não se perturbaria, pois estaria plenamente consciente de que nosso encontro seria inevitável – ele me dizia. – Não preciso saltar na frente de um trem, engolir dunas de comprimidos, ou enroscar uma corda no pescoço; o que tenho de fazer é viver, nada mais. A vida se encarregará naturalmente de me guiar até o fim da estrada.

A tudo eu ouvia emudecido, e suas palavras me soavam como o texto de uma peça de teatro. Quando ele falava, vez por outra fechava os olhos e esfregava a testa, como se aquelas ideias o ferissem, borbulhassem no interior de sua cabeça. Depois entreabria os lábios e exalava um suspiro profundo, contido, desanimado.

Sei que tais ideias, tão insanas, não lhe traziam felicidade, e que haviam sido mastigadas nos momentos de desesperança. Certamente no interior do minúsculo quarto que ele odiava – e fazia questão de, com frequência, deixar isso bem claro –, cômodo de um prédio por ele classificado como uma árvore morta e recheada por insetos retardados.

Ele morava em um antro de vizinhos barulhentos e mal-educados, que das janelas surgiam aos berros cada vez que um jogador de futebol fazia um gol.

– Humanoides com cérebro de ameba em coma! Que desperdício de vida! Insetos acéfalos! – ele sempre me dizia quando comentava o fato de ter sido testemunha daquele primitivo, revoltante e incômodo comportamento.

Conviver com arremedos de gente era uma tortura para ele. Seres lacrados em sua insignificância, aferrolhados em ignorância e ainda inflados de opulentas opiniões sobre si era o que ele mais abominava. Ele desprezava aquelas pessoas que entravam no elevador sem ao menos cumprimentá-lo e mais ainda os grupos de adolescentes que se reuniam às tardias horas para perturbar o sossego alheio com gritos histéricos. Em seus devaneios de violência, quando o poeta era incomodado pelas constantes algazarras noturnas, pensava: "Ah, como me faz falta um fuzil com silenciador...".

Coexistir com a insensibilidade alheia tornava-o um prisioneiro, alimentava fartamente a raiva que sentia de um número infinito de pessoas. Naquela rústica sociedade, ele imaginava-se como o habitante de uma aldeia neolítica cercada por tribos de coléricos inimigos, ou ainda como se tentasse respirar no fundo de um oceano contaminado.

Dividir seu espaço com gente primitiva, grosseira, egoísta e com péssimo gosto musical, definitivamente, era um excruciante exercício de sociabilidade. Aceitar como algo normal as estridentes motocicletas que vagavam pela madrugada, ou os barulhentos carros de som e seus locutores sem o básico do vernáculo, era impossível. Conviver com essa tacanhice no mesmo planeta, para ele, era um estupro intelectual.

A hipersensibilidade o tornava presa fácil de qualquer grão de areia que invadisse a sua área de conforto; seu incômodo estendia-se do zumbido de um mosquito ao ronco do motor de um avião. Sons, imagens, cheiros e até inesperadas lembranças desagradáveis arrancavam-no violentamente de seu eixo, e isso estorvava o andamento de sua obra artística.

Ele vivia como um mórbido exilado, nutrindo um sentimento de antipatia ao entrosamento, uma natural e integral recusa em interagir, pois sabia que naquele meio qualquer tipo de intimidade geraria desrespeito. E como ele tinha uma patológica aversão a ser desrespeitado, não lhe sobrou outra opção a não ser a de manter-se apartado da turba de ogros mal-educados que perambulavam pelas imundas ruas de sua atrasada cidade.

Ele era aquele menino que se isolava sentado na última cadeira da classe, o que execrava as aulas de educação física, o que odiava as atividades em equipe, e que suava só de pensar em apresentar trabalhos diante de uma sala repleta de trogloditas egocêntricos.

Era aquele garoto que dizia ser alérgico a giz para evitar ir à lousa, o que fingia rouquidão para não ter de ler em voz alta, o que lanchava no banco mais afastado, não participava das brincadeiras em grupo e não tinha namoradinha.

Meu tímido amigo poeta, em seus idos tempos de pequenez, adorava a hora do recreio, não para brincar no pátio com as outras crianças, mas para ter a sala de aula só para si, e lá ficar, sentindo-se seguro em sua solidão, em silêncio, desenhando espadas, escudos e castelos, criando seus personagens e cada vez mais imerso em seu próprio mundo. Ele era o estranho da classe.

Apesar de sua notória inquietude, ele sempre foi uma criança tímida que não buscava quantidade de amigos, mas qualidade. Achou poucos na época, e depois menos ainda. Ele não era fácil de se relacionar, sempre se afastava dos aglomerados e gostava de observar tudo a uma distância segura.

Protegia-se de alguma coisa, mas não sabia do quê. Fugia de algo que não conseguia identificar. Olhares de soslaio e sorrisos escondidos o incomodavam; ele sempre achava que estavam falando dele.

Esse sentimento de solidão inquieta sempre o acompanhou; ele prezava a sua individualidade, seu espaço, porém a necessidade de expor pensamentos, de confabular, de ouvir argumentos e discutir ideias era vital.

Para alguns, é muito fácil conhecer pessoas, conversar amenidades e discutir futilidades, mas, para aprofundar-se nos próprios sentimentos e expô-los a alguém, é preciso confiar.

Quando se é pequeno, arregimenta-se uma boa leva de conhecidos, companheiros de brincadeiras que, às vezes, tornam-se inimigos inocentes de nossos caprichos pueris. Algumas amizades perduram por anos, como também as antipatias. Uma criança nunca esquece.

Nos anos setenta, ele estudava no Colégio Americano Batista, em Recife. Lá foi o início de sua turbulenta vida acadêmica. A instituição foi fundada por um missionário americano chamado W. H. Canadá, no ano de 1906 – que estranho um americano chamado Canadá! –, e por suas salas já passaram Gilberto Freyre e Ariano Suassuna – meu amigo poeta estava bem acompanhado, ainda que pela ausência física dessas grandes personalidades...

Sendo quem era, para o poeta os primeiros dias de aula foram assustadores. Crianças são seres perigosamente sensíveis e sinceros. Havia mesas e cadeiras pequenas pintadas de verde com tinta a óleo, nas quais crianças aparentemente dóceis sentavam para colorir desenhos bobos ou esculpir com massa de modelar.

O que mais o atraía era uma sala com animais empalhados, um verdadeiro museu de horrores. Pássaros, roedores, répteis e o melhor de todos, um jacaré enorme. Tudo exposto ante seus olhos absolutamente bestificados. Ali, creio, inconscientemente ele já ensaiava o encontro que teria com cadáveres em sua adultícia.

Em sua sala de aula, havia uma enorme casa de madeira, com cômodos bem divididos e todos os utensílios de uma residência verdadeira: pratos, xícaras, cadeiras, mesas, tapetes etc.

Anos depois, eu o ouviria comentar como aquela residência de brinquedo ainda o impressionava com a perfeição dos detalhes criados no intuito de adestrar crianças para a vida doméstica.

Frequentemente, sua tia permanecia do lado de fora da sala de aula para certificar-se de que nada de danoso lhe ocorreria. Ele podia vê-la através dos janelões vigiando, e sua presença o mantinha seguro. Mais tarde, ele entenderia aquele procedimento como um equívoco, pois, para uma criança, às vezes é necessária a percepção do risco para que ela saiba lidar com as dificuldades naturais da existência.

Muitas das crianças que ali estavam se impunham de uma maneira cruel, demarcavam seu pequeno território e o defendiam de forma impiedosa. Crianças são projetos fragmentados, são amanhãs em ebulição, e a combustão de seus sentimentos confusos pode ferir para sempre os mais frágeis em suas mais amistosas intenções. Até em um jardim de infância existem ervas daninhas.

E o meu amigo poeta lembrava-se de uma lancheira negra que levava a tiracolo. Dentro dela, cuidadosamente envolvido em guardanapos de papel, quase sempre havia pão com queijo ou algo semelhante, tudo acompanhado por uma garrafa plástica com algum tipo de suco, cuja tampa servia de copo. E ele associava essa garrafa a um cantil empregado inutilmente para matar a sede de um pequeno e amedrontado soldado sem armas ou treinamento, em plena guerra de emoções.

Ele se sentia como o rato que é servido como refeição a uma cobra em cativeiro, largado num depósito de projetos de cérebros para ser moldado ao prazer do escultor.

Se em outro universo a sua mente vivia, seus desejos decerto também eram outros, eram aspirações peculiares, oriundas de um caráter imaginoso, melancólico e onusto de solitude.

Ele queria explorar os bosques escoceses, sentir sob os pés descalços a macia vegetação rasteira e deixar-se abraçar pela onírica e misteriosa névoa cinzenta que passeia entre as árvores. Quem sabe até banquetear com leprechauns.

Ele desejava transitar por lúgubres corredores de antigos castelos, e com uma tocha na mão investigar suas sombrias masmorras, suas torres assombradas e quartos empoeirados. Esquivar-se de agitados morcegos, afagar corujas aninhadas em parapeitos e acarinhar corvos pousados sobre entristecidas gárgulas.

Ele almejava galgar escadarias de teatros abandonados, passear pelas coxias, descer por alçapões e explorar os subterrâneos. Assistir a vultos representarem peças ante uma plateia de espectros, visitar umbrosos camarins poeirentos e em seus espelhos quebrados buscar a face de antigos personagens.

Ele desejava cruzar os mares em um navio fantasma, e sobre o macabro tombadilho, cercado por aparições, conversar com a lua, que ante seus olhos derramaria o pálido véu nas escuras ondas sussurrantes, repletas de sereias sorridentes. Ele suspirava por sentar-se ao topo de uma montanha, para contemplar os sanguíneos rasgos luzidios no céu crepuscular, aos poucos, tornarem-se escuridão.

Esses sonhos o acompanhariam por toda a vida, tornando-se mais vigorosos à medida que não só ele descobria novos livros, mas descortinava-se a brutal realidade, sendo necessário o auxílio da fantasia.

Certamente, não havia como velejar em uma escuna tripulada por espectros, ou segurar aos braços apaixonados uma deslumbrante sereia, tampouco visitar calabouços assombrados de velhas fortificações medievais ou ainda explorar casarões vitorianos repletos de almas penadas. Infelizmente, ele sabia que tais eventos jamais aconteceriam, e eu lamento por isso. Restava-lhe tão só a fantasia, a fuga por meio da paixão literária.

Meu amigo devaneador havia sido um menino cuja peculiaridade jamais fora percebida pelos pais, disso lamentavelmente tenho certeza, e quero crer que, por consequência, tenha se tornado um adulto encarcerado em uma caixa de pensamentos repletos de quimeras poéticas e devaneios oitocentistas. Uma caixa tão profunda quanto um abismo.

Sei que ele sentia-se emparedado como o negro felino de Allan Poe[24], e, por muitas vezes, mais invisível que o Horla de Maupassant[25]. E assim seria por todos os anos em que nos conhecemos, por cada um deles. Ele se havia tornado um armazém repleto de caixas empilhadas, cada uma contendo pedaços de histórias que desejavam desesperadamente ser esquecidas. E o meu amigo poeta, como um bobo filósofo do infortúnio, dizia-me que a vida era uma *serial killer* que disseca os anos em memórias e oculta seus pedaços na mala do crânio.

VIII

Quanto aos amores, ah, esse era um tema extraordinariamente intricado! De uma complexidade labiríntica. Eu mesmo fui testemunha de cada um deles, como fui das tragédias decorrentes que se abateram sobre a sanidade desse meu torturado amigo.

O campo do amor era minado, e o poeta nem mais tentava perambular por tão perigoso terreno, pois se havia tornado um cauteloso animal que aprendera com a dor dos ferimentos, um bicho que se retraía à simples desconfiança de que poderia ser novamente golpeado. Ele evitava envolver-se em razão das cicatrizes deixadas pelas armadilhas de outrora.

Preciso elucidar que esse comportamento não deve ser atribuído a qualquer falha de caráter, e refiro-me a isso em razão de muitas pessoas assim pensarem quando se veem diante do fato de um homem temer relacionar-se. Elas intuem, quase que de imediato, que tal sujeito está tão somente imbuído por propósitos carnais.

Asseguro-lhes que esse definitivamente não é o caso, e, para ser sincero, tal assunto sequer ocupava os pensamentos do meu amigo; para ele, sexo era outro grande problema. Dissertarei extensamente sobre esse tema no momento oportuno.

Meu esmorecido amigo fechara-se em uma concha em razão de suas experiências pretéritas lhe haverem mostrado que uma relação amorosa, por mais verdadeira que seja, sempre traz algum tipo de sofrimento; pelo menos, todas as que ele teve foram assim.

Há quem afirme que o amor não faz sofrer. Preciso discordar, pois quem ama teme perder o ser amado, e esse medo, mesmo que inconsciente, sem dúvida causa uma desagradável inquietação. Portanto, permitam-me a grosseria de afirmar que as tolas filosofias românticas que vemos estampadas na internet são frutos da estupidez; de nada valem ante a verdade palpável dos sentimentos de alguém que ama e é martirizado pela afeição vivenciada.

Havia o fato também de um relacionamento exigir maturidade, e esse estado, sem dúvida, tem por alicerce uma educação equilibrada – coisa que lamentavelmente o poeta não teve. Portanto, era duro admitir, mas ele não se achava psicologicamente estável para qualquer convívio dessa natureza, não depois dos mortais infortúnios ocorridos – os tristes eventos serão devidamente informados ao leitor, e desde já o alerto de que são realmente dramáticos.

Quando ele se envolvia afetivamente com alguém – o que era raro – e o acometia a desconfiança de que o mesmo infausto enredo de outrora ensaiava repetir-se, fugia, pois se recusava a sentir outra vez aquela inevitável dor tão conhecida. A dor da inexorável separação vindoura. Trauma é o nome que se dá.

Sempre que ele se interessava por uma pessoa, o somatório das desilusões de todos os relacionamentos ocorridos lhe caía na cabeça como uma bola de ferro, e abordava-o de imediato a percepção do passado. Então, ele sentia no estômago o cravar das unhas da adrenalina, que assumia o papel de profetisa, e esta galgava as escadarias do raciocínio, tomava-lhe os pensamentos, para em seguida lhe soprar aos ouvidos da alma a frase que esmoreceria qualquer sentimento em via de desabrochar: "No início é encantamento, no meio é rotina e ao fim são lágrimas".

Isso o fazia pensar – e a mim também – se o arraigado ultrarromantismo que lhe fluía da inspiração não seria apenas uma consequência natural do medo de ferir-se emocionalmente. Explico-me: ao enaltecer tanto a mulher, pondo-a num pedestal como figura intocável, não estaria ele criando uma distância segura?

O fato é que lhe inflamava a cautela quando o assunto era pôr os seus sonhos nas mãos de alguém, e essa maquinal reação era devida à péssima experiência conjugal que teve, quando descobriu que a sua esposa não era o esperado brilho que desponta no fim do túnel, mas a sua própria extensão asfixiante e escurecida. Disso falarei mais adiante.

Muitas vezes o poeta pensou em tentar novamente, é verdade, em deixar-se arrebatar pelos encantos de alguém, mas o pretérito lhe surgia sempre como um exemplo claro de fracasso, e isso tornou a sua prudência por demais robustecida, inquiridora, severa e teimosa.

Ele estava destroçado como um barco que se choca contra pontiagudos arrecifes, decepcionado, dolorido; a vida o havia guiado por uma estrada de pedras amoladas, e os cortes, tão profundos, ainda sangravam. Em seu passado havia traições, desilusões, até mortes, sim... mortes — obviamente não perpetradas por ele, preciso explicar, pois a frase me pareceu ambígua —, e creiam, eu vi os cadáveres que tornaram-se pesadelos para o meu perturbado amigo, contemplei a face sem vida de cada um deles. Sou a mais fidedigna testemunha de todos os eventos narrados neste livro.

Ele não desejava gerar novas e desagradáveis recordações, recusava-se não só a se deixar cativar, mas a permitir que fossem cativados por ele. Não era de seu interesse sofrer ou causar sofrimento; o que ele menos queria era impor a sua tristeza, ou dividir com alguém a dor que o sufocava.

Porém, a despeito dos muros erigidos, muitos de seus poemas ultrarromânticos deixavam transparecer com clareza a presença de uma inclinação oposta, isto é, ao passo que, por trauma e medo de sofrer mostrava-se hostil a relacionamentos amorosos, seus escritos asseveravam o contrário. E isso, em minha opinião, apenas demonstrava que ainda havia alguma brasa queimando naquele coração pessimista.

IX

Quando o tema de seus escritos poéticos era o amor, ele não discorria apenas sobre o êxtase experimentado pelos amantes, ou acerca da angústia causada pelo fim de um relacionamento, mas a respeito do término da própria vida. Nos versos, o meu amigo não expunha apenas as relações que são encerradas por naturais incompatibilidades, mas as que também o são pela morte. E dessa matéria ele entendia bem, infelizmente muito bem.

O que o assustava sobremaneira não era apenas a separação provocada pela rotina, mas a ausência imposta pelo óbito. Ele não possuía o que intitulava de "o amortecedor dos iludidos", isto é, ele não acreditava que iria para algum lugar depois da morte, tampouco que veria novamente os que antes partiram, e em razão dessa descrença a sensação de perda tornava-se realmente abissal. Vez por outra, ainda lhe tomava alguma dúvida nesse sentido, afinal, o ser humano não é detentor da verdade inquestionável, mas encarava aquela incerteza como fruto do medo. O sentido de sua vida não era esperar outra; a razão que o nutria era escrever, só.

A morte o saudava sempre que podia, passava perto, acenava, dirigia-lhe beijos, levava um vizinho, um parente, um amigo, um amor. Ela mostrava, por meio do encontro com outros, que a vida era transitória, e isso serviu para que a percepção de brevidade se estabelecesse em meu amigo poeta de forma ainda mais aprofundada. Consequentemente, essa visão tão crua da realidade o remetia a um mundo quixotesco e quase autista, como uma desesperada reação.

Lembro-me de que amiúde ele afirmava: "As religiões dominantes são muito desagradáveis. Se eu pudesse escolher crer em algo, sem dúvida preferiria crer em Leprechauns[26]. Atraem-me as fadas, as bruxas e as florestas encantadas. Encantam-me os bosques sombrios, os gnomos brincalhões, os espectros das beiras das estradas, as casas assombradas, os borrões fantasmais que vagam por empoeirados passadiços, as misteriosas corujas, os corvos sombrios, os açodados morcegos e os cavaleiros sem cabeça nas torres dos castelos. Eles têm estilo, classe e magia, diria até a elegância que definitivamente as religiões não possuem. Nada impõem. Não exigem dedicação total ou intermináveis doações, não são preconceituosos, não alienam as mentes dos incautos, tampouco tentam violentamente arregimentar seguidores".

Em verdade o meu amigo havia perdido muitas pessoas, e me dói dizer que isso o perturbava com uma assiduidade atordoante. As recordações o faziam contemplar o céu noturno debruçado ao parapeito da janela de seu quarto minúsculo, ou deitar sobre o puído colchão para fixar a atenção no teto sujo, que como uma tela abria-se em imagens projetadas pelos seus lacrimejantes olhos.

Afastar-se de todos quiçá não fosse tão só uma maneira de o meu amigo poeta se proteger da insensibilidade alheia, mas também uma forma de escudar os sentimentos para evitar sofrer pela morte de alguém. Em vista da personalidade a que me refiro, creio que essa conclusão faz algum sentido.

Em meio aos ruidosos congestionamentos das caóticas vias da cidade em que ele odiava morar, muitas vezes sua testa pousava sobre a borracha do volante do carro, ou seu corpo recostava com todo o peso ao negro banco acolchoado, enquanto eventos passados eclodiam. E surgiam rostos flutuando dentro do automóvel, como fantasmas bailarinos. Vozes em seus ouvidos traziam melodiosas e agradáveis frases românticas, mas nem sempre; às vezes, gritos, soluços, brados rebeldes e recriminatórios. Era como se um livro repleto de maldições fosse aberto – quiçá o próprio Necronomicon de Lovecraft –, e ali vomitasse todos os seus perniciosos encantamentos. Meu transtornado amigo sentia sob os pés um funesto vergel florescer, e com esfaimada gleba movediça tentar engoli-lo.

Nos mais inusitados lugares, as lembranças o agrediam: em filas de banco, no momento do banho, diante da geladeira durante a escolha de um alimento, na espera pelo elevador que levava séculos para chegar, quando cozinhava, ou urinava, e nos instantes em que se servia do sanitário mais detidamente, utilizando-o de uma forma que, por uma questão de bom senso e educação, me furtarei de relatar.

Ele mergulhava em si, chafurdava nos pântanos da alma e recordava. Então as letras surgiam como uma extrema necessidade de manifestar sentimentos. Era crucial compilar emoções, registrá-las e expor o que lhe golpeava o peito; era essencial não permitir que as memórias se perdessem com a chegada do inevitável apodrecimento funerário.

O caráter de meu amigo o forçava a mostrar a verdade. Era impossível para ele não converter a morte do próprio pai em um poema; ele precisava narrar como, diante do cadáver daquele homem, exposto à fria mesa de cimento dos fundos do hospital, fechou-lhe os olhos carinhosamente, para depois beijar-lhe a testa e despedir-se.

Inadmissível era para o poeta não escrever sobre os seus traumas, como, por exemplo, quando encontrou a própria noiva morta, prostrada ao piso, atacada brutalmente por um aneurisma – esse evento será narrado ao longo da obra. Impossível era para a sua honestidade intelectual e artística não discorrer sobre uma namorada que pereceu asfixiada em um vazamento de gás; ou ainda sobre outra que se foi, devido a uma forte e terminal hepatite, e de como não a ter visitado no hospital contribuiu para gerar a imensa culpa que ele carregava.

Sei acerca desses fatos por meu amigo haver tocado no tema, mas, sem entrar em minúcias, portanto, antes que eu esqueça, escreverei sobre o pouco que me foi informado. As duas passagens traumáticas decorreram com um intervalo de alguns anos, e se somaram, se amalgamaram, solidificando-se na sua alma como um vidro negro de obsidiana.

Era estranho, realmente estranho, mas parecia que a morte evitava abraçar o poeta, sem, contudo, agir da mesma forma com aqueles que ele se relacionava, como se os levando primeiro tencionasse persistir na tortura continuada que, aos poucos, e cada vez mais, lhe afligia o bem-estar psicológico.

A primeira narrativa – e creio que já posso citar nomes, em virtude da pessoa já haver partido para a terra encantada do além-túmulo – será curta, pois me faltam elementos. Os dados que tenho me fazem crer que o poeta conheceu esta moça, chamada Elisabeth, no final dos anos 1980. É... faz tempo! Mas a memória é atemporal.

Durante a pausa de uma das aulas do segundo grau, cursado à época no Colégio e Curso Especial, no bairro da Boa Vista, em Recife, ao lado do grande prédio que dava lugar a Celpe – Companhia Elétrica de Pernambuco, hoje chamada de Companhia Energética de Pernambuco –, certo dia ele viu-se diante de uma jovem loira, de brilhantes olhos negros, esguia, pálida, de voz delicada, trejeitos peculiares e índole apaixonante. E como que enfeitiçados um pelo outro, aqueles dois estranhos estabeleceram espontaneamente uma conversa, tal se um par de marionetes operadas pelas mãos do destino.

Não tardou para que o encantamento os levasse embevecidos, em viajem de ida, sobre o acolchoado banco róseo da estrelada carruagem do afeto. Acho que exagerei nessa passagem. Sigamos.

Naqueles tempos de adolescência o poeta estava tomado por uma rebeldia desorganizada, ainda em gestação, e, por conseguinte, fadada a metê-lo em embaraços. A chama que o consumia não era de todo compreendida. As sensações constantes de uma patológica insociabilidade não haviam sido decodificadas pelo seu entendimento, e a elas ele respondia rebelando-se contra tudo o que o cercava. Coisas da mocidade...

Foi precisamente em razão disso que o romance fracassou.

Um dia, tendo descoberto uma caixa repleta de medicamentos de seu pai, alguns comprimidos lhe chamaram a atenção. Lia-se no envelope a palavra Diazepam. Ele sabia do que se tratava, sabia que a substância tinha por finalidade atenuar os sintomas da ansiedade, que era sedativa e relaxante. Em vista disso, resolveu surrupiar algumas pílulas.

O grande problema é que sua imaturidade o convenceu a misturar o fármaco com cerveja. Que imensa imprudência! E quando ele me contou isso, seu olhar de autorreprovação me fez entender que dificilmente se perdoaria, que ainda mantinha o fato muito bem guardado, e vivo, na imensa arca das recordações.

– Eu construí uma bomba química dentro da barriga, ela explodiu e meu cérebro virou mingau! Das bobagens que fiz, me lembro muito pouco. Recordo-me de cenas de curtíssima duração, de detalhes esfumaçados, de rostos, de lances dispersos e nebulosos... – disse-me. – Só posso atribuir esse tipo de estupidez aos arroubos da juventude.

Ele não tocou mais no assunto. O que sei é que uma noite ele foi visitar a recente namorada – que morava com os pais – em um estado lastimável. Até dormiu no sofá da casa, para depois ser levado de volta à sua residência, no carro do pai da moça, onde cochilou por quase todo percurso, entrecortando os desmaios com uma verborragia digna de um viciado em pleno estado de confusão. Desnecessário dizer que o homem proibiu que sua filha o visse novamente.

Alguns anos depois – e até foi noticiado por um jornal – ele soube que aquela moça havia falecido em viajem à Argentina, vitimada pelo escapamento do gás usado para aquecer o quarto do hotel no qual ela se hospedara. Ela morreu dormindo.

Para finalizar este trecho, deixem-me relatar a próxima história, que, como a anterior, será breve em virtude de me faltarem informações. Esta será totalmente diferente da primeira, no entanto, impregnada no mesmo teor de tragicidade. Aqui também posso citar o nome da triste personagem, pela mesma funesta razão.

A garota chamava-se Luciana, e era de uma simpatia arrebatadora. De curtos cabelos negros, corpo cheio e rosto arredondado, como a boca, ela havia se tornado uma boa companheira, compreensiva, apaixonada. Ambos se haviam conhecido, creio, que no início da primeira década dos anos 2000, por meio dos "bate-papos" da internet.

Naquela época era muito comum que grupos se formassem quase como clãs, e que encontros fossem marcados em bares, nos quais, em peso, todos compareciam.

O poeta me disse, com notório saudosismo, que quando estava com ela deitava a cabeça no que definiu como "coxas mornas, fornidas e macias como os travesseiros da cama de um anjo", para ter os cabelos alisados e dormir com a serenidade de um "milionário que paga contas por diversão".

Bem, aquele relacionamento durou, e por algum tempo ele sentiu que havia encontrado um porto para atracar o bote à deriva que era a sua alma. Por meses a paz reinou, e o peito caótico do poeta serenou acarinhado pela segurança de um relacionamento sem tensões, sem cobranças, relaxante, divertido. Até que – tem sempre um "até que" – Luciana passou a pedir com frequência que ele a levasse a médicos. E aquelas visitas pareciam não ter mais fim.

O meu amigo, discreto como era de sua natureza, a despeito da preocupação, achou por bem não inquiri-la acerca das razões de tantos exames, achou que ela lhe diria mo momento conveniente.

Não sei por qual motivo ela manteve tudo em segredo, se por ter esperanças de resolver o problema antes de mencioná-lo, se por medo ou por ser algo de cunho pessoal. O fato é que o meu amigo foi o último a saber, e só tomou consciência do que se tratava quando Luciana havia sido internada para aguardar um transplante.

Contou-me o poeta que a última vez que a viu, foi quando a visitou no hospital. Disse que ela estava completamente amarela, até as escleras. O fígado não lhe servia mais, precisava ser substituído com urgência.

– Eu bem poderia andar por aí chacoalhando um colar negro repleto de nomes dependurados – disse-me em tom dramático –, nomes de todos que passaram pela minha vida e já morreram. Quem sabe até as plaquinhas nas quais os nomes estariam gravados pudessem ter o formato de lápides... Eu sou um cemitério...

Poucos dias depois, às sete horas da manhã, ele recebeu um telefonema, era a irmã de Luciana avisando que ela havia falecido. Parece que esse tipo de notícia sempre vem bastante cedo ou muito tarde, seja para nos estragar o dia ou nos impedir de dormir.

Aqueles eram fatos terríveis que engoliam as suas pernas, impediam o movimento, frustravam a fuga e proibiam sua dor de locomover-se em direção ao esquecimento. Eram eventos que tornavam a angústia em um brutal e horrendo monstro enroscado à sua alma, monstro que o impedia sequer de experimentar o mais enfraquecido gosto da esperança.

Em seus poemas, tudo o meu amigo registraria, de tudo falaria, não apenas de suas desejadas quimeras, mas de suas dores. Das velhas amarguras que o acompanhariam até o último suspiro.

"Sempre a morte, sempre... Tudo passa, a vida passa, mas só a morte é eterna", às vezes ele dizia.

Quando ele pensava na infância, vinha-lhe a certeza de que todos os anos passados serviram apenas para erigir sua complexidade mental. Eles, os anos, foram ninhos de aves carnívoras, tendo desempenhado o papel de berçários de sentimentos que mais tarde construiriam o seu caráter. O tempo tornara-se uma grande caçarola existencial na qual havia sido preparado o prato de sua intricada e sombria identidade.

Ante a inevitabilidade do futuro suicídio, o poeta sabia que certamente haveria tentativas de atenuação das dores, por mais que já se sentisse resignado à decisão tomada, e que essas tentativas – indubitavelmente alcoólicas – serviriam apenas para concretizar o seu plano de morte gradativa. A saúde iria esvair-se pouco a pouco, mas não sem poemas.

Essa era a realidade de sua existência: o homem fora expulso de um aconchegante útero para ser arremessado ao interior de uma asfixiante caixa de isolamento social. Uma permuta deveras improfícua, se me permitem dizer.

E ele passou a entender perfeitamente o significado da expressão "arrepender-se de ter nascido". Por mais que lhe soasse contraditória, e até estúpida, essa frase fazia todo o sentido.

"Que grande egoísmo é trazer alguém ao mundo!", com frequência e pleno de desânimo ele me dizia; "Há amor nisso? Então, arremessar um inocente ao inferno é prova de afeto? Decidir o que ele deve comer, vestir e até pensar é um ato de afeição incondicional? Entregá-lo à existência, como quem deposita um peixe sobre uma panela de óleo fervente, é carinho? Macular a pureza de um recém-nascido com as dores do mundo é um ato divino? Todo esse primitivo cuidado com a cria é oriundo do egocentrismo e da necessidade de perpetuar a própria genética. De nada adianta, o pior já foi feito, a vida lhe foi dada, e quando essa vítima obrigatória estiver crescida, cheia de problemas, de tristezas, e tomada pelas dores de um estômago revirado de angústia, o que fazem os irresponsáveis que a trouxeram ao mundo? Morrem, deixam-na abandonada, destruída por dentro." E com o corrosivo escárnio que eu tanto conhecia, o meu amigo poeta acrescentava: "Espero que as crianças comecem a fumar e a beber cedo, assim terão ótima companhia durante a efêmera passagem pela vida".

Ele ainda se chocava quando recapitulava as decepções, tanto quanto se revoltava diante da continuidade dos equívocos, sentia-se como que a girar em uma hermética roda de hamster, ininterruptamente, na qual cada sequência de passos dados tornava-se uma incessante repetição da anterior. Sua vida era uma maldição feita de espelhos que, erigidos face a face, criavam a recorrência infinita da mesma imagem e dos mesmos erros. Ele era o seu próprio carcereiro.

Quem afirma que nunca é tarde para mudar, definitivamente, é uma marionete nas mãos de um lisérgico otimismo; com efeito, desconhece as infindas expressões da miséria humana, tampouco está familiarizado com os efeitos práticos e macabros da depressão. Para o meu amigo, sempre foi tarde demais, desde o seu primeiro ano de vida, desconfio até que desde o seu inaugural engatinhar.

Quando penso em sua trajetória existencial, é impossível não suspeitar de que ele foi vítima de uma maldição, não uma imprecação lançada por um perigoso mago diabólico, mas algo plantado em seu pensamento, um derrotismo, um letargo, um afastamento, não sei, qualquer coisa nociva à vida social e à esperança, um estado de escuridão que realmente destruiu a sua vida.

Se a oportunidade de mudar nunca lhe foi dada na puerícia, claro que não lhe seria fornecida depois, quando ele já não tinha o mesmo vigor, tampouco a mesma aparência.

Para mim era evidente que a cada dia o estresse lhe roubava o viço, e o desânimo toda a vontade de estar vivo. E ele lamentava-se por ser obrigado a viver cativo à própria cabeça; essa era a pior sentença prolatada pelo destino.

O que lhe restava? Seus escritos, empenhar-se por convertê-los em livros, e, claro, a morte.

X

Voluntariamente, ele deixou-se abocanhar pelas trevas que nutria com tanta abnegação; aos poucos foi envolvido, inebriado e preenchido pelo que só posso classificar como um autêntico spleen[27] baudelairiano. Meu amigo poeta mergulhou nas profundezas do Mal do Século[28], tornando-se ainda mais recluso. Seus escritos enlutaram-se de mais sentimentalismo e morbidez, assim como sua personalidade embebeu-se em um venenoso pessimismo jamais experimentado. O poeta vivia para ler e escrever, saía só para abastecer as prateleiras com bebidas, as gavetas com cigarros, e resolver uma coisa ou outra – obrigações do dia a dia, às quais ele se referia como "os problemas do homem comum".

Se dantes arriscava-se a perambular pelas ruas na intenção de sentar-se à mesa de algum bar e beber com os amigos, seu estado agravado a tudo mudou. Ninguém mais o via.

Totalmente avesso a multidões, o poeta decidiu encastelar-se em seu minúsculo quarto – certifico-lhes que por absoluta falta de opção –, no qual passou a viver de recordações, remorsos, revoltas, sonhos, cigarros, uísque e lágrimas.

Claro que, se ele pudesse esconder-se do mundo em um casarão do século XIX – e em razão dessa impossibilidade, lamentava-se com frequência –, assim o faria, mas só lhe restava o infecto quarto que ele detestava com todas as forças de sua alma transtornada.

O meu amigo poeta tinha por aquele quarto um ódio tão profundo, tão sofrido, tão doentio, tão apoteótico, que, às vezes, quando se referia ao tal cômodo, eu percebia a sua mudança imediata de humor. Sua face transfigurava-se em uma mescla de revolta e desesperança; parecia que a simples menção do aposento lhe provocava comichões alérgicas, e eu comparava tal reação aos efeitos que a lembrança da cela causa no prisioneiro.

O cárcere de paredes imundas, de piso encardido e acarpetado por cinzas de cigarro lhe provocava náuseas e tristeza; a simples visão do lugar impregnava-lhe as entranhas com uma cólera tão desmesurada que, por vezes, roubava-lhe o influxo poético. Na pintura do teto espalhavam-se várias amassadelas, devido aos golpes que ele desferia com o cabo e uma vassoura, na intenção de responder aos constantes ruídos provocados pelas vizinhas do andar superior. Acreditem, e não me condenem por dizer isso, mas aquelas duas senhoras fariam um imenso favor à humanidade se morressem.

Aquele era o mausoléu de seu sorriso, o menor dos quartos, o mais abafado, o mais sujo, o mais desconfortável. Localizado em um dos prédios mais desagradáveis, com os vizinhos mais mal-educados, na cidade mais violenta, da região mais desorganizada, retrógrada e miserável.

Havia um mórbido desânimo que o impedia de manter o local asseado, um doentio abatimento que o congelava em uma inação melancólica e exaurida. Sem dúvida era a depressão, agravada pelo espaço opressivo no qual se via enclausurado. Ele se recusava a tornar aquela cela em um lar, e procurava se convencer de que estava ali de passagem. O poeta odiava tanto o aposento que o punia, deixava-o cair aos pedaços; aquilo, sim, era uma insanidade. Eu sempre achei aquela atitude estranha, pois o mais prejudicado era ele próprio. Viver daquela maneira envelhecia e asfixiava a sua alma.

E sua realidade tornava-se ainda mais angustiante quando ele se recordava dos bons tempos em que morou em um paraíso distante, no qual podia contemplar montanhas nevadas, bosques perfumados, inofensivos animais selvagens passeando por estradas bucólicas e desertas, lagos serenos e imponentes corvos em janelas. Ele sentia falta da terra dos alces e esquilos, do país da folha vermelha, no qual vivera por quase dez anos. Lugar onde o ar era puro, as ruas limpas e livres de violência, o povo educado e culto, a polícia incorruptível, as leis eficazes, e a cultura enaltecida por um governo realmente altruísta.

Quando o meu saudoso amigo poeta lembrava-se dos tempos em que lá viveu, seus ossos tremiam de nostalgia tanto quanto formigavam torturados pela realidade, pois ele se via fadado a habitar o oposto: o inferno climático daquela problemática, agressiva e barulhenta terra tropical, na qual a desonestidade e a corrupção imperavam. Local que apenas lhe trazia suores, estresse e absoluta insegurança.

Nunca dantes o poeta entendera como passou a compreender, com tanta profundidade e revolta, o significado da palavra Decadência. E jamais vivenciou com tamanha severidade a sensação da perda. Ele havia perdido tudo. Tudo, não duvidem! Eu não estou exagerando, pois fui um boquiaberto espectador da lastimosa derrocada de seus dias de glória na terra do hóquei no gelo.

Tombar da perfumada cimalha do Primeiro Mundo para chocar-se contra a leiva selvagem do Terceiro, definitivamente, causa um brutal abalo nas estruturas psíquicas mais sensíveis.

Ele estava ali, naquele quarto, e habitando uma pátria à qual jamais sentiu pertencer, devido ao fato de ter sido desprezado por quem amava, essa era a verdade. E da dolorosa punhalada nas costas ele ainda sentia o feroz e grosso defluxo do sangue. Aquele foi um golpe certeiro desferido por alguém que o enternecia profundamente, pela pessoa que ele, mais tarde, descobriria tê-lo traído. A sua esposa.

E, quando eu soube disso, não pude acreditar, pois a conhecia, e em tempo algum qualquer pessoa me faria crer que ela seria capaz de um ato dessa natureza; mas era um fato, uma realidade que ele me comprovou matematicamente.

Ele passou a compreender, e muito bem, o significado da expressão "ser o último a saber", e essa dolorosa compreensão se deu pouco tempo após a separação, quando ele soube que a sua ex-esposa já era mãe!

Como bom portador de uma meticulosidade doentia – quiçá própria de sua condição de depressivo – ele debruçou-se sobre papéis e neles esboçou cálculos que relacionavam o período de separação ao fato de sua ex-esposa já ter procriado, e ali, naquele absoluto desencaixe de datas, ele percebeu que definitivamente havia sido atraiçoado. Foi a isso que me referi quando disse que ele me havia comprovado matematicamente.

E aquilo pisoteou ainda mais os já diminutos escombros que o constituíam.

Ter buscado notícias sobre quem ele deveria olvidar, mesmo depois de tanto tempo, fê-lo perceber quão masoquista ele poderia ser. E, após o trauma da verdade exposta, ele entendeu que seria obrigado a conviver com aquela descoberta pelo resto dos seus dias.

Eu sei, já que pincelei na tela das páginas as dolorosas tintas deste tão desagradável tema, e de forma um tanto desorganizada – admito; deixem-me, então, discorrer bem mais minuciosamente sobre o que realmente aconteceu:

Nos últimos dias em que dividiram o mesmo teto, o poeta tornou-se poeira, um espectro esquecido, absolutamente nada; não era mais o motivo do brilho dos olhos daquela mulher, era tão só um velho móvel que não mais condizia com a decoração que ela desejava para a própria vida. Ele se havia tornado uma carga que precisava ser largada.

Para ela, o meu amigo convertera-se em algo que até o preciso instante não consigo identificar. Ele andava, comia, bebia, falava e pensava, mas, para a sua indiferente cônjuge, estava morto, não era aquele que lhe havia despertado o interesse, era outra pessoa, que incomodava, que precisava ser afastada. Assim ela o tratava, quase como um estranho, e, convertendo-o em um desconhecido, ele se havia descaracterizado até para si mesmo.

Quando a sua esposa transitava pelos cômodos do apartamento, não se ouvia sequer a sua respiração; a única prova da existência daquela mulher era a madeira do assoalho que rilhava. Nas raras vezes que falava, eram só amenidades, dificilmente sorria, e isso fazia meu amigo poeta perceber o quanto sua presença a constrangia. Ela estava sufocada, enquanto ele ainda conseguia utilizar o pouco de ar que lhe restava para nutrir os arquejos de uma abissal tristeza.

Tudo havia acabado, sobrando o silêncio tumular erigido entre ambos, um silêncio tão assustador e envolvente que às vezes podia ser respirado. E o clima onírico de desgraça estabelecida fazia com que ele se perguntasse se realmente estava ali, se era de carne e osso, se estava sonhando, se existia, se não havia morrido. E assim os dias se passavam, arrastando-se indolente, enquanto a cada segundo ampliava-se o abismo entre os dois.

Acabaram-se os abraços cálidos e aconchegantes, os olhares cúmplices, os silenciosos sorrisos trocados, os ousados carinhos em público, às escondidas, em tom de brincadeira, e os pensamentos magicamente adivinhados. A conexão se havia rompido, a rosa murchou. Quebrou-se o cristal em tantos pedaços, que era impossível contar, muito menos agregá-los para trazer de volta o fino jarro esfacelado do amor.

Outrora flamejante, a relação se havia tornado em um penumbroso salão pós-festa, daqueles nos quais é possível perceber os parcos resquícios da grande comemoração ocorrida. Um salão que, ao se tornar vazio, impõe uma fúnebre, reflexiva e angustiante quietude.

Não sobrara nada.

Certo dia, diante dos olhos perplexos do poeta, sem qualquer reserva, sua esposa retirou os vários porta-retratos que jaziam sobre os móveis da sala, nos quais imagens de momentos encantados simbolizavam a história de quase doze anos de relacionamento.

As fotos — das prateleiras arrancadas como pétalas ressequidas — expunham as faces mais jovens de ambos, sorridentes, em instantes de felicidade congelados no tempo. Disse-me o poeta que sua esposa simplesmente recolheu os objetos com manifesta ânsia, para guardá-los em algum lugar, como se a presença deles ali, à vista de todos, fosse de alguma forma ofensiva.

Quando ele segredou-me tal evento, admito que em silêncio duvidei, que no íntimo guardei a desconfiança de que ele pudesse estar exagerando ou interpretando de forma equivocada o comportamento da mulher. Não achei possível que alguém agisse com tamanha insensibilidade. Porém, eu conhecia aquele homem, e sei que ele jamais mentiria ou especularia sobre algo assim; vi a verdade estampada em seus olhos umedecidos.

Comovi-me deveras com aquela padecida narrativa, e até tentei pôr-me em seu lugar, mas foi impossível vivenciar o que sente um homem ao ver a mulher amada agir com a frieza de uma alça de ataúde e desdenhar a história de amor por ambos construída.

Sei que por um longo período o infausto episódio supliciou-lhe os pensamentos, causou-lhe insônia e, quando adormecido, martirizantes pesadelos. Ele lamentava-se, afirmava entristecido que, antes de agir daquela maneira tão escandalosamente impiedosa, ela poderia ter esperado mais um pouco, até que ele fosse embora. "O que eu fiz?", inquiria-se o meu amigo poeta, para depois cair em si e acusar-se: "Foi o que eu não fiz!".

Apesar de saber que não mais representava coisa alguma na existência dela, ele entendia que a atitude de desfazer-se daqueles artefatos que lhe eram tão caros, como se nenhum significado tivessem, era uma demonstração de extrema crueldade. E se perguntava por que aquela mulher havia agido de tal forma.

Ele sabia que havia sido alguém na vida dela, alguém de extrema importância, caso contrário, não teriam passado tantos anos juntos, sonhando, sorrindo e planejando um futuro que só ocorreu parcialmente. Decerto havia trazido felicidade à sua esposa, porém a estrada terminara, o caminho havia chegado ao fim. Um fim patético, caricatural, gélido e aflitivo.

Em presença dele, quiçá ela encarcerasse o choro para prantear às escondidas; se assim agia, o poeta jamais percebeu qualquer vermelhidão naqueles apaixonantes olhos, apenas a ausência da luz que os caracterizava;

já os dele insistiam em desfazer-se de lágrimas tão dolorosas, quentes e pesadas, que mal conseguiam ser abertos.

No saárico leito do casal, prostrado sobre solitárias dunas de lençóis, ele sentia espalhar-se nos tecidos a saudosa fragrância do corpo dela, e pranteava abraçado ao macio travesseiro. Suponho que aquela era a clássica imagem grotesca do abandono tão decantado nos românticos poemas hiperbólicos e nas exageradas músicas ditas bregas. A dor que comprimia o espírito daquele homem indefeso era tão colossal que o certificava de que, caso fosse colhido pelo sono da fadiga, não despertaria no dia seguinte.

O casal, outrora inseparável e apaixonado, não mais dividia a mesma cama, sequer a mesa durante as refeições, ou o sofá diante da TV. Na verdade, mal trocavam palavras. Ela, para evitar o contato com ele, instalara-se em outro cômodo do apartamento, e, ao fim do dia, nos momentos em que se despediam – com um glacial boa-noite –, ele sentia a morte lhe bafejar no rosto todos os instantes vividos com aquela mulher e todos os momentos que jamais passariam juntos.

No quarto, em tensa quietude, tal como se em exílio forçado ou recoberto por uma avalanche, ele quase vigiava os movimentos dela na cozinha, ouvia os passos comedidos, os talheres se chocando contra o prato, o som da água que vertia da torneira, a porta da geladeira abrir, a cadeira resvalar no assoalho, e, diante disso, era doloroso saber que, como ele, ela também padecia.

Claro que o meu amigo sabia que ela estava sofrendo e que ele era o motivo de todos os seus males atuais. Essa verdade o destruía, o fustigava, o violentava, o aprisionava no cerne das culpas mais tenebrosas. Em seu peito fraco e descompassado, a escuridão da angústia se havia tornado sólida, por vezes fazendo-o sentir-se cego. As poucas sombras que surgiam naquele cômodo tumular pareciam ter adquirido vida e dançavam como fantasmas que celebravam o fracasso de seu casamento.

Eu não queria estar na pele desse homem! Como se eu pudesse evitar...

E assim seguiram os dias, letárgicos, como se ele estivesse embebido em uma espessa e sombria calda de desespero. Sua alma esmorecera; sentia-se excessivamente idoso, lento, encurvado, sem ânimo, sem ar, sem vida. Suas pálpebras eram de pedra, e seus olhos semicerrados atestavam a desistência. Só lhe faltava uma bengala, ou quem sabe uma cadeira de rodas para que pudesse transitar entre os abismos de suas horas. A infelicidade se instaurou como as trevas de um dia nublado, e a depressão envolveu o meu pobre amigo com um fatal abraço de jiboia.

Em seus devaneios poéticos, ele buscava convencer-se de que o final de uma relação tão bonita e apaixonada tinha de ser assim, como se deu, inversamente proporcional à felicidade que tanto havia causado.

Sob os escombros de todo aquele sofrimento, ele não era um completo inocente; também cometera erros fatais, e muitos, portanto não podia colocar-se no pódio do vitimismo. Meu amigo possuía muitos defeitos, mas tinha o senso crítico como uma doença cruel, e este lhe trazia lucidez suficiente para perceber que boa parte da culpa do fracasso daquele relacionamento era sua. Sua consciência o impedia de varrer a poeira das ruínas do amor para baixo da alfombra do oblívio, era impossível que tudo não fosse registrado nos futuros poemas.

A vida de casado o havia mudado, e por essa transformação sua esposa não esperava, tampouco ele. É triste, mas isso acontece. No cerne de suas cogitações, a ideia de que o próprio casamento havia destruído o amor fervilhava em certezas inquestionáveis; ele intuíra que toda a mudança inesperada e gradativa provocada pela rotina havia arremessado a mulher que ele amava nos braços de outro.

Sim, eu já mencionei isso, ela o traiu, aparentemente por meses, e até o derradeiro arfar do relacionamento. Não apenas o traiu, mas gerou com este homem surgido sabe-se lá de onde, pouquíssimo tempo depois da separação oficial, filhos gêmeos.

Obviamente, ao perceber que ela havia gerado duas vidas em tão pouco tempo após o afastamento, ele teve a certeza indiscutível de que havia sido traído, e novamente, sendo repetitivo, volto a dizer que essa era a sua "prova matemática".

No instante em que o poeta adquiriu consciência da traição, certos pontos obscuros começaram a cintilar, como, por exemplo, os passeios demorados de sua esposa, as conversas sussurradas ao telefone, os atrasos, e nos últimos dias sob o mesmo teto a pressa que demonstrava em livrar-se dele. Preciso registrar que me impressiona bastante a frieza surgida em uma pessoa que pensamos conhecer muito bem, quando ela afasta-se de nós e se converte em uma "estranha recente". É assustador como cada ano de convivência torna-se nada, e nossa importância na vida de alguém é reduzida como se jamais houvéssemos feito parte dela.

Mas não quero ser cruelmente parcial; verdade seja dita, ele a decepcionou. No início da relação, quando havia paixão, ele, que não era muito achegado a crianças, pensou em reproduzir-se. Frequentemente ambos até escolhiam nomes para os futuros filhos que trariam ao mundo – acho que é o que fazem alguns casais quando estão inebriados por um amor excessivo –, porém, com o tempo e constantes observações do incômodo que causava a outros casais o fato de terem filhos, ele decidiu que não mais queria.

Ela não havia mudado de ideia – de forma alguma – e esse choque foi tremendo para o futuro do convívio. Ela sonhava em ser mãe, mas, na medida em que o casamento se estabelecia, menos ele queria ser pai, e demonstrava isso em constantes análises irônicas.

Seus incessantes comentários a esse respeito foram gradativamente destruindo os alicerces daquele vínculo, até que a corrosão estabeleceu-se com tanto vigor que tudo ruiu.

A regularidade do sexo havia diminuído, até que desapareceu, pois a rotina havia instituído um clima de letargia em que até os beijos se haviam extinguido. Restavam, pelo menos para ele, o companheirismo, o respeito e o profundo carinho, mas isso não foi o suficiente para ela, que queria muito mais.

E tudo apodreceu, sucumbindo até as boas recordações. A história de ambos ruiu como um castelo de cartas em devastadora tempestade. Ela queria o futuro prometido, o porvir planejado entre beijos apaixonados, e, percebendo que não o teria com ele, buscou em outros braços a realização daquele sonho. Inevitavelmente conheceu outra pessoa que partilhava do mesmo anseio e com esta teve finalmente uma família.

Dói-me analisar esse terrível período da vida desse confuso protagonista, mas, sem dúvida, é necessário que eu assim o faça, para que o leitor esteja ciente de todos os fatos.

O poeta, apesar de ter a consciência de que contribuiu demasiadamente para aquele infeliz desfecho, foi incapaz de entender tão pungente traição. Lacerava-lhe o peito, como se o coração estivesse sob os escombros da torre mais alta, haver sido uma frágil e desinformada vítima daquela frieza e de todas as mentiras.

Tempos depois, com doentia e insistente frequência, ele ainda se recordava, entre lágrimas, de ter perguntado se ela estava com alguém, se havia conhecido outra pessoa, e isso lhe ter sido negado. Eu não a condeno por ter mentido. Quem em sã consciência revelaria algo tão terrível, e naquelas circunstâncias?

Ele recordava-se também da dolorosa despedida no aeroporto, do instante em que, ao se terem abraçado, sussurrar-lhe no ouvido que jamais a esqueceria. Lembrava-se ainda daquele derradeiro e gélido abraço de catacumba – oriundo de um corpo outrora tão cálido – tê-lo destruído ainda mais, pois percebeu que jamais a veria novamente.

Até então, o poeta sequer desconfiava do que só bem mais tarde dolorosamente descobriria; um ano e seis meses depois da separação – um ano e seis meses, pasmem! – finalmente entenderia o motivo de toda aquela indiferença cadavérica, frieza sepulcral e excessiva pressa em livrar-se dele. Quando a tudo desvendou, surpreendeu-se por saber que os filhos gêmeos que a sua ex-esposa gerara já estavam com cinco meses de vida!

E que grande choque deve ter sido para um contumaz depressivo obter essa informação! Sei que por meio de diligentes cálculos ele retroagiu a partir da idade das crianças e chegou à excruciante constatação de que ela engravidara quatro meses após a separação!

E, quando eu soube disso, caiu-me o cigarro da boca! A verdade sempre aparece, não é?

Em nenhum momento a futura ex-esposa do meu atraiçoado amigo poeta deixou transparecer o que realmente acontecia. Aquela mulher portou-se como a maior das atrizes, a mais talentosa, uma autêntica espiã infiltrada atrás das linhas inimigas. A dissimulação foi astuta, diplomática e diabólica. Que assombroso trabalho de atuação! Certamente, muitos dos amigos e familiares dela sabiam de tudo, e o poeta, pensando nisso, fantasiou que fora vítima de um complô arquitetado por algum tipo de máfia, ou mártir de uma terrível tramoia planejada por alguma sádica divindade.

Depois do adeus, sozinho, sentado na mais afastada cadeira da área de embarque do aeroporto, ele chorou como um menino, ocultando com as mãos a face deformada pela angústia. Contou-me o poeta que se sentiu abandonado, completamente sem chão, irremediavelmente vencido, afinal perdera o grande amor que por tanto tempo havia sido a primavera de sua existência. Alguém por quem ele daria a vida.

Creio que, em verdade, ela se havia cansado dele, de sua perpétua depressão, de sua monótona insociabilidade e inadaptação patológica. Decerto se estafou da incorrigível mesmice, do cáustico humor que lhe era peculiar e de diariamente não perceber qualquer empenho da parte dele em modificar-se para melhor.

Apesar de ele ter a consciência de que ninguém era obrigado a suportar ou a aceitar resignadamente os grandes defeitos que sabia possuir, aquele término foi tão inesperado quanto traumático; assassinou-o psicologicamente. E sou obrigado a dizer – de pronto já pedindo sinceras desculpas pela deselegância – que, como se não bastasse ela tê-lo traído no leito, traiu-o no bolso, pois, até assinar a separação, ele não sabia o que verdadeiramente havia ocorrido, e, compungido por toda a penosa circunstância, deixou em posse dela o único bem adquirido após o casamento, o automóvel. Podendo, caso soubesse da deslealdade cometida, exigir legalmente metade de seu valor, já que o contrato da união assim o permitia.

Calada ela permaneceu durante todo o processo de afastamento, jamais o informando da verdade, inclusive ajudando-o a fazer as malas e a empacotar objetos. Mais tarde ele entenderia que todo aquele empenho em auxiliá-lo era fruto tão somente da vontade de vê-lo bem distante.

Ao ser abalroado pela realidade, queimaram-lhe ao peito a dor e a revolta por ter sido ludibriado de maneira tão impiedosa, e aquele trauma tão profundo o proibiu de confiar em olhares apaixonados.

Se houve alguma vantagem naquela relação, sem dúvida foi a de ele ter parado de fumar. Sim, por onze anos o homem não colocou um cigarro na boca – vez por outra cachimbava, é verdade, mas comedidamente –, pois a sua ex-esposa, devido a problemas de saúde na infância, precisou ter um dos pulmões extraídos, e o meu amigo, solidário, apaixonado e dedicado, achou aconselhável, por motivos óbvios, largar o fumo.

Depois de a infidelidade ter sido descoberta, fugiu-lhe a paz e o sono tal qual bruma em viração; ele atravessava madrugadas vagando como um vampiro pelos cômodos escuros do minúsculo apartamento, e, às vezes, encostado ao balcão da cozinha, nas trevas permanecia estático como uma triste estátua de cemitério, lembrando-se do sorriso dela; da voz, dos carinhos e do início de tudo. Recordava-se das divertidas viagens, dos jantares românticos, das visitas aos museus, de como ambos tinham uma insana predileção por comida japonesa, dos beijos, das mãos dadas na fria varanda durante o inverno, e dos felizes despertares pelas manhãs abraçado àquele corpo que, agora, jamais tocaria.

Sobrara-lhe no braço, não a sensação do toque amigo e cúmplice que havia experimentado pelo tempo em que a fantasia durara, mas uma tatuagem, uma marca feita em homenagem ao relacionamento; que agora, registrada na carne, cruelmente se manteria como um colorido ferimento da alma. Como o símbolo de uma traição.

Ele ainda guarda em algum lugar sua aliança de ouro branco.

Cada lembrança, cada sensação vivenciada, cada beijo, toque, afago, orgasmo, dor, revolta e até a ausência do nome dela em sua boca envenenava o poeta com uma mórbida e dolorosa compulsão para escrever. E, como uma ruidosa e violenta erupção, os textos desaguavam nas páginas, era uma densa hemorragia de letras que pouco servia para exorcizar o câncer artístico que lhe devorava o âmago.

Apesar de profundamente aflitivo e doloroso, em sua alma aquele cancro inquieto de inspiração gerava arte. Uma arte sofrida, pessoal e muitas vezes por ele odiada.

Em seu quarto, sobre o fino colchão de fronha amarelada, o poeta sentava-se e escrevia compulsivamente à sombra dos olhares de Carlos Gardel, de Dalva de Oliveira, de Augusto Calheiros e de Núbia Lafaiete, que do quadro de avisos, presos a imãs, traziam-lhe sempre conselhos silenciosos. Aqueles grandes artistas do passado o inspiravam sobremaneira com canções primorosas e sentimentais, instigavam-no a depurar a sua escrita e estilo. Ali, também, os graves semblantes acusadores de Che Guevara, de Glauber Rocha, de Simone de Beauvoir e de Nietzsche decoravam as paredes infectas, e ele sentia-se friamente contemplado por silentes fantasmas recriminadores, espectros noturnos que o cercavam como um bando ameaçador de críticos vorazes.

Diante dos devaneios literários, aquele poeta desconhecido, alquebrado e traído percebia-se quase como um Rimbaud[29] moribundo que sonhava feito uma Catherine Morland[30].

XI

A ideia do suicídio passeava pelo seu cérebro como um demônio pelos corredores de um manicômio. Não que ele pensasse no tema vinte e quatro horas por dia, mas a imagem do próprio corpo sem vida, ou no decurso de perdê-la, o assediava com uma frequência exaustiva. E esses macabros delírios partejavam cenas assustadoras. Ele via-se serpenteando no assoalho do banheiro, a espumar pela boca após ter ingerido uma grande quantidade de medicamentos. Fantasiava estar em plena queda mortal, até percebia a aproximação da calçada, e por vezes experimentava o carinho glacial de uma lâmina em sua pele, para em seguida quase perceber um sangue morno desabar dos pulsos. A obsessão pela morte o acompanhava, e da infausta percepção de sua constante presença ele colhia o desânimo e a certeza de estar inevitavelmente condenado.

Pelas manhãs, ao despertar, iniciava-se o seu inferno: o primeiro ato era acender um cigarro, e a primeira sensação a do absoluto abatimento. Após murmurar um impropério qualquer — e isso era quase uma regra inconsciente —, ele percebia-se de imediato cercado por uma agressiva horda de demônios vomitados pelo Tártaro de sua psique. Em seguida surgiam as culpas, a lucidez acerca dos equívocos, as lembranças dos instantes felizes e dos momentos dolorosos, o medo do futuro, a repulsa pelo presente e os açoites do passado. Mal abria os olhos, e o poeta envelhecia cem anos. Só depois viria o café — quente, preto e doce — e logo o uísque, que já estava a sorver como água. Que deslumbrante despertar!

Mesmo depois de já haver decidido morrer de forma gradativa, vez por outra, nos momentos em que mais forte a depressão brilhava em sua treva, o meu achacado amigo quase mudava de ideia, então pensava em matar-se rapidamente, sumir em um estalo de dedos, apagar-se como fósforo inflamado em procela. Sei que essas perigosas indecisões se davam em razão das tristezas dos dias já pesarem em sua sanidade, o angustiante fardo imposto pelas toneladas de recordações já o estava a encurvar e a provocar dolorosas somatizações. Depois de tantos anos de existência, o limite já se aproximava, e ele sentia isso com pavorosa clareza.

Era nas horas mais difíceis da depressão que ele se lamentava por não existir um botão da morte no corpo. Se tal dádiva de uma natureza piedosa existisse, com um clique tudo estaria resolvido rapidamente, sem dor, sem medo, sem culpa e sem volta, para sempre, como um sono tranquilo do qual ninguém desperta.

Existir e ter de lidar com as dificuldades que disso decorriam tornara-se insuportável. A monotonia engessara o tempo, e os ponteiros do relógio pesavam toneladas; o poeta podia ouvir os instantes como as gotas de uma torneira que destila o tédio, e até escutar a taciturna sequência ininterrupta de dias e noites. O tempo o torturava, roçagava ao assoalho dos dias como um ofídio venenoso que carrega às espaldas o esgotamento. A uniformidade se estabelecera como um glacial corredor de espelhos.

O tempo — esse assassino dos dias — trazia a mesma sucessão de festas durante os meses, e com elas os mesmos rostos, as mesmas paisagens, os mesmos cheiros, as mesmas lembranças, paredes, sabores, músicas, e ainda o mesmo prédio vizinho e seu pequeno parque de diversões no qual ele via monstrinhos barulhentos rotineiramente exibirem toda a sua incômoda energia infantil. Não me condenem por falar de crianças dessa maneira, apenas reproduzo a expressão que certa feita ele utilizou em uma conversa. Era notório o fato de ele não se sentir à vontade em um ambiente ocupado por elas.

A paz era impossível, e a balbúrdia externa nutria o seu conflito interno. Buzinas, gritos, motores de carros, fogos de artifício, prédios em processo de construção que jamais finalizavam as ruidosas obras, e a maldita vizinha do andar de cima arrastando os móveis. Meu amigo via-se à beira do desastre neural; sua sanidade era ameaçada pela perpétua existência desse monstro que acompanha a tudo e a todos, o barulho.

Sempre o barulho, berros desrespeitosos em via pública, ambulâncias desesperadas a bradar seu agudo nervosismo, e nas intermináveis filas dos bancos conversas em voz alta sobre assuntos pessoais que a ninguém interessa saber. Barulho! Barulho! Fanáticos religiosos incomodando os transeuntes com suas fantasias egocêntricas, carros com alto-falantes histéricos. Barulho! Barulho! Ele estava preso, aferrolhado em um estado repetitivo e torturante. Barulho! Barulho!

Os pássaros gorjeavam da mesma forma, o galo cantava a mesma canção, o calor repetia-se de igual maneira, e no céu ele percebia a imutabilidade das nuvens. Sua vida era uma repetição desfocada, como se ele fosse um imortal aprisionado cuja cruel sentença resumia-se em contemplar as paredes da própria cela pela eternidade.

A mesmice se instalara em sua existência, não havia fins de semana, todos os dias eram um só, um longo dia igual e quente, exatamente com a mesma aparência, com os mesmos odores, as mesmas tonalidades e ruídos, a mesma rumorosa desorganização e revoltante passividade de um povo que se recusava a evoluir.

A Samsara[31] girava, girava, girava, e, nesse círculo perpétuo que lhe envolvia o pescoço, a forca do tédio lhe roubava o brilho dos olhos.

Ele ruminava lembranças que se somavam a uma rotina sufocante, enquanto mórbidas reflexões complementavam a sua dor e preenchiam o pálido vácuo de sua vida. Era um cotidiano que roubava a mágica dos dias e a vontade de levantar-se do colchão. O sentimento era o de que ele estava a se devorar, infinitas vezes, para regurgitar a própria carcaça mastigada e depois ingeri-la novamente, tudo em um processo ininterrupto e doloroso, feito um monstro do mais estranho filme de ficção científica. Devorava-lhe um fractal arremessado ao infinito, um torturante ouroboros[32] que girava como uma amolada hélice de imagens.

Ele estava caindo em um abismo sem fundo, em queda vertiginosa, contínua, nauseante e sem pontos de apoio. Precipitava-se na entranhada escuridão de si, na caverna infernal de sua alma. O que lhe restava era converter em poemas o profundo terror que sentia com tudo aquilo.

Além de mim, não havia ninguém com quem ele pudesse conversar, alguém que de alguma maneira fosse capaz de ajudá-lo. Devo admitir que não fiz um bom trabalho, mas tentei.

Em certos momentos, o que ele desejava era poder colocar as mãos sobre o crânio e dar o maior grito do mundo, o maior berro já dado por um ser vivo. Escancarar a boca e criar um buraco negro que engoliria o universo, vomitar um brado que lhe faria saltar os olhos das órbitas e explodir a garganta. Um animalesco, primitivo, insano e colérico bramido que lhe dissolveria o cérebro, faria ruir o firmamento e extinguiria a humanidade.

XII

Deixem-me agora encaixar algumas pequenas histórias dentro desta narrativa – que, cá para nós, já me está a enfastiar; relatarei passagens marcantes da vida daquele que é surdo para as respostas que o vento sopra[33]. E quero acalmar a você, leitor ou leitora, cujo entendimento acerca da identidade do personagem já aflorou ante tudo o que até o momento foi exposto; asseguro-lhes que nenhum nome será citado. Este autor definitivamente não tem a intenção de ser levado diante de um juiz para responder criminalmente pelas verdades que disse. Não se assuste, nada revelarei que possa comprometer a você que conhece o macambúzio poeta a que me refiro, apesar da vontade quase irresistível.

Procurarei expor da forma mais completa e precisa episódios relevantes de uma existência, acontecimentos significativos que aos poucos esculpiram a índole de um ser humano depressivo, melancólico, pessimista, solitário e problemático. Claro, eventos relacionados ao funesto protagonista desta malfadada trama.

A história inicial chamarei de "Pela primeira e última vez".

Era uma vez um menino sonhador, frágil, pálido e tímido, que se destacava dos outros pela aparência, sensibilidade e comportamento. Um menino que não era diferente apenas dentro da cabeça, mas fora dela, e se evidenciava como um gato branco nascido em uma ninhada de felinos negros. Seu aspecto nórdico, incomum nos círculos que se via obrigado a frequentar, sempre causava estranheza aos demais. Ele era loiro, lívido, de olhos verdes. Não havia ninguém como ele, e este fato não lhe serviu de vantagem, pelo contrário.

Um menino que, nas raras vezes em que se relacionava com outras crianças, sempre sentia que de alguma maneira era diferente delas. E experimentar esse inquietante sentimento não era uma falsa percepção oriunda de sua frutífera criatividade, era a mais pura realidade, os outros garotos faziam questão de lhe mostrar o quanto isso era inquestionável. Eles o tratavam com desdém, por vezes alcunhavam-no de nomes depreciativos que faziam alusão à sua figura, como se ele possuísse asas, antenas, orelhas pontudas ou chifres, tal qual se fosse de outro planeta. As crianças sabem ser cruéis.

E esse menino tinha uma mãe, uma mãe encarcerada a uma criação machista e conservadora, cuja infância fora voltada ao sustento familiar. Posso dizer, sem recear cometer qualquer incorreção, que ela foi explorada pela família, mas preciso acrescentar que talvez isso não se tenha dado conscientemente. Quero crer que era um procedimento comum à época.

Bem, ela era uma mãe protetora, voltada exclusivamente aos afazeres domésticos e portadora de um revoltante otimismo que beirava a ilusão. Era uma mulher que, depois de idosa, passou a ter hábitos peculiares e manias próprias de quem habitava em uma ilha e não podia conviver com mais ninguém. Além disso, em sua idade avançada, agravara-se o estado de insociabilidade e baixíssima autoestima, fato que lhe impunha comportamentos absolutamente inaceitáveis. Era uma pessoa sem qualquer habilidade criativa, ou capacidade de resolução do que quer que fosse; sempre necessitava do auxílio de outrem, pois jamais tomava a iniciativa para solucionar nada. A mulher preocupava-se excessivamente com a opinião alheia, e isso a fechava em seu próprio mundo. A deficiente educação que ela havia recebido teve por consequência a sua reclusão em um baú psíquico de acanhamento e transtornos diversos, e isso, incontestavelmente, a influenciaria no tipo de criação dada ao seu próprio filho. Ela transmitiria ao Menino Sonhador, como uma inevitável e trágica doença, toda a sua perturbação.

Ela, nos anos vindouros, converteria a vida do filho em um verdadeiro inferno, pois em nenhum momento assumiria os erros que visivelmente cometia ou cometeu, atribuindo todos a ele. Era o tipo de pessoa que sempre achava estar certa e que jamais, jamais aprendia com os próprios equívocos, por isso os repetia. E como os repetia!

O Menino Sonhador, quando adulto, passaria a evitar a presença da mãe — mesmo morando com ela em um ambiente minúsculo — e, por agir dessa forma, a culpa o mastigaria. Às vezes ele até sentia pena daquela mulher, por ter a consciência de que, como ele, ela fora vítima da criação, mas, mesmo que esse sentimento o consumisse, ele ainda a culpava pelos revezes de sua vida.

A mãe do Menino Sonhador era cinquenta por cento do problema; a existência – tão misteriosa quanto sádica – trataria de completar a diferença com um pai reacionário e de uma severidade distanciadora. Um pai que jamais se prontificou seriamente a conversar com seu filho sobre qualquer assunto, e cuja perpétua postura de gravidade impunha à família o medo da aproximação. O Menino Sonhador, que era o filho primogênito, passou então, desde muito cedo, a se sentir ameaçado pelo contínuo semblante sisudo que aquele senhor expunha.

Uma mãe patologicamente obediente e um pai culturalmente repressor, eis a infausta combinação perfeita, a infernal junção que fomentaria o distúrbio futuro de uma criança.

A disparidade de ambos era considerável, tanto intelectualmente quanto nos tratos com a prole. Ao passo que ela, a mãe, sob o manto plúmeo de suas asas protetoras conservava o filho apartado das avalanches da vida, ele, o pai, tratava-o quase com a rigidez de um calejado sargento. Mas não posso afirmar que havia crueldade, o homem agia de acordo com a natureza da qual era constituído. Ele não era carinhoso, era prático. Não era de afagar, de dar a mão, mas de ordenar, por exemplo, que o filho lê-se um livro, que tomasse um remédio, que se banhasse, que se dedicasse aos estudos. Era mais disciplinador que pai.

Creio que aqui devo citar dois episódios que bem simbolizam a relação enérgica que este senhor tinha com a criança. Eles são exemplos claros de como um vínculo familiar pode, e muito, assemelhar-se à convivência entre um austero preceptor e um inexperiente aprendiz. Um destes eventos deu-se em um domingo ofuscante e ensolarado, na praia. O outro, na escola do poeta.

Vamos ao primeiro:

O poeta jamais foi um grande admirador do sol, da luz, do calor, e definitivamente sempre viu com profundo desprezo as aglomerações. Estar ali, no litoral de Boa viagem, em Recife, sendo escoriado pela quentura do dia apenas lhe provocava mal-estar e desconforto.

Bem melhor para ele era a quietude reflexiva e fomentadora de ideias, era a penumbra, quiçá beirando ao macabrismo, e as pacíficas atmosferas lúgubres, pois os "ambientes transilvânicos" – como mais tarde diria em referência aos climas melancólicos – sempre lhe trouxeram aconchego e a serenidade de poder pensar. Todavia, na ocasião, sendo pequeno, e, portanto, sem possibilidade de escolha, foi obrigado a acompanhar a família.

A água morna do Pacífico lhe havia engolido até pouco mais da metade do corpo franzino, e a correnteza pendular testava a firmeza de suas pernas finas, ele mal se mantinha parado e de pé. Com ele estava o pai, vigilante, próximo, cuidando para que a traiçoeira fluência do mar não o tragasse.

Os dois, face a face, sacolejavam brandamente, como as muitas jangadas que distantes oscilavam sobre a fronte azul do oceano. E tudo seguia como se espera de uma manhã domingueira na praia, até que, aproximando-se do poeta, seu pai desferiu-lhe uma pernada por baixo da água.

Não sei por que um pai faria isso com um filho pequeno, e me recuso a crer que tenha sido por maldade. Tenho em mim a desconfiança de que o ato foi praticado na intenção de ensinar-lhe a nadar, ou, talvez, com a finalidade de prepará-lo para as "rasteiras da vida". Desconheço a razão.

O poeta, de imediato, viu o sol, a multidão, o céu azul, tudo desaparecer. E um silêncio borbulhante, desesperador, sufocante, mortal, como o violento abraço dos tentáculos de um maremoto, envolveu seu pequeno corpo com toneladas de um líquido musculoso e revolto. A água salgada lhe penetrou pela boca, invadiu suas narinas como o próprio oxigênio, e o ar partiu tal se abandonasse quem não o merecia.

De súbito, enfiando as mãos na barba de Netuno, seu pai o salvou da arapuca, talvez por arrepender-se do que havia feito, ou apenas por estar cônscio de que a impiedosa estratégia de ensino fracassaria mortalmente. E o poeta regressou à vida como se arrancado de um útero, humilhado sem saber o que era a humilhação, traído sem compreender o significado da traição. Esteve próximo de morrer sem jamais ter ouvido falar da morte.

Se eu mencionei o fato do poeta desconhecer o que era a humilhação, e isso em razão da idade, poucos anos mais tarde, apesar de ainda menino, ele aprenderia da pior maneira, em sala de aula, diante da professora e de todos os alunos. Este é o segundo evento a que me referi, e sobre ele agora escreverei.

Exigir que uma criança atenha-se com hipnótica dedicação ao que é ministrado nas dependências de uma escola, é pedir demais. Sempre surgem conversas paralelas e brincadeiras momentâneas que perturbam a serenidade do ambiente de ensino. É habitual, compreensível e esperado. No entanto, apesar de corriqueiro, tal comportamento era inaceitável para os rígidos padrões do pai do poeta, e o homem, um dia, fez questão de deixar isso muito claro.

Certa manhã, a sala estava apinhada, o sol entrava pelas janelas, e cada aluno sobre sua banca rabiscava cálculos nas folhas do caderno, enquanto a professora de matemática dava a sua aula. Murmúrios, risos contidos, cadeiras arrastadas, criavam o clima lúdico e moderadamente tenso, peculiar aos ambientes educacionais.

O giz branco deslizava na prancha verde da lousa, e números, parênteses, sinais aritméticos e palavras surgiam, ao mesmo tempo em que a docente explicava, gesticulava, ainda enfatizava com o dedo em riste a maneira pela qual havia obtido o resultado da equação.

Inesperadamente alguém surgiu à porta, todos se voltaram para ela, e como se impulsionados por uma mola invisível, os estudantes se ergueram. Naquela época, em sinal de respeito, os alunos se levantavam sempre que algum adulto entrava. Em plena ditadura militar as escolas se viam na obrigação de manter aquele tipo de disciplina.

De pé, em silêncio, toda a turma contemplou o semblante introspectivo do homem que ali se punha firme como a estátua de um general no centro de uma praça. O poeta fez o mesmo, porém gelou ao distinguir por entre as cabeças dos colegas, que se tratava de seu pai.

Estabeleceu-se um mutismo de velório, quase se ouvia o bater das asas de uma mosca, experimentava-se ali a taciturna inquietude própria dos duelos de um filme de faroeste. Até que a angustiante plenitude nirvânica foi destroçada, e o homem, então desconhecido por todos, com autoridade chamou pelo nome do poeta, para em seguida o fazer posicionar-se em frente à turma, como se em via de iniciar uma ridicularização pública ao estilo medieval. E na prática foi o que aconteceu.

Sem mais esperar, tal um cowboy faz com a arma, ele sacou do bolso um papel e passou a citar os nomes de alguns alunos. Ao finalizar a lista, olhou para o poeta e completou:

— Durante a aula, você está proibido de conversar com essas pessoas. Você tem tirado notas baixas e eu não estou pagando a escola para isso. Preste atenção nos estudos para não repetir de ano.

Depois se virou e foi embora.

O clima de tragédia tombou sobre a sala, alguns alunos perplexos pareciam não ter entendido o episódio, outros perceberam de imediato tratar-se de um pai que estava ali para "puxar a orelha" do filho, a professora balançou a cabeça em sinal de reprovação.

— Isso não era necessário... — sussurrou ela.

O poeta perdeu amigos, que se afastaram para evitar as consequências do pronunciamento ameaçador. E a estranha sensação que vivenciou, de pequenez, de vergonha, de raiva, o afastou ainda mais daquele homem que tornava tudo mais difícil em razão da completa incapacidade de conversar com o filho.

Em sua maturidade, tendo passado dos quarenta anos, o Menino Sonhador perceberia a imensa brecha deixada pela falta dos conselhos paternos. A relação que ele teve com aquele homem mais tarde lhe lembraria o turbulento convívio de Franz Kafka com o pai, Hermann Kafka.

O grande escritor, então com trinta e seis anos, havia grafado uma carta de cem páginas endereçada ao pai, missiva que jamais foi remetida e que, no futuro, tornar-se-ia um livro no qual ele exporia todo o seu ressentimento no tocante à postura despótica de seu genitor. Kafka atribuía à influência paterna o claro abatimento de seu amor-próprio e o fato de se ter tornado alguém com o ego frágil e intimidado. Era, sem dúvida, algo que reproduzia de maneira assustadora a relação do Menino Sonhador com o seu distante pai.

De nada adiantava apenas cumprir o básico, era o que ele achava; era pouco preencher o que se esperava, com alimentação, segurança, saúde e educação. Filhos querem mais, querem presença e afeto, querem diálogo.

Durante a infância e adolescência do Menino Sonhador, a ausência de seu pai se estabeleceu gradativamente, e com ela a absoluta inexistência de conselhos tão necessários a quem está em fase de crescimento. Aquele homem era como uma estátua sentada à cadeira da sala quando via seus programas de TV, era como um totem de mármore à mesa, durante as refeições.

Assumira a aparência de um bloco de pedra, de um rei emudecido.

Mas o Menino Sonhador percebia, com a sensibilidade que lhe era peculiar, que aquele homem guardava coisas engasgadas por alguma imposição psicológica, talvez derivada da forma de que havia sido educado. Se pelo menos ele conseguisse se libertar do que lhe encarcerava a língua, quiçá tornasse a sua família mais feliz.

O Menino Sonhador era claramente um produto, um fabrico vivo que simbolizava as consequências da união de duas pessoas problemáticas. Era o efeito indiscutível da ausência de comunicação e habilidade dos pais.

Não quero ser cruel com o pai do Menino Sonhador, muito menos injusto. Admito que, apesar de severo, ele demonstrava sinais de possuir bom humor. Seu semblante tornava-se diferente nas poucas vezes que esboçava um sorriso, e, quando o fazia, a iluminada expressão surgida varria os resquícios deixados pela circunspecção que lhe era peculiar. A própria mãe do Menino Sonhador percebia esse fato e sempre expunha sua felicidade ao notar qualquer expressão jubilosa que desabrochasse na fronte de seu austero marido.

Leiam e compreendam o que eu preciso deixar registrado: os eventos que ocorrem na infância acompanham-nos por toda a vida, mas os que nela deveriam se apresentar, e faltam, tornam-se ainda mais presentes por sua ausência. A inexistência de carinho na meninez cresce pelos anos como um buraco que se alarga com a idade, um buraco que jamais poderá ser preenchido. Nenhum relacionamento futuro poderá suprir a imensa lacuna criada pela privação do abraço paterno.

Certa noite, o pai do Menino Sonhador foi atacado por um profundo mal-estar, sendo de imediato levado ao hospital por sua dedicada esposa. Ele estava, então, com setenta e três anos.

Aquela foi uma longa e angustiante madrugada, na qual, diante da TV, um filho esperou notícias de seu pai. E na manhã seguinte ocorreu o pior.

O Menino Sonhador tornara-se órfão, e diante daquela nova e brutal situação uma imensa responsabilidade caiu sobre os seus ombros. Cabendo a ele – que já possuía idade suficiente – assumir o encargo de resolver os problemas legais relativos àquele óbito.

Na noite seguinte, o Menino Sonhador viu-se sozinho diante do cadáver daquele que por tantos anos foi um segredo, um ser distante que quase não sorria. O corpo descansava sobre uma gélida mesa de pedra, no centro de um cômodo localizado aos fundos de um hospital, e tinha em sua testa um esparadrapo, no qual se registrava o nome do morto e a data do falecimento.

Aquele esparadrapo foi retirado de seu sinistro lugar com muito cuidado pelo Menino Sonhador, para depois ser guardado em um local seguro, em sua casa, e conservado por muitos anos.

O Menino Sonhador não pranteou, apenas com as trêmulas mãos fechou os olhos de seu pai, que embaciados fitavam o teto; afagou-lhe os cabelos e beijou-lhe a testa pela primeira e última vez.

Pelo que me consta, os pais do poeta nunca sofreram de problemas cardíacos, o que era de se estranhar, pois aquela criança precisava ser vigiada em razão de sua constante inquietude. O garoto parecia que tinha fogo sob os pés. Sua curiosidade sempre foi preocupante, e seu empirismo quase patológico. Ele era o exemplo vivo de que anjos da guarda existem.

Certa feita, em um descuido de sua mãe – que estava na cozinha preparando sementes de jerimum tostadas –, o vindouro poeta, traquina que era, vendo o forno aberto, colocou as duas mãos sobre a chapa de metal quente!

Para mim, é impossível compreender um comportamento dessa natureza, quiçá ele necessitasse experienciar algo perigoso e diferente para livrar-se do tédio inconsciente que ali, já em tenra idade, principiava os ares da ocupação futura. O grito que se seguiu ensurdeceu até a ele.

De um salto, a sua mãe o retirou da boca escancarada do fogão, fechando a tampa de imediato para cessar o bafo infernal que se desprendia do monstro de ferro, e em seguida, às pressas, besuntou-lhe com manteiga as pequenas palmas queimadas. Para quem não sabe, naquela época essa insólita prática era comum quando alguém se queimava; desconheço se há alguma base científica, mas funcionava para abrandar a dor.

Porém aquele não foi o seu único contato com o fogo. Deixe-me narrar mais uma passagem dessa relação literalmente inflamada.

O evento inesquecível de sua infância deu-se quando ele encontrou uma caixa de fósforos sobre o balcão da cozinha, e despertou-lhe aquele curioso objeto um imenso interesse. Ao agitar a pequena caixa colorida, com um olho vermelho desenhado em um dos lados, o som ritmado surgido de seu interior quase o hipnotizou. E, claro, ele a abriu.

Os pequenos gravetos de cabeça preta, tão bem organizados, lado a lado, aos olhos de alguém alvoroçado como ele, estavam suplicando para serem remexidos e, inevitavelmente, foi o que ele fez. Não tardou para que ele logo descobrisse que, friccionando aqueles minúsculos capacetes negros na parte lateral da caixa, uma reação química ocorria, e dela uma pequena explosão seguida de combustão. Isso foi o suficiente para que ele saísse pela casa maravilhado com aquela descoberta, acendendo os fósforos e jogando-os em todas as direções, como se estivesse semeando um campo.

Quando a brincadeira perdeu o encanto, ele recolocou a caixa no balcão e esqueceu-se de tudo. Porém, após alguns minutos, um odor estranho invadiu a residência, e uma fumaça vinda da parte de trás da máquina de costura começou a se espalhar pelos cômodos. Surgiu então diante dos seus olhos arregalados um fogaréu que cresceu tanto a ponto de tocar o teto. Desesperado, o poeta pirômano correu para pedir ajuda, bradando no imperfeito português de sua idade: Fodo! Fodo!

Sua mãe, entendendo que aquela palavra repetida à exaustão não se referia a nenhuma prática sexual, apressou-se em auxiliar o filho visivelmente angustiado, por haver compreendido perfeitamente o significado daquele dialeto: Fogo! Fogo!

Seu pai, célere, desceu pelas escadas com a toalha ao redor da cintura e praticamente voou até a cozinha para encher uma panela com água. O homem lutou bravamente contra as imensas labaredas, até conseguir extingui-las por completo. Talvez, se ele estivesse em Roma no ano de 64 EC, pudesse debelar o incêndio que lá ocorreu.

Quiçá esses fatos tenham sido determinantes para que tempos depois o poeta fosse presenteado com uma camisa estampada com o desenho de Dennis, o pimentinha.

Meses se passaram e, novamente, às voltas com outra caixa de fósforos, ele quase incendiaria a casa da avó. Outro episódio bizarro fruto das traquinagens foi brincar de Tarzan na cortina da sala, com direito a grito. A haste entortou e a cortina arriou.

Sabendo dessa índole desbravadora – ou destruidora – de seu filho, os pais do meu desassossegado amigo buscaram formas de tornar sua existência menos perigosa, criando mecanismos de segurança que ajudariam a chegada daquela criança à vida adulta. Para sua proteção, grades foram postas nas duas extremidades da escadaria que levava ao primeiro andar, todavia tais cuidados se mostraram inúteis, pois certo dia ele conseguiu abrir uma dessas grades. Contando-me esse fato, ele afirmou não se recordar exatamente do que aconteceu, só soube dizer que rolou sem parar escada abaixo, chocando a cabeça, os braços, os joelhos, enfim, cada parte de seu pequeno corpo com as paredes laterais e as quinas dos degraus. Por sorte, ele nada sofreu.

Certamente o seu anjo da guarda recebia um adicional de insalubridade por estar exposto a tanta pressão psicológica.

Aquela velha casa da rua Francisco Jacinto, no bairro de Santo Amaro, em Recife, sem dúvida serviu de campo de treinamento e de parque de diversões para o *enfant terrible* que ele foi. Ali, ele testou até o limite da sanidade a colossal paciência dos pais.

Foi naquela casa que aos quatro anos o poeta viu a sua irmã pela primeira vez, recém-chegada da maternidade.

Quando bebíamos, era regra que o passado eclodisse, e o meu amigo, levemente tomado pelo álcool, sempre comentava sobre o momento de vê-la chegar num carrinho de bebê de tecido quadriculado à semelhança de um kilt vermelho. Lembrava-se também do instante de curiosidade e admiração quando perguntou ternamente a sua mãe se aquela era a sua irmã, para em seguida tocar-lhe o pequeno e macio dedo mindinho.

E ele seguia comentando; dizia que tempos depois, quando a menina estava maior, ambos brincavam de teatro, utilizando várias combinações de roupas que deixariam qualquer estilista à beira do suicídio.

O poeta balançava as mãos para explicar-me como aquelas duas crianças haviam construído a sua própria casa de espetáculos, e por vezes levantava-se da mesa do bar no qual estávamos para fazer-me entender como eles cobriam com um edredom duas cordas de varal paralelas, na intenção de criar uma cabana que entendiam como os bastidores de um teatro. Ali, entre risos, algazarras e muito divertimento, ambos trocavam de roupas entre as apresentações que faziam para a mãe.

Era da calçada daquela casa que ele sempre congelava de medo enquanto olhava o muro branco do cemitério, logo na esquina. Ele passava muito tempo parado, imaginando quantas pessoas estariam enterradas ali, e fantasiava a presença de fantasmas e de monstros a perambular por entre os jazigos. Anos depois, ele soube que o nome verdadeiro do que ele só conhecia como Cemitério de Santo Amaro era Cemitério Senhor Bom Jesus da Redenção de Santo Amaro das Salinas. Um nome quilométrico que representa bem o número de corpos que sua terra tragou.

E, levantando o copo, meu amigo, já um tanto atordoado pelo excesso de tragos, brindava ao cemitério – imagine... Brindar a um cemitério. Isso era bem típico dele. E discursava:

– Um de meus passatempos mais apaixonantes é passear por entre as covas e mausoléus daquela preciosidade! A calmaria indescritível me afaga as emoções. É lá, a andejar por seu terreno encantado, que a inspiração deita-se sobre a minha alma como um manto negro. – E continuava com explicações dignas de um verdadeiro admirador do assunto:

– O cemitério de Santo Amaro tem uma história interessante; ele foi projetado pelo engenheiro José Mamede Alves Ferreira – o mesmo que projetou a Casa da Cultura de Pernambuco – e inaugurado em 1851, a princípio para enterrar as vítimas da febre amarela. Para mim, é a maior exposição de arte ao ar livre de Pernambuco.

"Anjos pétreos, com ternos olhares de beatitude, questionam sempre o que faço andando por ali, o que busco e o que me faz estar sempre voltando.

Adoro as sombras que as cruzes de cimento vertem na gélida e escurecida areia das sepulturas. As fotos antigas nas lápides machucam-me o peito com a estranha saudade de épocas em que não vivi... O cemitério de Santo Amaro é mágico, é o quintal dos meus sonhos; é por ele que vejo, quando caminho, pássaros sobrevoarem a tristeza poética que sempre embala meus raros momentos de calmaria. Vejo enormes corujas brancas sobre grossos galhos de árvores recurvadas, vejo as enormes lagartixas assustadas, sempre correndo de um lugar para outro. Decerto atrasadas para algum compromisso.

"Outro dia, estive lá e fui recebido por um imenso batráquio obeso que, deitado, recusou-se a me cumprimentar, apenas olhou-me com desdém e permaneceu quieto. Talvez estivesse refletindo sobre os mistérios da vida.

"Depois de ter espatifado no assoalho do bar a garrafa que estava sobre a mesa e de desculpar-se com o garçom por aquele acidente, ele acendeu o terceiro cigarro, sem reparar já haver feito o mesmo com dois anteriores, que estavam no cinzeiro fumegando pela metade como um par de incensos."

E, quase fora de si, ele continuava a falar, aparentemente tomado por uma imensa necessidade:

— Do baú empoeirado de minhas recordações, bem lá do fundo das memórias da minha infância, surgem sempre fatos quando menos espero. Acontecimentos eclodem diariamente como se se debatessem para não serem esquecidos, como uma criança que esperneia para ser notada.

"As lembranças não batem à porta, não tocam a campainha, não pedem gentilmente para entrar, mas pulam pela janela quando bem entendem. Recordações são gatunos que muitas vezes me roubam os sorrisos.

"Digamos que, dentro do copo d'água que representaria minha vida, as recordações sejam como uma pastilha efervescente, que remexe e borbulha no líquido incolor da apatia, trazendo cor e tempero, mas, por muitas vezes, arremessam-me no amargor dos erros que não podem ser corrigidos. As recordações se esgueiram sorrateiras, aparecem em músicas, em fotos, em cheiros e filmes antigos.

"Às vezes, congelo o olhar no horizonte, perdido, assistindo a velhas imagens que lá não estão para ninguém, mas que aparecem, só para mim, sem serem chamadas. São pinturas em movimento de faces quase que esfumaçadas. Cantarolo canções que as rádios esqueceram ou repito alguma frase de um filme que as TVs não exibem mais.

"Tão existente em minhas 'vísceras mnemônicas' quanto o Cemitério de Santo Amaro está o Teatro de Santa Isabel.

"Ah, o velho Teatro de Santa Isabel! Esse é um caso à parte. Projetado pelo grande engenheiro francês Louis Léger Vauthier, a arena lírica foi inaugurada em 1850 e é um exemplo de arquitetura neoclássica predominante no Brasil no século XIX. Vauthier fora convidado pelo Conde da Boa Vista, Francisco do Rego Barros, governador da então província pernambucana, para realizar algumas obras em Recife. Este grande engenheiro não só presenteou a Veneza brasileira com esse magnífico teatro, como também esculpiu a cidade com obras de tirar o fôlego, como, por exemplo, a ponte Santa Isabel. Localizada sobre o Rio Capibaribe, a ponte liga os bairros de Santo Antônio e Boa Vista. Outras obras de Vauthier que merecem destaque são: a ponte da Caxangá, o pátio do Carmo e meu querido mercado de São José, palco de minhas andanças em busca da cerveja mais gelada. Ainda baseado em estudos e planos dele, o arquiteto José Mamede Alves Ferreira projetou o Cemitério de Santo Amaro.

"Vauthier foi desgraçadamente arremessado no lixo do esquecimento, sendo pasta nos arquivos da desinformação do povo pernambucano que, dele, só conhece a estátua erguida em frente ao teatro, na Praça da República. Essa estátua, feita pelo escultor pernambucano Abelardo da Hora, é um dos símbolos da minha infância. Lembro-me de que, sempre que passávamos por ela, minha mãe apontava e perguntava: como se chama esse homem? E eu, ensimesmado e certo de que sabia muito, com uma pronúncia esquisita respondia: Vutiê.

"Hoje, ao meu redor, prédios erguem-se como gigantes desalmados, olhando-me com a indiferença dos que se acham superiores. Prédios que atestam o desprezo com a história. Edificações padronizadas, como uma fila de dominós.

"Teatro de Santa Isabel... Por seus carpetes frios e empoeirados corri explorando cantos escuros, por suas escadarias elegantes subi e desci apressadamente, quase tombando, no corre-corre enlouquecido da hiperatividade dos curiosos. Por seus camarotes espalhei meus brinquedos enquanto a orquestra sinfônica ensaiava melodias oníricas.

"Bons anos em que eu brincava de *Playmobil* por suas graciosas galerias e passeava ruidosamente pelo piso de madeira, que sempre rangia, reclamando por estar sendo perturbado em seu sono secular.

"Para uma criança, brincar num local repleto de alçapões, sombras estranhas e enormes bustos assustadores era uma verdadeira aventura, uma busca ao tesouro, como num filme de pirata.

"Eu era o explorador de um mundo mágico, um andarilho abismado com as novidades a cada passo. Eu percorria corredores amplos iluminados por janelões cujas maçanetas antigas e douradas me fascinavam. Os caprichados acabamentos cuidadosamente criados por uma mente detalhista e apaixonada transformavam aquele teatro num espetáculo admirável só encontrado em contos de fadas.

"Recordo-me de que nos bastidores havia um piano negro e desafinado, no qual eu sempre teimava em golpear o teclado, provocando desagradáveis sons desarmônicos. Tais melodias desconexas, por vezes, perturbavam a calmaria necessária para a concentração dos músicos que ensaiavam, e alguém sempre reclamava.

"Naquele palco, entre grossas cortinas azuis de babados e contorno dourado, papai não só regeu orquestras, mas teceu melodias tristes em seu violino envernizado, cujas cordas choravam acarinhadas pela crina de cavalo do arco, que mais parecia uma flecha – uma flecha cuja ponta jamais foi extraída do meu coração.

"Papai nasceu em Recife, em 1921, era filho de judeus oriundos de uma região chamada Bessarábia, na Moldávia, depois anexada à Romênia. Meus avós decidiram sair do país em razão das perseguições racistas e vieram para o nordeste do Brasil. Poderiam ter ido para a Suécia, para a Dinamarca, para a Noruega... Paciência... Ele iniciou precocemente os seus estudos de música aos oito anos, destacando-se pelo talento e sensibilidade. Hoje, sua batuta de maestro dorme em meu armário, e seu violino calado repousa em uma negra caixa curvilínea, encostada a uma parede nos fundos de minha casa. Às vezes, à noite, quase posso ouvir suas valsas e chorinhos, como um acalento que inebria meus sonhos melancólicos.

"Na adolescência, durante os ataques de sonambulismo, ele caminhava serenamente pela casa escura, abria o estojo e tocava o violino, como se estivesse em um concerto celestial.

"Um dia, antes do natal, surpreendi-o pela escuridão da sala escondendo vários pacotes de presentes. Aquilo me deixou intrigado, tanto que o interpelei sobre a existência de Papai Noel. Com um suspiro profundo e um olhar enternecido, franziu a testa, olhou-me nos olhos e, com ares de riso, teceu uma vasta explicação sobre a origem dessa lenda. Eu não entendi nada, mas ficou claro que por anos eu havia sido um idiota em acreditar que um velhinho de barba branca entrava sorrateiramente em minha residência com a finalidade de deixar presentes aos pés de minha cama. A residência nem tinha chaminé...

"Minha mãe era neta de imigrantes ingleses da cidade de Newcastle. Eles também poderiam ter escolhido uma terra menos problemática para 'fincar bandeira'. Quem sabe a Islândia! Talvez a Finlândia! Foi meu avô, pai dela, que era clarinetista e compositor, que a introduziu no mundo da música. A princípio a sua paixão era o balé e o piano, mas foi forçada a aprender violoncelo. Ela e meu pai se conheceram nos ensaios da orquestra, e dali para frente... conversa vai, conversa vem... e eu estou aqui."

Quando o poeta abria a boca para dar vazão às memórias, seus olhos avermelhavam, quase não pestanejavam, e ele punha-se a olhar para cima, como se no céu contemplasse as imagens mentais que lhe surgiam. Via-se que vez por outra suspirava, erguia as sobrancelhas, balançava discretamente a cabeça e apertava os lábios, com uma expressão que mesclava lamento e saudosismo.

Enquanto bebia costumava soprar a fumaça do cigarro para dentro do copo, o líquido aprisionado então fumegava, e me fazia lembrar as poções mágicas dos filmes.

Não raro, ele parecia hipnotizado, e divagava, falava como se recitasse um de seus poemas, como se tomado pelo torpor das antigas histórias que relatava, fosse arrancado do chão, erguido por mãos angelicais, para tornar-se um andarilho nos labirintos dos próprios sonhos.

Vê-lo perder-se dentro de si, me fazia não apenas quase vivenciar o que ele contava, mas também recordar do meu passado. Afinal, todos nós temos registros que por vezes nos perseguem, e o meu amigo tinha a estranha capacidade de me estimular a acessar os meus.

Acompanhem-me agora ao segundo "conto", que lhes afianço ser fidedigno. Vamos à outra macabra história, mas com o mesmo protagonista, afinal, todas essas salpicadas letras – que para mim assemelham-se a respingos de tosse tuberculosa – são relacionadas a apenas um melancólico personagem. São frases sopradas pelas madrugadas, regadas com lágrimas e perfumadas por lembranças. E, por mais monótonas que possam parecer, ou até esculpidas com pouco esmero, foram extraídas a punhaladas. Paridas a fórceps das entranhas infernais das mais arraigadas lembranças de uma testemunha ocular. Eu.

A próxima aventura sem herói, tampouco final feliz, intitula-se "A Princesa Morta".

Existe amor à primeira vista? Talvez; é tão possível quanto a decepção que vem com a segunda olhada, porém bem mais lógico é crer no interesse que surge após a percepção das afinidades. E isso requer tempo. À primeira vista pode haver atração, sem dúvida, curiosidade, mas algo que abalroe o peito de uma forma incomum é raro. A aparência pode causar alguma perturbação romântica, mas o diálogo e a descoberta dos pensamentos, por muitas vezes, tratam de descortinar a ilusão da beleza. Nada como um sopro de raciocínio para dispersar as nuvens do delírio e mostrar o incontestável céu da verdade.

O grande problema do "interesse à primeira vista" é a idealização, é criar uma imagem mental, utilizá-la como padrão e exigir que alguém se insira nela – o que é imaturo e impossível. E, quando essa adequação não ocorre, decepcionamo-nos com a pessoa errada, por esquecermos que nós é que nos deixamos levar pelas próprias fantasias.

E o que seria o amor? É a romantização de uma carência psicológica ou um engodo da natureza com o propósito de procriação? É altruísmo ou egoísmo? É querer dar o melhor de si a alguém ou buscar absorver do outro o que achamos que nos falta?

O amor, na romanesca interpretação do meu amigo poeta, caracterizava-se pela sensação da existência de um órgão externo. Era como se a pessoa amada se tornasse uma peça do conjunto de nossa própria substância. Fisicamente à parte, distanciada, porém emocionalmente dentro de nós. Essa sensação era o sintoma conclusivo de uma interação, era a comprovação de que a nossa identidade deixara-se levar pelos encantos de alguém. O termo era "apaixonar-se".

Como algo fora do corpo podia afetar tanto o batimento cardíaco, o humor, os pensamentos e até a saúde? Assemelhava-se a um controle remoto.

Assim deu-se entre eles. Entre o poeta e a sua princesa.

Houve uma época em que o meu amigo poeta, apesar de frequentemente visitar a escuridão, nela ainda não havia estabelecido moradia. Uma época em que a realidade parecia ser mutável, pois, por mais difícil que a existência pudesse se apresentar, quando se é jovem, tem-se a elasticidade da esperança, mesmo que inconscientemente. E assim foi nos idos tempos dos vinte anos, mais especificamente vinte e dois anos, ou, como ele costumava chamar: a era da vodca.

Naquela época, ele conheceu uma pessoa que mudaria todos os seus anos vindouros. Poderíamos chamar de seu primeiro amor, e este não seria como os pretéritos afetos juvenis, oriundos dos imaturos arroubos adolescentescos, mas algo diferente e até ameaçador para a sanidade. Para o sossego, sem dúvida foi.

Ele mergulharia no abismo da dependência psicológica e na absoluta fixação. Por quase cinco anos, permaneceria buscando preencher sua perpétua carência nos braços de uma pessoa igualmente complexa e inquieta. E que colossal erro seria portar-se dessa forma! Sem dúvida que aquela conturbada convivência foi recheada pela lava mais incandescente do vulcão mais ativo.

Apesar de a relação em sua totalidade ter sido extremamente difícil, serviu-lhe de escola. E que grande escola foi! Aprendeu tudo o que era possível sobre insegurança, formando-se em saudade, com pós-graduação em afeto. Depois veio o mestrado em explosões de adrenalina e em seguida o doutorado em disparos de coração. Porém, a despeito de todos os inconvenientes que tal relação lhe traria, de todas as noites de insônia, crises nervosas e momentos de angústia, havia algo naquele sentimento que não podia ser negado, algo tão entranhado quanto a própria alma e que se espalhava pelo organismo como autoritários tentáculos.

Aquele, sem dúvida, seria um ponto demarcatório em sua vida.

Ambos se haviam unido visceralmente, tal como se um encontrasse no outro o que por anos estivessem buscando inconscientemente, e algo dessa natureza só poderia provocar cataclismos orgânicos e sismos psíquicos. Eles se sentiam como que destinados a essa relação, prometidos um ao outro por algum tresloucado deus mesopotâmico.

Aquela mulher alta, de voz rouca e cabelos acaju, que não só trouxe mel ao coração do poeta como também a ferroada da abelha, havia nascido pouco mais de uma década antes dele e tinha um filho. O espetacular rebento era uma criança incomum, possuía profunda sensibilidade e inteligência muito acima da média; sua percepção da realidade era esmerada e as observações que tecia curiosas e profundas. O menino tinha apenas quatro anos e era bem mais amadurecido do que os seus amigos, até do que o próprio poeta. Havia ainda o fato de ambos serem perturbadoramente parecidos, e todos sempre perguntavam se eram pai e filho.

E a amizade floresceu; foram poucos, mas bons anos em que mantiveram contato, e, por vezes, em tom irônico, mas carinhoso, o menino o chamava de pai.

Como nada dura para sempre – só a morte – e o primeiro passo é o ensaio do último, todas as relações chegam ao fim, de uma forma ou de outra; é inevitável. E uma união tão forte quanto aquela – entre o poeta e a sua abelha – só poderia terminar com um desfecho trágico, pois a ligação de ambos era de tal modo robusta que seria impossível um afastamento diferente do que se deu.

Certa noite – uma terrível noite, a pior noite da vida de alguém –, aquele cujo nome não posso citar recebeu uma chamada telefônica perturbadora. Tratava-se de uma mãe em desespero que buscava auxílio para a filha. Era a mãe do grande amor do poeta.

Sem saber como proceder e demonstrando profunda apreensão, a senhora telefonara para pedir que ele fosse com urgência ao apartamento de sua filha, pois esta não atendia às suas inúmeras tentativas de contato. Solicitou também que, antes, ele se dirigisse à sua casa, pois ela lhe daria a chave-reserva, o que, sem dúvida, facilitaria a entrada no local de seu destino.

Para trazer sossego a uma mãe aflita, ele assim o fez. Agiu exatamente como lhe fora solicitado, apesar de achar desnecessário. Saltou de onde estava, desligou a TV, que exibia o filme "O anjo malvado", com Macauley Culkin, vestiu-se e partiu.

Ao receber as chaves das mãos trêmulas da nervosa mulher, pôde perceber como a extrema preocupação deformava tristemente o semblante de uma mãe, e inquietou-se, já prevendo o pior.

Chegando ao prédio de sua amada, lembro-me que ele mencionou ter sido obrigado a subir oito andares, pois, por um capricho infausto do destino, o elevador estava em manutenção...

Que estranho é quando a vida brinca, quando nos momentos de desespero os empecilhos surgem apenas para agravar o nosso desassossego. Faz-me pensar que olhos sádicos pousam sobre o inquieto miserável e apenas aguardam a funesta conclusão da difícil circunstância, como se a dor alheia alimentasse a inclemência de algo incompreensível ao entendimento humano.

Durante o galgar dos degraus, por pouco não lhe fugiu o ar; ele segurava-se nas frias paredes como um longevo no arco de uma bengala, e tropeçava, cambaleava ofegante, trocava as pernas, por vezes parando para recompor-se, e então continuava.

Quero crer que, em seu estado de nervos e físico, subir uma íngreme escadaria com destino ao oitavo andar quiçá se houvesse tornado uma atividade tão onerosa quanto a escalada de uma montanha. Devo lembrá-los de que o protagonista definitivamente não era um atleta.

Aquele momento angustiante revestia-se de um mistério tão grande e de uma sensação tão desagradável, que lhe foi impossível não intuir que algo terrível se avizinhava. Um pressentimento lhe golpeou o estômago, e novamente se lhe foi o ar, desta feita, não surrupiado pelo esforço físico, mas por um medonho receio que invadia a sua alma.

Não havia explicação para o estranho silêncio daquela mulher; ela jamais se havia comportado de tal forma.

Banhado em suor, ofegante, com as pernas frouxas e o coração em iminência de saltar-lhe pela boca, finalmente ele chegou à porta e, com a dificuldade que mãos trépidas presenteiam, inseriu a chave em sua fechadura, girou-a e entrou.

A quietude era tumular, e o apartamento embalava-se por uma perturbadora letargia, sendo possível, na ausência de ruídos, tão só perceber um leve odor incomum, que o poeta então não conseguiu identificar. Era algo tênue, mas agressivo, e que fez tilintar o sino de seu instinto, como se a consciência buscasse preparar-se para o que se daria dentro em pouco. Essa fragrância macabra, por muitos anos, permaneceria arquivada na área mais inquieta do seu cérebro.

Ele enxugou a testa com a camisa para ver-se livre do suor que já lhe ardia os olhos e seguiu pelos cômodos, apreensivo, mas esmerando-se por manter a calma, enquanto aquela excêntrica exalação lhe punha os pelos eriçados.

Amigos leitores, preciso esclarecer que não estou escrevendo um conto de horror. Nestas linhas, apenas traço fielmente o que ocorreu em uma terrível noite de sete de abril do ano de 1997, segunda-feira; nada acrescentei ou excluí. Trata-se da mais cristalina verdade. Continuemos.

Apesar das luzes acesas, o local parecia desabitado, nada indicava que havia alguém naquele apartamento, e ele verificou a cozinha, a dependência dos fundos e o banheiro de serviço, para em seguida buscar o corredor que levava aos dormitórios, mas a porta de acesso estava trancada. Sem pensar duas vezes, ele a arrombou, com um potente chute fez voar a fechadura, e a porta, num estrondo, golpeou a parede para regressar violentamente e por suas mãos ser contida.

Ao dar o primeiro passo, distinguiu à sua direita, no umbral que dava entrada ao quarto, dois pés emborcados, obviamente de alguém deitado de bruços, e estancou por um segundo, tal como se uma parede invisível lhe tolhesse a marcha.

O odor, que vaporoso passeava pela sala, agora estava muito mais encorpado e invadia aquele corredor penumbroso com um nauseabundo miasma de revirar o estômago. Era o cheiro da morte.

Aquele foi o momento mais confuso e angustiante de toda a existência do meu amigo poeta. O céu, as nuvens, as estrelas, a lua, os planetas e todos os cometas haviam desabado sobre sua cabeça.

Ele correu em direção àqueles pés, olhando-os fixamente, e seus olhos subiram pelos tornozelos, coxas, glúteos, costas, até perceberem, ao dobrar a parede da entrada do banheiro, um corpo sobre os azulejos do assoalho. Era ela, e estava morta! Diante dos seus olhos! Morta!

Por segundos, ele tornou-se uma rocha, gélido e endurecido, de todo paralisado, e acreditou ser vítima de uma desalmada alucinação. O abalo supremo enrijeceu a sua matéria e ele converteu-se em um bloco de concreto.

E abaixou-se trêmulo, virou-a, para de imediato perceber que um filete de sangue lhe escorria da gengiva acima dos dentes frontais, pois, com a queda de seu corpo, eles se haviam chocado contra o piso. Os lábios estavam horrivelmente intumescidos, e a fronte transformara-se em uma indiferente máscara mortuária.

Naquele brutal instante de colossal violência, ele sentiu fugir-lhe a consciência; estava entrando que choque. A capacidade auditiva diminuíra como se estivesse encarcerada em uma bolha, e sua visão embaciou, parecendo estar submersa no mais profundo oceano.

Respirando com dificuldade, sentiu-se como que mergulhado em um pesadelo envolto em saco plástico transparente. Todos os seus sentidos encolheram, como se estivesse absolutamente só no mundo, embalado por uma bolsa amniótica de desespero, cativo a um útero de terror.

Naqueles segundos que se estenderam detidamente pela eternidade, ambos, imóveis, olharam-se. Ela, de olhos abertos, levemente úmidos, mas completamente vazios, o rosto congelado em cera, numa expressão única, inesquecível; e ele, irremediavelmente petrificado. E tornou-se o silêncio ensurdecedor.

Por todos os anos seguintes, ele jamais se esqueceria daquele momento, tampouco olvidaria o insano brado de uma mãe aflita ao receber a notícia da morte de sua filha.

Ele jamais soube o que aconteceu. Foi mencionada a possibilidade de um aneurisma, mas o fato é que o poeta não se aprofundou na busca por respostas, pois o terrível já havia acontecido.

Trinta dias após o implacável evento, ele voltaria àquele apartamento e ali passaria a noite, fumando, bebendo, tirando fotos dos cômodos e pranteando, quase como num mórbido ritual de recordações e despedida.

Dois meses depois, telefonaria para ouvir a voz de sua amada gravada na secretária eletrônica.

O episódio foi tão traumático que fez eclodir a religiosidade havia muito adormecida no poeta, e ele partiu, saiu do país para viver por um ano em Israel. Lá, hospedou-se em uma *yeshivá* – uma escola religiosa judaica – e, nela, como interno, estudou e trabalhou na função de cozinheiro. Redescobriu o seu judaísmo que ébrio cochilava em algum porão da alma e preparou-se com afinco para tornar-se rabino. Porém, o choque cultural, as limitações impostas pelos severos preceitos e a sua peculiar rebeldia – que bradou mais alto diante da autoridade encontrada – o fizeram desistir de tudo e regressar. Ele voltou à sua conturbada pátria, mais experiente, mais sofrido e com uma barba enorme.

Ter vagado por terra tão antiga cuidou para que sua introspecção característica se convertesse em algo ainda mais doentio. A dificuldade com o idioma hebraico – apesar de ele se comunicar razoavelmente bem – o isolou, arremessando-o à solitude dos próprios pensamentos e à tortura das lembranças; em vista disso, posso afirmar que ele regressou ainda mais sufocado pelo abraço de sua revolta personalidade.

Antes de seguirmos, creio que vale aportar no tema e discorrer um pouco sobre o tempo em que ele perambulou pelas cálidas avenidas de Jerusalém. Devo, sem dúvida, pronunciar-me sobre essa pitoresca temporada da vida do meu amigo.

Após a trágica e enigmática morte de sua companheira, tomou-lhe uma solidão tão abismática, que, como muitos fazem, o poeta foi levado a buscar auxílio emocional nos braços de uma crença. Sua origem judaica de pronto o direcionou a procurar o amparo de um rabino, que o aconselhou a estudar com afinco, na própria Terra Santa. Com a ajuda dedicada desse sacerdote – cujo nome creio ser prudente não citar – o poeta reavivou a flama étnico-religiosa havia muito entorpecida, aprendeu a ler em hebraico, frequentou a sinagoga, começou a nutrir-se com comida *kosher* – alimentos apropriados para o judeu religioso –, participou de rituais, de festas culturais, de estudos coletivos, passou a usar uma quipá – aquele pequeno chapéu que cobre a parte mais alta e posterior da cabeça, parecido com o do sumo pontífice – e teve acesso a muitos livros. Posso dizer que ele estava realmente engajado e que se tornara um zeloso devoto, porém esse afinco nada mais era que uma tentativa de abrandar a angústia que lhe apunhalava o coração. Era uma fuga.

Sua personalidade amotinada apenas toscanejava, tomada pelo sono da extrema necessidade de amainar a inquietude, e isso se mostraria muito claramente pouco tempo depois de ele ter chegado à *yeshivá*. Em verdade, tendo atenuado a aflição pela morte de sua amada, ele voltaria ao seu estado de questionador e subversivo, e, claro, essa mudança causaria sérios problemas.

A ilusão religiosa se dissiparia com a retomada da razão, deixando-o no centro de uma armadilha, mas o meu bom amigo não encararia isso como algo negativo, pelo contrário, estar em outro país lhe forneceria muito material para escrita, e evidentemente para a aquisição de mais experiência de vida. Seu caráter peculiar trataria de naturalmente arrancar a venda daquele fanatismo em ascensão, para em seguida o senso crítico golpear-lhe a face.

Após a longa viagem, e tendo já posto os pés no tão conflituoso país, não foi difícil encontrar a Yeshivá Nahalat Tzvi, localizada na Avenida Hame'iri, no bairro de Kiryat Moshe, em Jerusalém. O dedicado rabino havia cuidado de tudo, e o meu aventureiro amigo poeta já estava sendo esperado. Munido de uma carta de recomendação, não foi difícil ser relativamente bem-recebido no internato, para lá dividir o pequeno quarto com o enfermeiro argentino Aaron, com o peruano Boris, já cidadão israelense, e com o uruguaio loiro Max. Três pessoas completamente diferentes e repletas de conflitos psíquicos. Do ponto de vista da insanidade, ele estava no lugar certo.

Albergavam-se na escola religiosa toda a sorte de malucos de diversas nacionalidades; havia um neozelandês de olhos incrivelmente azuis que adorava cantar no idioma maori, um indonésio que urinava em uma garrafa para não ter de sair da cama à noite e ir ao banheiro, um estadunidense maníaco por limpeza, um negro francês de dois metros de altura, um hindu que usava uma pochete ridícula a tiracolo, um colombiano metido a galã e ainda um israelense epilético. Sem dúvida eram tipos singulares e muito viriam a ensinar ao poeta sobre relacionamentos estranhos e perigosos.

Por um ano, ele despertou de sobressalto às seis horas da manhã para preparar a refeição de mais de duzentos grosseiros mentecaptos movidos por uma ilusão da Era do Bronze – assim ele se referia àqueles homens. Ele me contaria, anos depois, que a consciência daquele faz-de-conta só o alcançaria bem mais tarde, pois na época o narcótico da religião também o havia entorpecido, e aquele vício o faria crer em genuínos absurdos.

Até então, ele acreditava na kafkiana ficção de que um homem havia dividido o mar para libertar um povo e de que aquele povo – tão especial – fora escolhido pelo criador do universo.

Por um ser que, apesar de saber quantas estrelas existem no céu, quantos grãos de areia existem em cada deserto e praia, quantas folhas existem em cada árvore, quantas gotas de água existem em cada lago, rio e oceano, nunca, jamais tem culpa de absolutamente nada de errado que acontece no mundo. É sempre inocente, compreensivo e bondoso, apesar de nada fazer para que cessem de matar em seu nome. Essas meditações dominaram com insistência seus pensamentos nos últimos meses em que viveu sob o céu mediterrânico.

Sendo o local uma escola religiosa, definitivamente a fé era o que girava as engrenagens, e aos poucos, para ele, vivendo de orações, de cultos e estudos da Torá — Pentateuco —, já se estava tornando claro de que onde há fé, não há raciocínio lógico.

Eram três orações por dia: a da manhã, chamada *Shacharit*, a da tarde, *Minchá*, e a da noite, *Maariv*. No Sábado, *Shabat*, dia santo, não se podia acender ou apagar fogo, sequer tocar no interruptor de luz ou usar qualquer aparelho elétrico, e, se não fossem os passeios que o poeta fazia pela cidade ou as refeições magníficas em casa de conhecidos, tudo seria desgraçadamente tedioso.

Se a dor provocada pela inesperada morte da mulher que ele amava o havia arremessado a uma vida religiosa, o tempo e a pressão daquelas regras trataram de fazer regressar a sua capacidade de raciocínio e, com ela, a consciência do natural pessimismo de seu caráter. Claro, com esse "despertar do eu adormecido", os cigarros e as bebidas trataram de retornar, assim como a rebeldia. Não tardou para que em seu armário de ferro as garrafas de vodca polonesa começassem a tilintar e logo surgisse o Pink Floyd para musicar a queda de sua fé.

E foi na absoluta quietude de uma madrugada de dezembro que ele abandonou a *yeshivá*, largou o que definia como um excesso de regras criadas apenas para tornar a existência menos prazerosa e padronizar o pensamento humano.

Inúmeras vezes o ouvi relatar que a robotização é sedutora pelo fato de tornar a vida muito mais fácil, pois, excluindo-se o senso crítico, com ele vai-se qualquer conflito, mas também se vai o que nos define e caracteriza como seres humanos: as dúvidas. Dúvidas são necessárias; só elas nos obrigam a fazer perguntas, só elas trazem a evolução. Quem acha que uma crença a tudo responde está fadado a estacionar o raciocínio e nele permanecer como uma estátua embebida no dogmatismo. Isso vale para tudo, religião ou ideologia política.

E ele continuava, dizia que o ser humano precisa aproveitar o pouco tempo que tem e não se entregar à inutilidade de tudo o que lhe rouba a chance de saborear as diminutas alegrias que a existência proporciona. Ele defendia isso, mas não era uma regra que costumava seguir; ele sempre via o lado negativo de tudo. Essa era mais uma contradição em sua vida.

Um ano após ter desembarcado no Aeroporto Internacional Ben Gurion, naquela noite ele voltava a ocupar o ventre de um dos aviões das Linhas Aéreas Israelenses EL-AL, e, tendo feito uma escala em Portugal para em seguida cruzar o Atlântico, finalmente chegava à sua terra natal.

Tomar banho quente no seu próprio banheiro nunca foi tão prazeroso.

Antes de finalizar este capítulo — que já se alongou bem mais do que eu esperava —, entendo ser necessário inserir outra das tantas histórias que agravaram o estado do meu amigo. Conceberei essa narrativa na primeira pessoa, visto que ouvi o relato de sua própria boca e creio torná-lo dessa forma mais fidedigno. Decerto as frases não foram ditas exatamente como as grafei, mas estejam certos de que o cerne não foi alterado.

O poeta — que ainda estava com o coração ferido e ligeiramente alcoolizado ao tempo da conversa — usou de certa deselegância ao referir-se a determinada pessoa pelo cognome de Jack, o estripador, sendo esta a moça que o traiu e abandonou após um relacionamento.

Certamente que o meu amigo utilizou essa infame alcunha como um símbolo para descrever os males que tal ser causou em sua vida. Classificá-la dessa maneira só comprovava que ele ainda possuía muitas feridas abertas.

Eu conheci essa pessoa, sei o seu nome, mas acredito ser prudente utilizar ao longo da narrativa o apelido que lhe foi dado, apelido de que também me servirei para dar título à história. Então, vamos a ela, batizada de "Jack, o estripador".

Ao regressar de Israel, após tanto tempo agrilhoado pelo cabresto religioso, o poeta sentiu-se livre e retomou as suas amizades, ambientou-se novamente e seguiu a vida.

A atmosfera brasileira, em comparação à rotina de uma escola religiosa judaica, era muito mais leve e voltada aos prazeres, porém, a despeito do sol, das cores e dos ritmos musicais alucinantes, ele ainda guardava a alma dilacerada pelo falecimento da mulher que amava. Ele divertia-se, sorria, bebia, perambulava pela noite e a todos contava acerca de sua didática experiência nas terras mediterrânicas, todavia, apesar de tudo, sentia-se só, e essa fragilidade o levou a envolver-se com uma mulher.

Um dia, conversávamos sobre tantos assuntos, que sou incapaz de enumerá-los; após algumas cervejas e uma garrafa de uísque, os temas ramificaram-se como os galhos de uma árvore até desembocar em um relato que creio ser digno de constar nesta obra.

É notório o fato de o álcool ser capaz de descortinar verdades e "afrouxar a língua". Com ele não foi diferente.

Depois de me haver dito do que se tratava, de citar nomes e apelidos, ele começou a falar, revelando-me os pormenores, enquanto eu ouvia com atenção:

— Alguns meses depois de eu ter encontrado no chão daquele banheiro o cadáver da mulher que eu amava, e antes de viajar para Israel, conheci Jack, o estripador — iniciou com uma mescla de tristeza e ironia —, e o pequeno grupo com o qual eu costumava conversar nas salas de bate-papo da internet. A princípio, Jack não era tão sociável, era tímida e sempre surgia acompanhada pelo irmão; ambos pareciam se bastar. Eles mantinham, quase sempre aos cochichos, conversas que me despertavam a curiosidade. Apesar da respeitosa distância, com o passar do tempo eu e Jack fomos ficando mais íntimos e ela se tornou uma boa amiga, mas eu parti.

"Um ano depois, ao voltar de viagem, resgatei as relações e pude me entrosar mais com a velha turma, uma vez que, depois de tanto tempo apartado de festas e de encontros em bares, eu necessitava me socializar, por uma questão de saúde mental.

"Sinto dizer que a minha incurável solidão, somada àquela tragédia, fez-me mergulhar numa armadilha sentimental que mais tarde me causaria ainda mais dor.

"De família conservadora e criação rígida, ela tinha reservas quanto às intimidades de um relacionamento normal, mas isso não me incomodava, pois o que me atraía nesse tipo de contato era o companheirismo, era a troca de ideias. No início, como em toda relação, há a fase do encantamento e das descobertas, mas, no desenrolar dos meses, percebi a grande dificuldade que seria lidar com uma cabeça tão diferente. Durante todo o percurso da relação, que não foi pouco — afinal, namoramos por um ano e seis meses —, em nenhum momento tivemos contatos mais íntimos, porém respeitei o tempo pedido. Aquela anormalidade me fazia questionar se realmente valia a pena continuar com algo que aparentemente seria imutável.

"Jack era elegante, esguia, vestia-se bem e tinha um excelente gosto musical. Seu tom de voz acalmava e seu aspecto era profundamente agradável aos olhos. Suas íris eram negras, assim como seus cabelos macios, cabelos que desprendiam um perfume sedutor e ainda luziam sob o luar. Seus ombros eram de uma simetria magnífica... Ah! Deixemos isso de lado! Não quero me perder no apaixonante esboço daquele demônio de tez bronzeada...

"A ela contei tudo, todas as minhas peculiares impressões acerca da existência, as desagradáveis experiências que me roubaram o sorriso, as tragédias das quais fui vítima, discorri sobre as minhas inseguranças, revoltas e dúvidas, enfim, posso dizer que revelei o meu coração e tudo o que nele queimava. Entreguei-me, na esperança de que aquela pessoa fosse a salvação da minha vida.

"Creio que pus em suas mãos a responsabilidade de me tornar um homem feliz, e esse foi um erro infantil. Coroei uma cabeça despreparada para assumir o reino dos meus sonhos. Esse arrependimento eu carrego, mas não posso assumir integralmente a culpa pelo fracasso daquela relação; ela terá de dividir comigo.

"Não tardou para que o relacionamento se desgastasse. Creio que as prioridades de ambos eram outras; a minha era a de ser amado, e a dela era a de aproveitar a vida. Eu não havia percebido até então que toda a profundidade que ela exibia era apenas uma máscara que ocultava um caráter plenamente díspar do que aparentava.

"Eu, que havia me convencido de ter encontrado uma pessoa capaz de me apartar da angústia, tombei em mais um embuste da vida. Escancarou-se o alçapão devorador que tragou a mim e os meus mais verdadeiros sentimentos.

"Resolvemos, então, fazer o que muitos casais fazem: dar um tempo.

"Pois bem, era noite de ano-novo, o ano 2000 se aproximava e a praia de Boa Viagem estava absolutamente lotada de pessoas vestidas de branco. Eu havia dirigido por todo aquele mundo de carros e barulho para encontrar um amigo, na intenção de ao seu lado testemunhar o festival de fogos nos céus daquele bairro costeiro. Estacionei o veículo e saltei, vestido de preto e com uma bolsa plástica a tiracolo, onde repousava o bom e velho uísque. Eu caminhei pelas areias frias à beira-mar, desviando dos inúmeros bêbados que por ali tombavam alegres, indo em direção ao ponto marcado do encontro. E, após toda a festividade, foi-se a noite. Não perderei tempo falando do que não tem importância.

"Mais tarde eu saberia de fonte segura que Jack havia passado a virada de ano bem próximo a mim, com a família, amigos e parentes. Em nenhum momento a vi.

"Dias depois, um amigo veio me dizer que havia visto Jack com outra pessoa, e que ambos estavam trocando certas intimidades, o que lhe chamou a atenção. Intimidades que jamais trocamos. Sem dúvida, a notícia caiu como um imenso saco de areia em minha cabeça, então decidi ir direto à fonte para constatar se realmente aquilo era verdade. Mas, calma, ainda falta contar o que ocorreu antes de eu estar ciente dessa infausta notícia.

"Sentindo-me culpado por ser o responsável pelo iminente fracasso da relação, decidi pôr em prática uma estratégia romântica para recuperar o amor em vias de extinção.

"Quem se deixa levar pelo afeto comete atos insanos, por vezes heroicos ou inconsequentes. Comigo não foi diferente.

"Eu sabia que ela era uma grande fã da banda de rock Capital Inicial, e calhou de essa banda estar em Recife para um show. Essa era a minha grande chance de tentar consertar o que aparentemente não tinha mais conserto.

"Bem, busquei encontrar os integrantes do grupo, que estavam hospedados em um hotel na cidade de Jaboatão dos Guararapes, descansando para a apresentação de logo mais.

"Numa tarde ensolarada, dirigi-me ao Hotel Golden Beach, muito distante de minha casa, que na época era no bairro da Boa Vista; chegando lá, sentei-me no hall de entrada, imaginando como seria a conversa, o que eu falaria, o que eu pediria.

"Depois de quase uma hora alimentando a coragem que parecia faltar, vi que um dos músicos que tocariam com a banda se aproximava da recepção, e decidi tentar a sorte. Era Kiko Zambianchi, um grande cantor e compositor do qual ainda sou fã.

"Ele saiu do hotel e eu o segui.

"O que eu achava ser uma boa causa havia me dado bravura suficiente para abordar um dos meus ídolos dos anos 1980, que havia saído de seu quarto para comprar jornal na esquina e esticar um pouco as pernas. Dirigi-me a ele, apertei sua mão e falei como um fã embasbacado. Ele mostrou-se bastante acessível e amigável, dando-me total atenção. Foi muito sereno e nem um pouco ensimesmado com os anos de fama e sucesso.

"Eu estava ali, numa rua, caminhando ao lado de um dos ícones de minha adolescência, como uma criança maravilhada e sorridente que encontra o seu herói. Dá para imaginar?!

"Após uma conversa que me marcou por toda a vida, e após descobrir que ele também tinha seus ídolos, expliquei que queria falar com Dinho...

Dinho Ouro Preto, o cantor, para pedir que ele cantasse uma música e a oferecesse a uma pessoa. Eis a minha estratégia, artimanha romântica que me enchia de esperança.

"Ele me disse que valia a pena tentar e que a banda estava à beira da piscina, despediu-se respeitosamente e voltou para o quarto com o jornal embaixo do braço.

"Caminhei em direção à piscina como quem se dirige à forca; meu coração batia tão forte que era impossível não imaginar que alguém o pudesse ouvir. Jamais esquecerei o que a descarga de adrenalina fez com a firmeza de minhas pernas.

"Permaneci por alguns minutos diante de uma porta de vidro não só buscando identificá-los em meio aos hóspedes, mas também para convencer o destemor de que aquele era o preciso momento de ele se mostrar. Até que, respirando fundo, mergulhei no acaso de um tiro no escuro e decidi 'meter a cara' para ver o resultado de toda aquela empreitada. Nunca uma porta tão fina fez-se tão pesada.

"Creio que meu nervosismo me tornou um mal-educado, pois, ao chegar a sua mesa, em nenhum momento me dirigi aos outros membros da banda. Pedi licença, sentei-me e abri a boca, falei com o coração. Expliquei o ocorrido, apresentando-lhe todo o relatório de uma relação que estava fadada ao fracasso, mas que mesmo assim eu tentava resgatar.

"Em um papel que apareceu não sei de que lugar, coloquei meu nome, o nome dela e a música que eu queria que ele oferecesse durante o show que faria no Armazém 14. Um espaço reservado a eventos no bairro do Recife Antigo. Dinho mostrou-se extremamente compreensivo com aquele fã que havia aparecido do nada para lhe fazer um pedido tão incomum.

"Saí daquele hotel num relaxamento que poucas vezes tive na vida; aquela conversa havia me banhado não só em esperança, mas em um sentimento de obrigação cumprida. Passei o dia seguro de que todo aquele trabalho algum efeito surtiria.

"Agora me veio algo que já deveria ter mencionado. Dias antes, em um ataque de insanidade, eu havia esperado Jack na porta de seu trabalho, vestido de Ursinho Pooh com uma rosa vermelha na mão. Consegue recriar a cena dantesca em sua cabeça?

"Ao meio-dia, em pleno calor recifense, diante de olhos estupefatos e em meio a carros que se desviavam, caminhei por uma avenida na intenção de agradar a uma pessoa que havia me traído, e eu ainda não sabia...

"Minha "última bala" seria esse show, seria uma música oferecida por Dinho em pleno palco, só para ela. Toda aquela maquinação ensandecida era prova cabal de que eu realmente tinha boas intenções.

"Mais tarde, à noite, uma fila enorme me esperava; estacionei o carro num local próximo e andei calmamente até o local do show. Um burburinho alto vibrava e tornava aquele ambiente quase que ensurdecedor; cambistas, pipoqueiros, policiais e centenas de fãs quase tumultuavam toda a área. As portas do zoológico estavam escancaradas, todo o tipo de gente se acotovelava sorridente e cheia de expectativa, conversas absolutamente diferentes rodopiavam com a fumaça dos cigarros. Uns dez metros à frente, lá estava ela, com amigas, sem perceber a minha presença. Decidi ficar incógnito para só me mostrar após o estratagema ter se consumado. As portas se abriram e a fila começou a andar.

"Lá dentro, à meia-luz, não havia espaço nem para coçar o nariz. O número de pessoas parecia ter aumentado, e, como não sou muito afeito a multidões, senti-me extremamente desconfortável, porém o show valeria a pena, não apenas em razão da trama que eu havia tecido, mas pelo fato, claro, de poder ver um show ao vivo do Capital Inicial.

"Quando a apresentação começou, uma magia abocanhou a atmosfera, e os primeiros acordes dissiparam toda a expectativa, arremessando aquela multidão a um delírio musical absolutamente hipnótico. Todos pareciam dopados e histéricos, em uníssono cantavam cada frase das músicas com a precisão de quem desarma uma bomba. O público saltava, gritava, rodopiava e se entregava em uma harmonia e transe apaixonante. Eu estava próximo ao palco e fui visto por Dinho e Kiko, que, me reconhecendo, gesticularam freneticamente em minha direção.

"Depois de algumas canções, eu já estava achando que havia fracassado, pois aquela demora me fez pensar que Dinho apenas tinha sido simpático com um fã e não daria prosseguimento ao meu plano. Todavia, quando as esperanças já estavam enfraquecendo, vi que ele chamou alguém dos bastidores e a essa pessoa pediu algo. Depois de alguns instantes o tal rapaz voltou com um papel na mão, então percebi que tudo estava se encaixando de uma maneira milimétrica. Antes da próxima canção, o silêncio se instaurou e Dinho, no microfone, para todos ouvirem, em alto e bom som disse: 'Hoje, temos um pedido incomum'.

"Eu não acreditei no que estava ouvindo; funcionou! Ele citou o meu nome, citou o nome dela e lhe ofereceu uma canção, a que foi pedida por mim, e começou a cantar: 'Você é tão acostumada a sempre ter razão...'.

"Foi um momento único e encantado; eu estava ali parado sem que ninguém soubesse da minha identidade, no meio de uma multidão extasiada que cantava como um coral ensaiado. Eu estava espantado e imaginava o choque que ela deveria estar sentindo, enquanto ele continuava: 'É tão certo quanto o calor do fogo...'.

"Eu quase não consegui cantar a música, mantive-me praticamente catatônico ante o impecável desempenho da banda. Durante todo o desenrolar da canção, eu só conseguia imaginar um quebra-cabeça sendo completado, um plano perfeito que, seguindo a maestria de seu planejamento, chegava ao desfecho.

"Ao fim da canção, outras se seguiram, enquanto o suor me descia pela testa, e pouco a pouco o evento foi terminando, até chegar ao fim.

"Como de praxe, um silêncio se instaurou após a algazarra de um show bem produzido, e vagarosamente todos começaram a esvaziar o salão. Saí cabisbaixo, enfrentando a noite chuvosa de Recife, quase escorregando pelo asfalto daquele bairro antigo. Quando cheguei ao carro e entrei, antes de acionar a ignição, permaneci por alguns minutos olhando para todas aquelas pessoas que haviam sido testemunhas completamente desinformadas de um acontecimento marcante em minha vida.

"No dia seguinte, a existência continuou com sua ausência de mágica e peculiar monotonia. Meu telefone não tocou durante todo o dia, deixando-me a cada instante curioso por saber o que tinha acontecido, o que ela havia sentido e quais teriam sido os comentários dos amigos que a acompanhavam. As horas escorriam e eu começava a pensar que, apesar da perfeição de toda aquela artimanha, o plano definitivamente não tinha surtido o efeito esperado. Decidi então eu mesmo procurá-la e não esperar mais.

"Telefonei. O telefone tocou uma, duas, três vezes, até que ela atendeu. Com uma voz de aparente desânimo, disse que precisávamos conversar, e marcamos em frente à sua casa, em Boa Viagem, ao fim da tarde.

"O que aparenta ser inevitável quase sempre é imutável, no entanto, se levarmos em consideração as surpresas da vida, notaremos que muito do que acreditamos ser fatal muda, e o que decorre nos traz o susto do inesperado. Com isso quero dizer que, por mais que acreditemos que algo dará errado, pode dar certo... Não foi o caso, infelizmente. O que aconteceu era de se esperar... Eu é que me iludi por conservar ainda algum naco de esperança...

"Apesar do fracasso, valeu a pena tentar de tudo, pois a causa era nobre, e nisso eu acreditava, mesmo sabendo – como naquele momento já sabia

– que ela havia me traído. Sim, mesmo depois de ter recebido a notícia, ponderei e lhe perdoei, como poucos fariam.

"E saí de carro pelo trânsito enlouquecedor de Recife em direção ao bairro de Boa Viagem para resolver a minha vida; pelo caminho abri o leque de possibilidades, como sempre faço, e, em vista do que até então havia ocorrido, comecei a me conformar com o que eu já esperava que acontecesse.

"Eu a havia perdoado, mas ela, seguramente, não desejava continuar a envolver-se com alguém tão problemático, repleto de traumas, angústias e receios. Até certo ponto eu a compreendia, mas, depois de todas as minhas palavras, depois de ter aberto a minha alma e lhe dito coisas que jamais disse a alguém, ser abandonado daquela maneira era doloroso. Eu lhe perdoei a traição, mas não o fato de ter desrespeitado as minhas emoções, e a minha sinceridade.

"Após chegar ao meu destino, em alguns minutos ela surgiu, trajando preto como quase sempre, e insensível, como nos últimos tempos. Eu só queria resolver tudo aquilo e partir. Esse tipo de conversa é sempre difícil e esmigalha a alma.

"Durante o diálogo, usei de psicologia para arrancar-lhe informações, bolei uma artimanha, inventei uma mentira e a fiz crer que eu havia me envolvido com alguém enquanto estávamos distantes. A mentira pareceu não a afetar, e ali percebi que ela não mais se importava com o nosso relacionamento; esse fato se confirmou quando, em vista do que eu havia dito, ela admitiu ter realmente me traído, e não apenas uma vez. Sem dúvida foi uma estratégia infantil de minha parte, mas funcionou, e a revelação foi ainda mais dolorosa do que o esperado.

"Não há como colar a confiança que foi quebrada. A credibilidade é um vaso que não pode ter rachaduras, é feita de louça fina, branca, limpa, em cuja superfície qualquer laivo, por menor que seja, compromete sua essência. Eu nunca mais quis sequer ouvir falar dela, e por muito tempo aquele trauma me fez evitar relacionamentos mais íntimos.

"Eu havia me envolvido com a pessoa errada, com uma pessoa que conseguiu esconder a verdadeira personalidade; não foi a primeira vez, e infelizmente não seria a última. Esse tipo de coisa ocorria todos os dias no mundo, e eu não era tão especial assim para achar que a minha dor era maior que a das outras pessoas.

"Como sempre acreditei que a sinceridade deve imperar em um relacionamento, seja de que tipo for, resolvi definitivamente me afastar dessa classe de gente. A vida continua, o planeta gira, o tempo passa.

"Percebi que tudo aquilo era necessário para a construção de minha personalidade, e que às pessoas que me feriram eu devo a depuração do meu senso crítico e racionalidade. Tudo acrescenta, tudo nos leva a algum tipo de conhecimento. Meus escritos fluem desse inferno."

— Essa história é digna de um livro... — comentei.

— Pois é... Quem sabe... Mas não termina por aqui...

— Tem mais!

— Só mais um pouco...

— Então conte... Vamos!

O poeta sorriu, como se arquear a boca daquele jeito lhe provocasse dor.

— Tempos mais tarde conheci Lady Iceberg...

— Conheceu quem? — perguntei, surpreso.

— Lady Iceberg é o apelido "carinhoso" — enfatizou a palavra com profundo e evidente sarcasmo — que dei a uma mulher com quem me relacionei...

— Mas qual o motivo para uma alcunha tão glacial? — gracejei.

— A frieza do comportamento. Nunca vi um ser tão arrogante! Não sei onde eu estava com a cabeça para me envolver com uma pessoa assim! E pasme, ela era irmã da melhor amiga de Jack...

— Mesmo! Que dupla! Jack, o estripador e Lady Iceberg! Onde você encontra essas pessoas?

— No fundo do poço da necessidade! Erramos muito na vida, e os erros servem para duas coisas: mostrar que não somos perfeitos, por conseguinte nos certificar de que devemos ser humildes, e ainda para que adquiramos experiência. É puro aprendizado.

— Sim, mas... o que aconteceu?

— Outra coincidência... Parece que elas me perseguem. Eu bebia com amigos em um bar, e não sei como essa mulher apareceu à mesa. Eu nem a havia visto ali.

— Vocês conversaram e descobriram afinidade...

— Mais ou menos isso. Nos dias que se seguiram iniciamos um relacionamento. Ela era filha de uma escritora conhecida em Recife.

O poeta citou nomes e endereços, até mencionou pontos de referência próximos à residência da moça, que, por motivos óbvios, ocultarei. Creio que é uma boa forma de evitar confusão.

— Eu estava tão triste pelo que Jack me havia feito que, por estupidez, acho que tentei substituí-la. Troquei o ruim pelo péssimo! Lady Iceberg era inteligente, isso não posso negar, falava inglês muito bem, conhecia outros países, tinha uma excelente educação, maneiras polidas e via-se que era de berço. Parecia pertencer a aristocracia. O único defeito, que estragava tudo, era aquela insolência desgraçada, aquela superioridade forçada e desagradável. Ela se achava melhor que todos. Ficamos juntos por algum tempo, me envolvi demais, e foi outra tortura.

— Você disse que ela era irmã da melhor amiga de Jack...

— Sim, descobri durante nossas primeiras conversas. Talvez isso tenha me impulsionado inconscientemente a querer perpetrar uma vingança. Sabe como é... ter um romance com a irmã da melhor amiga da ex-namorada, após um péssimo final de relacionamento... E nem fiz de propósito! Juro que não! Foi uma diabólica coincidência!

— Uma coincidência bem conveniente.

— É, sem dúvida... Mas, mesmo se tudo houvesse sido um plano maquiavélico, não teria valido a pena. A convivência foi tensa, tive muitos gastos e dores de cabeça. A relação foi o que podemos chamar de natimorta. Eu nem deveria ter me envolvido, nossas personalidades eram opostas, mas ela era muito sedutora, era diferente, fumava com classe, só bebia cerveja Carlsberg, tinha magnífica dicção, até recitava os poemas escritos pela mãe, era bonita, loira... dentre outros atributos... — disse erguendo as sobrancelhas.

— Atributos que você manterá em segredo, suponho...

— Supôs corretamente. Um cavalheiro não comenta... Deixemos as minúcias obscenas no passado...

Ao fim da longa explanação, vi o poeta sorver o último gole da garrafa e permanecer em silêncio. A embriaguez já nos tomava, mas não a ponto de impedir-me de perceber como a realidade havia aprofundado as presas vampirescas na jugular das ilusões daquele homem.

Ele se havia tornado quase uma casamata recheada de artefatos bélicos prontos para defender até a extinção os seus velhos e surrados sentimentos de vidro, porém — eu pensava —, apesar de todas as trincheiras, o sol se erguia a cada manhã, e em algum lugar rosas se abriam.

XIII

O taciturno poeta era um viciado em perpetuar sofrimentos, em regar os desgostos que floresciam nos sombrios jardins da memória. Vivia de adubar com lembranças as sementes da dor. E vejo nessa desaconselhável conduta uma perigosa propensão à negatividade.

Qual seria a motivação desse comportamento? Punição? Ele sempre se perguntava – assim como eu – acerca dos motivos desse apreço pelo saudosismo, dessa sua atração pelas recordações dolorosas, e doentia inclinação ao isolamento.

Às vezes, ele subia até a cobertura do prédio em que residia, de madrugada, e contemplava a cidade silenciosa, melancolicamente iluminada por cadavéricas luzes amarelecidas. E, como se das avenidas fosse um sombrio vigia, uma gárgula que testemunhava a quietude noturna, ali permanecia, observando as sombras, os poucos transeuntes, os furtivos felinos e os despreocupados cães que passavam. Sentia quase poder voar, mas nunca tentou. Talvez devesse.

Vez por outra, percebia tranquilas corujas em voos discretos e elegantes, em contraste com os agitados morcegos ruidosos. Distinguia os sons distantes dos ônibus, ou o rugido dos motores de um casual avião que a brisa fina trazia aos seus ouvidos. E ali imaginava ter quinhentos anos, fantasiava ser um ex-humano tornado imortal por alguma estranha e cinematográfica maldição, mas sabia que não era ninguém especial, era só um poeta desconhecido com histórias para contar. Uma pessoa comum, recheada de medos, arrependimentos e revolta. Um indivíduo acometido por uma estranha doença da mente que lhe fazia manter-se pensando em múltiplos assuntos ao mesmo tempo. Alguém que gostaria de ter aprendido algum instrumento musical, que gostaria de se ter dedicado mais aos estudos. Alguém que olhava para trás e percebia que poderia ter feito tudo de forma diferente.

Um sujeito que sabia que uma decisão precisaria ser tomada, e logo, pois, levando em conta o afinco com que escrevia, em breve chegaria ao fim dos mil poemas.

Mas nem sempre a inspiração o procuraria, pelo contrário, fugiria, impondo cruelmente que ele a buscasse. E por muitas vezes essas buscas foram desesperadas.

Mudar de ambiente amiúde era fundamental, pois o poeta sentia que, por mais que se espremesse ao máximo para partejar seus pensamentos, moldando-os às formas líricas, frequentemente estes o abandonavam. O exíguo espaço no qual ele habitava podia lhe alargar a imaginação, podia até fazer-lhe exercitar e testar seu talento literário, mas castrava todo o panorama tão necessário para o surgimento de novas ideias. Paisagens eram indispensáveis.

E, para chacoalhar o caldeirão das percepções, foi necessário aventurar-se pela noite em busca de imagens, de sons, de cheiros e sensações, de qualquer coisa que lhe trouxesse o "estalo" criativo. Aquele sopro na brasa da inspiração que criaria um incêndio de reflexões poéticas na tela do notebook.

E assim foi. Por estranhos ambientes o poeta atreveu-se a andejar; em busca do estímulo artístico flanou por inóspitos locais povoados por pessoas tão bizarras quanto perigosas. Perambulou pelo interior de casas escuras convertidas em bares fechados, cujos frequentadores, arqueados sobre pequenos espelhos postos acima das mesas, aspiravam pós tão brancos quanto neve. Alvas poeiras encantadas que adquiriam um peculiar brilho sob as luzes negras do teto.

Foi em um desses reservados imóveis que ele conversou com figuras de faces disformes e vozes esganiçadas, e não mais distinguiu o que era real ou proveniente de sua morbidade onírica. Curvado sobre balcões úmidos, diante de fileiras de garrafas sobre pranchas de madeira e cinzeiros repletos de cigarros retorcidos, ele não discerniu se aqueles seres eram humanos ou seus próprios medos que ali se materializavam, misturados à penumbra e à excessiva fumaça.

E, após um infindo número de copos de uísque, ele aproximou-se de uma parede de espelhos, passando sua ofegante respiração a embaciá-los. Então, olhou fixamente os próprios olhos, que gradativamente puseram-se a fugir.

Sem dúvida, em algum daqueles copos havia algo além de bebida.

Diante do espelho, depois de alguns instantes, um esfumado ser surgiu do seu reflexo – certamente era a sua própria imagem, mas parecia ter vida própria. E a figura fantasmal pôs-se de pé à sua frente como uma fumaça magicamente comprimida, porém com as extremidades amorfas e ondulantes, tal como as derradeiras e sombrias emanações de uma estrela moribunda.

E, da profunda boca daquela sinistra gravura viva, uma voz abafada lhe atingiu a essência, dizendo... "A violência explode entre a perda da razão e o regresso da consciência. Depois vem o arrependimento, mas é tarde, porque algo já foi quebrado. Perigosa é a cólera que habita o ínfimo instante da escuridão de um pestanejar; ela traz o átimo de consciência ausente no qual pode ocorrer o que modificará toda uma vida. Eu repouso nos momentos de calmaria e mostro-me nas ocasiões de estresse. Eu não sou teu amigo, não seguro a tua mão, não tenho palavras de carinho. Sou arrogante, egoísta e intolerante. Sou infantil, temperamental, enganador e insensível. Sou o *id*. Por toda a existência conservo-me teu inquilino, moro no porão da tua cabeça. Quando dormes, poeta, e a rigidez afrouxa, é meu rosto esfumaçado que aparece nos teus pesadelos. Às vezes até aceno, e te mato de medo quando olho fixamente. Eu sou o espectro perturbado que assombra os teus pensamentos. Sou o abismo de onde brota a tua poesia."

De súbito, o poeta percebeu ameaçadoras sombras ao seu redor, tal qual se fosse atacado por um descomunal aracnídeo, e tentou desvencilhar-se violentamente, mas, ordenando a consciência, acalmou-se, entendendo serem mãos que queriam ajudá-lo a levantar; pois, sem perceber, havia tombado ao piso.

– O que houve, meu amigo – perguntou, admirado, um velho senhor com óculos de lentes grossas. – Assustou-se com o espelho?!

Já de pé e ainda tonto, erguendo o indicador em direção à própria imagem refletida, disse o poeta:

– Eu vi a arte! Minha arte! A triste arte que evidencia minha verdadeira essência! – E continuou: – A beleza das flores de um jardim é decidida pelo adubo que sob elas descansa, tanto quanto o luxo de um monumento funerário é proporcional àquele que habita suas entranhas...

O homem que o havia ajudado permaneceu estático, tão paralisado quanto o condenado diante da morte, com uma expressão de espanto que demonstrava sua total incompreensão daquelas palavras, para em seguida afastar-se, certamente por crer estar em presença de um louco.

O poeta divagava, é verdade, mas seu lisérgico discurso tinha fundamento por elucidar que a riqueza das emanações depende do núcleo. Que a beleza de um escrito subordina-se obrigatoriamente ao âmago que o gerou.

O que quer que houvessem misturado em sua bebida serviu como um catalisador do raciocínio e da inspiração, e o meu amigo sentou-se, pondo-se a escrever sob a enfraquecida luz do balcão. Ali, algumas meditações converteram-se em poemas que mais tarde integrariam a sua obra.

Já eram três da manhã quando o cansaço pesou em seus ombros como um par de corvos obesos, ele levantou-se, pagou o que havia consumido e, desviando dos corpos que entrelaçados ondeavam em danças lascivas, saiu trêmulo do ruidoso salão salpicado de giratórias luzes coloridas.

Ele buscou o banheiro com moderada dificuldade encontrou nos fundos, afastado, e empurrou a porta encardida para entrar, sendo de pronto estapeado na face por um bafo quente e malcheiroso. O perfumado local cheirava a uma mescla de vômito e álcool, e parecia não ser asseado havia algum tempo.

Ali, após esvaziar a bexiga plena de cerveja e uísque, ele percebeu uma rachadura na parede de azulejos amarelecidos que anunciavam com muito esforço serem brancos, e aquela fresta, banhada pela luz enfraquecida do recinto, pareceu se mexer, ondular vagarosamente como uma minhoca preguiçosa.

O poeta esfregou os olhos – e estou certo de que o fez após lavar as mãos – para em seguida aproximar-se com cautela da pequena fissura, pois de ali pensou ter ouvido qualquer coisa incomum. Um som, um sussurro, palavras murmuradas, não sei.

E a sonância da música distante que atravessava a fina madeira da porta descascada, tornou-se ainda mais enfraquecida em razão da excessiva atenção que o meu amigo dava àquele misterioso sulco. Bem, digo misterioso por levar em consideração o estado em que o poeta se encontrava, pois creio que depois de tanto beber qualquer um confundiria o jogo da velha com a teoria da relatividade.

Ele pôs os dedos na parede, e encurvando-se aproximou a orelha, sem se dar conta do quão ridículo era buscar mensagens cabalísticas no interior de uma insignificante brecha na parede de um sanitário infecto. No entanto, como se suspirado de um abismo, da escuridão daquele buraco ele pôde ouvir uma pergunta: Alegria, alegria, por onde anda a alegria que antes exultava, tão presente se fazia e a tudo envolvia com radiosa gargalhada?

Ora, certamente que não posso conceber que tal fenômeno tenha ocorrido. Atribuo essa alucinação auditiva à condição psicológica já bem avariada de meu bom amigo, e, claro, ao fato de ele ter consumido, mesmo que involuntariamente, certas substâncias desconhecidas que sem dúvida foram polvilhadas em seu copo por alguém mal-intencionado

Após lavar o rosto suado na água fria da torneira enferrujada, ele partiu

O ar-condicionado daquele perturbador ambiente não lhe foi de grande ajuda. O cabelo estava empapado, a camisa estava colada nas costas, os olhos ardiam, a pele coçava e o suor escorria pelo pescoço como filetes de sangue.

Caminhando pelas ruas enlameadas e envolto por uma umedecida calidez infernal, a brisa morna não o auxiliou a refrescar-se, pelo contrário, recusou-se, e ainda parecia se aplicar em abafar a sua alma. E foi trancado em pensamentos e lamentações que a doença das lembranças o atacou mais uma vez, remetendo seus olhos à contemplação alucinatória da atmosfera de outro lugar.

Esse, sem dúvida, era um lugar especial, e sobre ele vejo-me na incumbência de discorrer, pois a mim também sempre agradou profundamente.

Apesar de o poeta se ter mostrado um grande crítico da cidade na qual residia — isso devido à sujeira que se alastrava, ao desrespeito que boa parte de seus habitantes demonstrava e à forma com que a insegurança disseminava o medo —, havia locais que o remetiam aos tempos de outrora, e, quando isso ocorria, ele percebia-se envolto por uma aura mágica de saudosismo e melancolia. Esses locais não precisavam necessariamente ter relação direta com o seu passado, mas bastavam acondicionar os encantados ares dos tempos pretéritos nos quais as carruagens e bondes circulavam.

Um dos avoengos ambientes que suscitavam essas tão macambúzias quanto agradáveis sensações no meu amigo era o bairro do Recife, ou, como também é conhecido, bairro do Recife Antigo, e corresponde à parte leste do centro histórico da cidade.

Antes de aquela zona portuária ser revitalizada, por muitos anos o bairro recebeu o apodo de ZBM — zona do baixo meretrício —, em razão de moças, e até senhoras, de difícil vida fácil ciceronear de braços abertos, e frequentemente pernas, os alegres marinheiros vindos de além-mar. O território por um longo período foi inseguro para excursões; creio que sequer pensavam em torná-lo um ponto turístico, mas, devido a uma sábia decisão do estado, tudo mudou. Após o governo ter investido naquela área, ela converteu-se em um dos locais mais procurados pelos viajantes, e o meu amigo passou a frequentá-la, creio que a partir da década de 2000.

Pude conhecer melhor aquele bairro em que a vida noturna nos fins de semana era muito agitada, e as ruas repletas de gente tornavam-se colmeias abarrotadas de hormônios. Em cada ponto de suas extremidades, tendências de estilos díspares quase criavam guetos, porém seus frequentadores coabitavam pacificamente nas raras vezes que se mesclavam.

Havia três ruas em particular que sempre chamaram a atenção do poeta; cada uma tinha sua própria identidade e se diferenciava das outras duas. A rua do Bom Jesus ou rua dos Judeus, a rua da Guia e a rua da Moeda.

A rua do Bom Jesus, outrora chamada rua da Cruz ou rua dos Mercadores, levava esse nome em razão de se ter localizado em sua entrada o Arco do Bom Jesus, que era a porta norte da cidade. É conhecida também como rua dos Judeus, pois lá havia muitos comerciantes judeus e uma sinagoga, a primeira da América Latina, chamada Kahal Zur Israel – Rocha de Israel –, instalada em 1636 durante a presença holandesa.

Quando o poeta passeava por essa rua ancestral, não podia se furtar de recostar-se em um de seus bancos e, entre suspiros, em quietude reverenciosa contemplar a fachada dessa construção, que além de ser uma sinagoga é o Arquivo Histórico Judaico de Pernambuco. E o seu velho sangue mosaico borbulhava sempre que ele tentava recriar mentalmente imagens em preto e branco daqueles tempos, imaginando que, ali onde estava sentado, no século XVII alguém ocupava o mesmo lugar, e trabalhava, construindo a sua cidade, pedra por pedra, sonho por sonho.

Algo que sempre lhe vinha à cabeça era o fato de que os primeiros judeus que desembarcaram na cidade de Nova Amsterdã, em 1654, atual Nova Iorque, foram oriundos de Recife. O poeta divertia-se quando afirmava que a maior comunidade judaica do mundo havia sido fundada por recifenses. Nessa rua, sentada, ao lado de uma mesa, localiza-se também a estátua do grande cronista, comentarista esportivo, poeta e compositor recifense Antônio Maria.

O bairro do Recife Antigo foi onde tudo surgiu. Foi dali, do Marco Zero – ponto de onde são feitas todas as medidas oficiais rodoviárias – que não só toda a cidade vagarosamente começou a ser construída, mas também o estado.

Naquele ponto, recordava-me o poeta de, quando criança, ir visitar o porto com seu pai e ver os enormes navios vindos de longe, trazendo cargas culturais incompreensíveis para ele. Naquela época havia uma pequena praça na qual, em 1938, havia sido erguido o busto do Barão do Rio Branco – José Maria da Silva Paranhos Junior. Diplomata, geógrafo, historiador, além de cônsul-geral em Liverpool e ministro das relações exteriores até sua morte, em 1912. O Marco Zero passou a chamar-se também Praça Rio Branco.

Hoje, essa praça é um grande espaço em que se realizam eventos e em cujo piso está pintada uma enorme rosa dos ventos da autoria do artista Cícero Dias, nascido na cidade de Escada, Pernambuco, e falecido em Paris, em 2003. Esse pintor modernista, amigo de Picasso, foi prisioneiro dos nazistas durante a ocupação da França. Cícero morreu aos noventa e cinco anos e está enterrado no cemitério de Montparnasse, em Paris.

Pelo Marco Zero, como um fantasma, por muitas vezes o poeta andejou de madrugada a respirar o salgado ar puro do Atlântico, enquanto à beira do rio Capibaribe contemplava o dia amanhecer. E, diante do estuário do porto, tendo ao longe a preciosa visão da Coluna de Cristal – obra do excepcional escultor Francisco Brennand –, ele deslumbrava-se diante dos primeiros raios solares matinais, que projetavam no avito asfalto as sombras enrubescidas das magistrais edificações do século XIX.

E, discorrendo apaixonadamente sobre o tema – como era de praxe quando algo o interessava sobremaneira –, certa vez ele me disse que o Marco Zero era uma imensa mandala, um local místico no qual espectros faziam rituais de madrugada. Disse-me – em tom jocoso – que, quando exagerava na bebida e nos charutos, podia ver claramente espectros com trajes oitocentistas, de mãos dadas, semblantes taciturnos, a dançar em uma enorme ciranda macabra ao redor do lugar. Claro que levei aquela afirmação como brincadeira, mas, em se tratando do poeta, mesmo com ares de quem gracejava, eu sabia que deveria usar de alguma seriedade ao ouvi-lo.

Foi naquela praça, recordo-me, que em uma noite chuvosa vi o poeta deitar-se de braços abertos, olhando para o céu. No centro da rosa dos ventos, prostrado, era ele coberto pela violenta bátega que ruía qual uma avalanche de lágrimas. E suas feições tornaram-se esfumaçadas, misturaram-se com a infinidade de agressivos borrifos aspergidos pela esplêndida intempérie. Ao tocar o solo colorido e empoeirado, as incontáveis gotas emitiam um som ensurdecedor, como se buscassem sobrepor-se ao ruidoso pensamento que parecia violentar o meu amigo naquele instante.

Lembro-me também de o haver cumprimentado pelo divertido e curioso feito, ao que ele retrucou, tocando-me o ombro:

— Prostrei-me resignado por toda minha insignificância diante da mecânica cosmológica e me encharquei com uma chuva pesada de recordações. Sou a oferenda sobre um pedestal cercado de entidades. Entreguei-me em sacrifício ao pretérito.

Um mendigo nos olhou cheio de dúvidas e sorriu, enquanto procurava proteger-se da chuva.

Naquela época, aos fins de semana, durante a noite os bares da rua dos Judeus tornavam-se verdadeiras colmeias, lotavam de frequentadores, e não havia uma única mesa vazia. Era quase uma regra que eu e o meu amigo buscássemos em vão algum lugar confortável para degustar calmamente uma cerveja gelada.

Pelo calçamento, em que ainda se viam trilhos de bonde, perambulavam muitas famílias, lentos casais de idosos, saltitantes artistas de rua, incômodos vendedores itinerantes, agitados turistas, cautelosos policiais e toda sorte de pessoas. Havia também feiras culturais, espetáculos públicos e manifestações artísticas de toda natureza, sendo esses eventos bem elaborados e bastante divulgados. A área, então, era um polo bastante concorrido; as centenas de pessoas que ali se aglomeravam pacificamente divertiam-se ao som de artistas regionais, tendo por cenário os monumentais casarões antigos. Tudo isso temperado não apenas pelo agradável perfume dos alimentos cozinhados, mas pelos ares soprados do vizinho Atlântico.

Duas ruas depois despontava a rua da Guia, e tudo mudava de figura. Seu nome de origem era rua Nossa Senhora da Guia, em razão da presença de um nicho com a imagem dessa santa localizado em um dos prédios. Em 1870, o nome foi trocado para rua da Restauração, na intenção de comemorar o restabelecimento pernambucano após o domínio holandês, mas o nome "Guia" já havia sido abraçado pelo gosto popular e foi oficializado. Cito isso por ser fascinado pelo assunto, e também, claro, como introdução para a narrativa que se seguirá.

No começo dos anos 2000, nós, eu e o poeta, éramos regulares frequentadores daquela rua, pois lá havia um bar chamado História Bar, no qual todo sábado um evento intitulado Non Stop ocorria. O local, então, transformava-se em uma boate com luzes negras, pequenos globos espelhados pendurados no teto, fumaças, trevas, toques e salivas.

E o poeta deixou-se envolver pelas teias melódicas daquele ambiente escuro e depressivo, mas paradoxalmente animado, dele tornando-se um dos mais assíduos e sombrios ingredientes. Não havia sequer um sábado em que o meu amigo lá não estivesse — das vinte e duas horas às quatro da manhã –, bebendo, fumando, aspirando substâncias compostas pela mescla de clorofórmio e éter, dançando, cantando, beijando e perambulando pelos recônditos mais discretos e tenebrosos, muito bem acompanhado.

Lá ele fez bons amigos, mas também excelentes desafetos. Ali, ele realmente se sentia em casa.

A rua da Guia do nosso tempo era conhecida e comentada em consequência da presença noturna de peculiares frequentadores, figuras pitorescas de mente aberta e espírito livre que se trajavam como bem entendiam – geralmente de preto – e que dançavam, bebiam e se portavam como lhes aprazia. Eram pessoas inteligentes, algumas tristes, muitas depressivas, umas enigmáticas e outras até transtornadas.

Várias personalidades complexas por ali vagavam, ajuntando-se por afinidade para integrar quase uma horda de vampiros vivos, uma confraria filosófico-musical de proscritos sociais de perfil magistralmente *underground*. Era gente da noite, gente sensível e muitas vezes emocionalmente problemática. Gente sexualmente muito bem resolvida e que realmente aproveitava enquanto a existência ainda estava em vigor para dar vazão ao que o instinto lhes aconselhava, sem culpa, sem mentiras e sem coação.

Entre goles de tudo o que nos passasse pelas mãos, filosofávamos às portas do bar tornado boate, ouvindo músicas como "Loser", de Beck, "Girls and Boys", do Blur, "Closing Time", do Semisonic, "Enjoy the Silence", do Depeche Mode, "Karma Police", do Radiohead, "La La Love You", do Pixies, "Bigmouth Strikes Again", do The Smiths, "Boys Don't Cry", do The Cure, "Beautiful Day", do U2, "Losing my Religion", do R.E.M., e outras que ainda permanecem em minhas recordações.

O interior do História Bar, nas noites de sábado, era crepuscular, turbulento e ruidoso. Após a estreita e alta porta de entrada – guardada por um segurança conhecido por Pezão –, surgia um largo biombo de madeira para, em seguida, despontar o salão no qual fantasmais e oníricas figuras dançavam ao som de ritmos envolventes. Às vezes o poeta se referia àquele lugar como "a mais divertida sala do inferno".

Ali, uma miscelânea de tipos incomuns bailava no compasso de suas dores reflexivas, e como um cardume lisérgico todos saltavam, divertiam-se, beijavam-se, levantavam os braços e em coro acompanhavam aos gritos as músicas arremessadas das caixas de som.

Para o poeta, parecia aquele mural vivo um apoteótico afresco em movimento, o barulhento e irrequieto aglomerado mostrava que era possível fugir do tédio por pelo menos um dia da semana. Quando ele atravessava aquele mar ondulante de gente na intenção de chegar ao balcão do bar, sentia por entre o fluxo úmido de corpos não apenas a vibração das notas musicais em sua própria pele, mas carícias regaladas por dezenas de mãos invisíveis. E tocavam-lhe dedos macios, roçagavam-lhe ancas, coxas e nádegas, vez por outra surgiam apalpadelas mais ousadas e até beijos roubados. Aquele, sem dúvida, era um autêntico inferno paradisíaco.

Em uma atmosfera de penumbra, fumaças e álcool, no primeiro andar os colóquios se estendiam por horas, sendo apenas interrompidos por beijos mais acalorados ou pela pressa em dançar quando a música preferida tocava. Ali, as perturbadas almas noturnas apinhavam ao redor de mesas rústicas encimadas por um número infinito de latas de cerveja, e, quando a calidez atacava, todos corriam para as sacadas e refrescavam-se enquanto contemplavam a rua repleta de gente que preferia ficar ali a entrar.

A parte mais escura dos ambientes era o segundo andar, o espaço era utilizado como depósito de mesas e cadeiras; ali muitos iam para cochilar ou, mais discretamente e em dupla, deixar-se levar pelos desejos alimentados durante a dança no salão.

Aquele era o chamado ambiente alternativo, onde góticos, *grunges*, *clubbers*, *indies*, dentre outras tendências musicais e subculturais, se mesclavam em uma harmonia impressionante. Muitos usavam roupas chamativas, multicoloridas, penteados extravagantes em contraponto à corvina sobriedade gótica. Alguns sabiam beber, outros nem tanto, e não era raro que o poeta testemunhasse algum vexame causado pelo excesso de álcool. O interessante é que a maioria possuía um sentimento de amizade profundo e todos cuidavam uns dos outros, às vezes com uma maternalidade comovente.

Certa feita, inquiri como ele havia encontrado aquele lugar tão interessante, e, entre copadas, enegrecidas e aromáticas baforadas de cachimbo, contou-me o poeta – com as pernas confortavelmente cruzadas sobre uma cadeira – que havia tomado conhecimento da existência do História Bar, e das magníficas festas que lá ocorriam aos sábados à noite, por intermédio de salas de bate-papo na internet. Nessas salas, como um religioso vício, a maioria dos frequentadores da boate alternativa se reunia diariamente, varando as madrugadas até os primeiros raios de sol. Ali, publicamente ou de forma reservada, teciam divertidos comentários acerca dos pitorescos fatos ocorridos. Galhofavam tendo por assunto o embaraço causado pela embriaguez de alguém, ou mexericavam acerca de quem havia beijado quem.

Essas salas de bate-papo eram provenientes de um protocolo de comunicação chamado IRC – *Internet Relay Chat* –, que possibilitava conversas em tempo real. O programa de conversação que utilizava o protocolo IRC chamava-se mIRC, e devo parar por aqui, pois não desejo incomodar o leitor com assuntos técnicos, tampouco perder tempo. Porém não posso deixar de render minhas sinceras homenagens à BrasNet, rede brasileira de IRC fundada em 1997 e infelizmente extinta em 2007. Acreditem, deixou saudade tanto para mim quanto para o meu amigo poeta.

Pelas trevas melodiosas do História Bar, muitos diziam ver fantasmas passeando e, às vezes, até acompanhando os frequentadores por sombrias e velhas escadas de madeira. Não duvido de nada, como também não descarto que depois de doses cavalares de vodca se torne possível ver até Papai Noel. Ali, por suas sacadas de ferro antigo, passadiços de tijolos rústicos e assoalho barulhento de ancestral madeira empoeirada, histórias de amor começaram e chegaram ao fim, a paz foi decretada e inimizades foram geradas, traições foram descobertas e até presenciadas.

Suas paredes testemunharam muitos acontecimentos, e eu não me surpreenderia se em razão disso o bar houvesse sido batizado com aquele nome.

Finalizada a longa madrugada de danças, discussões filosóficas, canções esbravejadas, algumas centenas de cigarros, saltos, gargalhadas, bebidas e beijos, beirando às cinco horas da manhã, muitos dos autodenominados "non stoppers", profundamente exauridos e já exibindo olhos vermelhos, olheiras arroxeadas e intumescidas, sentavam-se na beira das calçadas para aguardar a coragem de ir-se ganhar fôlego. Aos suspiros, descansavam antes da despedida, resignados com o fim da festa que, naquele instante, parecia ter sido uma grande batalha.

A rua da Guia, então, aos poucos começava a ter o seu asfalto acariciado pelos primeiros raios solares, enchia-se de luz e esvaziava-se de gente; a manhã de domingo se avizinhava melancólica, preguiçosa, suada e com perfume de nicotina.

O poeta, quando chegava à sua casa, não raro agia como muitos daqueles dos quais acabara de despedir-se, tratando de ligar o computador para conectar-se à internet, antes de desmaiar sobre a cama. Ali, na tela do mIRC, reencontrava-se com boa parte dos que havia estado ao longo da noite, e todos ainda ensaiavam alguma conversa antes de partir, absolutamente esfalfados, com dores nas têmporas em razão de muito haverem cantado e agitado a cabeça ao lado das caixas de som.

O meu amigo sempre contava o que costumava classificar de "histórias do História", e com elas trazia os apelidos – ou *nicks*, como chamavam – e nomes de alguns dos frequentadores: Diva, Nexus, Ozzy, Chuck, Jay, Charlotte Sometimes, Jakkaboy, Mephisto, Vincent, Contemplativo, Plutão, Crepúsculo, Arma X, Vampirela, Zirofly, Bode, Neferttite, Cowboy, Toronto, Bactéria, Thanatus, Sebastian, Jennifer, Pequena Púrpura, Profeta, Mortícia, Ônix, Velvet Goldmine, Jade, Alana, Julio, Alberto, Vanessa, Heitor, João Paulo, Ulisses, Cecinha, Antônio, Frogger, Tamires, Braboleta, Ana Flávia, Panda Grunge, Carlinhos, Mimi, Acid Burn, O Grego, Ludmila e muitos outros que agora me escapam da memória.

Sei que o poeta sofreu com o fim de tudo aquilo, como sei que, anos depois, tal qual um espírito que não consegue se afastar do túmulo no qual descansa o corpo que ocupou, ele saía à noite para contemplar a fachada já antiga e abandonada do que havia sido um dia o grande História Bar, e ali, parado diante do casarão, recordar os seus velhos tempos. E ele sussurrava as músicas de sua querida Non Stop, canções já incrustadas em seu espírito, todas, em sequência, que por tantas madrugadas ouviu e dançou.

As ruas do bairro do Recife Antigo, para o meu nostálgico e romântico amigo, exalavam a fragrância de uma ancestralidade poética, emanavam o encantado perfume de histórias e contos. Aquelas calçadas eram laudas encarvoadas de romances saudosos, não apenas de romances relacionados a quem por ali andejou em longínquos tempos pretéritos, mas também alusivos aos que experienciaram eventos recentes, como ele. E aquela mescla do passado distante com o seu próprio chegava-lhe como uma magia tão entranhada que podia ser sentida no coração da alma. Essa sensação fazia florescer em seu peito um arrebatador vergel pregresso no qual o presente enraizava-se.

Cada vez que por ali andava, ele recordava-se das várias garrafas espatifadas nas pedras cinzas, garrafas que guardavam no último trago derramado os semblantes de velhos amigos, as dores dos amores destruídos e inquietantes segredos não esquecidos. Por muitas vezes ele percorreu as vielas daquele bairro, bocejando fatigado, e com frequência pôde ouvir as confidências noturnas sussurradas pelas penumbras hospitaleiras.

À noite, as trilhas serenas da urbe faziam-no recordar, refletir e ainda perceber uma turba de espectros a cercá-lo, cada um engasgado com queixas, com acusações e soluços embriagados.

E, quando por ali flanava, até as roupas íntimas penduradas nas janelas das pousadas suspeitas o inspiravam a compor poesias. Os bares fechados, os gatos cuidadosos, os ratos assustados, os morcegos nervosos, os simpáticos vira-latas, tudo pintava a tela de um falso silêncio, tudo se espalhava pelo afresco noturno que invadia os olhos do poeta e por suas vísceras descia em erupção artística, enquanto a chaminé do seu cachimbo fumegava como um trem. E após tardias horas seus ossos estalavam, seus olhos ardiam, o sono chegava.

Deixar-se afogar por saudosismo tão sufocante me faz pensar que o meu amigo sofria de algum tipo de patologia da alma.

Tendo discorrido um pouco sobre a rua dos Judeus e sobre a rua da Guia, quero fechar a tríade falando sobre a rua da Moeda. Essa rua data do tempo dos holandeses; sua denominação original se perdeu pelas páginas do passado e o nome atual é devido à construção da Casa da Moeda em um dos prédios ali localizados.

Em 1624, a Holanda ocupava o nordeste do Brasil e, sob o domínio desse reino, foi realizada a primeira cunhagem de moeda em território brasileiro. Surgidas em 1645, eram quadradas e pequenas, feitas em ouro ou prata, e sua função principal era a de pagar aos soldados holandeses, porém, com a expulsão destes em 1645, passou a valer a política monetária portuguesa e, em 1669, as moedas de Portugal passaram a circular no Brasil. Em 1694, os portugueses fundaram a primeira Casa da Moeda do Brasil, em Salvador, Bahia, que mais tarde seria transferida para o Rio de Janeiro, em 1698. Só em 1700 a Casa da Moeda se mudou para Pernambuco, sendo instalada no prédio da antiga Oficina Monetária pertencente a Antônio Fernandes de Matos. A Casa da Moeda durou pouco tempo no estado de Pernambuco, só dois anos, regressando ao Rio de Janeiro em seguida.

Por que trago essas informações históricas? Bem, primeiro por ser um grande aficionado de tudo o que se refere ao passado — esse foi um dos fatores que solidificou a imensa afinidade com o meu amigo poeta —, segundo por achar o tema extremamente interessante e didático, e terceiro na intenção de que o pequeno e curioso pedaço da história relatada sirva de introdução para a outra que se seguirá.

O evento a que me refiro ocorreu precisamente nessa rua, e sobre ele discorrerei o mais fielmente que me for possível. Por achar conveniente, intitularei essa história de "O mendigo de luvas brancas".

Vamos a ela.

Nos anos noventa, a rua da Moeda ebulia artisticamente; naquela época, ela era um dos palcos em que se desenvolvia um impressionante e inovador movimento de contracultura que se tornaria bastante conhecido não apenas no Brasil, mas no mundo. Ali, em meio à revitalização da área, promovida pelo governo, muitos grupos musicais se apresentavam e alguns se tornariam notórios como integrantes do chamado Movimento Manguebeat – fluxo criativo cultural e de contestação político-social nascido em Recife, que mescla ritmos regionais com música eletrônica, funk, rock e hip-hop.

Sem dúvida, essa rua simbolizava bem a efervescência do movimento. Nos idos tempos noventistas, o local foi apadrinhado e frequentado pelos chamados "alternativos", que lá degustavam suas cervejas enquanto debatiam acerca do cenário artístico recifense.

Após o trágico falecimento de Chico Science – do qual creio não ser necessário dissertar, em vista de sua notória carreira – em um acidente automobilístico no ano de 1997, o poeta, na primeira metade dos anos 2000, passou a comparecer com assiduidade ao local.

Aquela atmosfera *underground* de inquietação artística e trânsito de gente rebelde, quiçá tão estranha quanto ele, magnetizava-o profundamente. Lá, entre goles de cervejas e cachaças, o meu amigo manteve os mais lisérgicos e intricados colóquios filosóficos com nietzschianos, niilistas, intelectuais e bêbados. Esses diálogos o inspirariam a escrever alguns dos seus mais complexos e belos sonetos.

Geralmente desacompanhado, ele se colocava na posição de observador, e dessa condição extraía material para futuras criações literárias. Sua curiosidade o fazia sentar-se à mesa de algum bar para, entre sorvos de álcoois diversos, contemplar os transeuntes, seus gestos, suas faces, a maneira com que se trajavam, os gingados de seus corpos e, vez por outra, ouvir suas frases.

E foi em uma madrugada de céu nublado e respingos intermitentes de uma chuva muito fraca que, creio, por volta das quatro horas da manhã, estava o poeta a beber solitário, quando um andarilho lhe despertou a atenção.

De uma das mesas do conhecido bar chamado Cachaçaria – frequentado por mim, e que hoje não mais existe –, ele distinguiu um mendigo que caminhava sob a proteção de um grosso e sujo cobertor bordado com as cores do arco-íris, na evidente intenção de não se deixar molhar pela débil chuva fina que tombava.

Como de hábito, o poeta deixou-se ter pela imaginação e, naquele homem, viu a tísica imagem da brutal realidade coberta pela manta policromática de uma mentira infantil – que de tão encardida mal deixava manifestar as cores. Até por um instante, comparou-se a tal ser tão eivado quando fantasiou o pano multicor como uma máscara de aparências, como um escudo levantado contra a afronta dos olhares indignados.

Certamente, aquela colcha fora retirada de um lixo, e, suja como estava, bem poderia ter sabe-se lá quantas pulgas instaladas entre sua urdidura, isso sem falar no odor nauseabundo que desprendia.

Como a maioria dos mendigos, o homem tinha uma copada e grossa barba malcuidada que lhe cobria a boca e lhe escondia as feições murchas. Os braços magros erguidos seguravam o tecido sobre a cabeça como se expusessem o estandarte de sua miséria, e nem chovia tanto assim; talvez naquele momento, por algum motivo, ele sentisse vergonha e buscasse ocultar a face, quem sabe.

Percebendo que alguém o olhava, o mendigo, de imediato, estacou por um átimo e mudou de rumo, indo em direção ao poeta que, prevendo a inevitável abordagem, tratou de enfiar a mão no bolso para retirar algum dinheiro. Apesar de recriminar-se por não ter conseguido evitar o contato visual, e devido a isso ter encorajado aquele homem a aproximar-se, o meu amigo poeta intuiu que deveria aproveitar a situação para inspirar-se, e foi precisamente o que aconteceu.

A multidão, que no início da noite ocupava as ruas, havia-se ido em razão do adiantado da hora, restando poucos grupos espalhados e ainda alguma música em volume agradável. Aquele parco chuvisco de gotas delgadas era tão discreto que só se fazia perceber à custa de algum esforço, quando tocava a pele à semelhança do passear de um pequeno inseto. O poeta arrumou o seu chapéu *newsboy* e os seus óculos redondos – adereços tradicionais que de quando em quando o faziam sentir-se como um legítimo cidadão de épocas pretéritas – para aguardar a interpelação do mendigo, que já beirava a mesa.

– O senhor tem alguns trocados? – perguntou o maltrapilho.

– Claro, tome – disse o poeta, estendendo a mão com poucos níqueis.

Ao deixar cair as moedas na palma do sujeito, meu amigo percebeu que aquela mão esquelética parecia estar envolta em uma camada de pó, tinta fina, ou coisa que o valha, que em muito lembrava a uma luva, daquelas que eram usadas pelos cavalheiros oitocentistas quando frequentavam os teatros munidos de suas elegantes bengalas, cartolas e smokings.

E aquela textura destacava-se por contrastar com a suja e escurecida tez do antebraço, que de tão magro exibia um número incontável de veias intumescidas e coloridas.

O homem agradeceu e deu-lhe as costas, ao que foi de pronto impedido de ir-se.

— Amigo, não quer uma cerveja?

O mendigo deteve-se e voltou desconfiado.

— Uma cerveja? — repetiu, admirado.

— Sim, quer? Sente-se!

Contou-me o poeta que algo o fez agir daquela forma, um impulso, um feitiço qualquer quiçá derivado da irresistível curiosidade de escritor, ou simplesmente por pena.

O fulano sem nome, andrajoso e cabeludo, sentou-se, sem jeito.

O poeta chamou o garçom, pediu mais uma cerveja e algo para comer. O empregado esboçou um semblante de poucos amigos, mas aquiesceu mediante a promessa de uma gorjeta maior. Em segundos ele trouxe outra garrafa e mais um copo, deixando sobre a mesa em razão de, aparentemente, ter-se recusado a servir ao homem.

— Qual o seu nome? — inquiriu o poeta.

— Barreto...

— Muito prazer — disse estendendo a mão.

— Minhas mãos estão sujas... — respondeu, recusando-se a cumprimentá-lo, e completou: — Tem um cigarro?

— Claro.

Crio em minha imaginação o cenário daquela rua que tanto conheço, esmerando-me ainda por partejar a imagem daqueles homens ali sentados e bebendo juntos em silêncio, como se fossem conhecidos de longa data. Talvez velhos amigos.

O poeta desejou perguntar-lhe qualquer coisa, mas calou-se, temeroso de fazer aflorar recordações dolorosas.

Com o tecido de arco-íris enrolado no pescoço, Barreto bebeu a cerveja gelada como se jamais houvesse provado na vida algo tão saboroso, enquanto o poeta, de soslaio, o contemplava com cuidado e fitava a sua mão impressionante, que depois, em conversa comigo, compararia à de um violinista.

Após alguns minutos, o garçom depositou à mesa um prato com alguns bolinhos de bacalhau, que foram agarrados e devorados. A fome não usa palitos.

Quando os primeiros rasgos solares pintavam o céu, Barreto levantou-se e agradeceu, com os olhos úmidos. Despediu-se, para logo seguir o seu caminho.

O poeta, quando me contou sobre o evento, usou de palavras muito interessantes que agora tentarei reproduzir:

– Mãos sujas são as luvas do pobre. Naquele homem, as luvas brancas que simbolizam a aristocracia foram substituídas pelo alvor grosseiro e acinzentado da cal sobre os calos.

"O mendigo dorme pelo cansaço da vida e para fugir da realidade, e, em seu sono doentio, quem sabe ele procure a felicidade na terra dos sonhos, quiçá até se lembre dos tempos de infância.

"O mendigo, quando anda, busca o que jamais irá encontrar; esse talvez ainda guarde os resquícios de uma esperança enferma, mas os que se deitam sobre as escadas e abaixo das marquises protegem-se das intempéries, tornam-se estátuas, monumentos, ao meu ver até emblemas atrozes da inevitável e real condição humana. Suas carnes sujas convertem-se, então, no concreto que se unifica às construções da cidade, e ali, em seu canto de repouso forçado, eles mesclam-se às imundícies da paisagem urbana.

"Um mendigo deitado é uma árvore morta da qual todos desviam instintivamente. Um mendigo, para ser notado, tem de exalar mau cheiro, pois o olfato incomoda mais que a visão. Muitos seres humanos são indiferentes e já resfriaram os olhos, adaptando-os à feiura da miséria e da injustiça, todavia jamais alcançaram adequar seus faros à podridão exalada pelo que incomoda a alma."

Quero crer que a experiência marcou profundamente o meu amigo e tornou aquela rua ainda mais inesquecível. De certo modo, ele mesmo era, e considerava-se, um mendigo, um pedinte mudo que esmolejava afeto e compreensão. Um letrado esmoler que punha em poemas e textos suas súplicas cultas.

E o abrigo, talvez ele o encontrasse no medo. No medo que o aquecia mais que congelava, que o confortava mais que afligia. Que o fazia desistir, sequer tentar, e permanecer na inércia fugitiva da segura zona de conforto dos desistentes.

XIV

Ele estava indo bem em seu funesto plano de fuga, fumava mais que bebia e bebia mais que comia, mas havia algo que o consumia para além de todo aquele mal: o ímpeto às letras. A mortal enfermidade que lhe roubava o sono e a saúde, chamada "escrever".

Por vezes as ideias surgiam quando o notebook estava desligado, e ele remava a caneta no alvo oceano das páginas, salpicando o azul da tinta como revoltas ondas de um maremoto literário. E mesmo se lhe minguasse a inspiração, sobre isso ele escrevia, pois até a falta de tema lhe servia de argumento.

Em alguns momentos de estafa mental, ele se questionava se a alienação não seria melhor que tudo aquilo, se a feliz insipiência dos iludidos não o presentearia com o sorriso que faltava. Entendo a dúvida deste meu mais sofrido e inseparável conhecido, pois sei que a estupidez dos que nada questionam, dos que nada entendem, dos que se automatizaram, apenas existem e não vivem, oferta ao raciocínio a pacificação do nirvana.

A ignorância é entorpecente tanto quanto a inteligência é esfomeada.

Ele se perguntava se a vacuidade intelectiva daqueles que se entregaram à rotina e à monotonia, sem reclamar e até sem perceber, não seria a chave que abriria as portas da felicidade.

Seria melhor deixar-se inebriar pela silente derrota dos que passam a vida a cochilar? Dos que saem da cama para dormitar na sala?

Mas o poeta era inquieto, e esse era o seu inferno. As chamas do pensamento crepitavam, e ele sentia seu cérebro trespassado por uma haste de ferro, como se fosse um naco de carne a girar sobre a fogueira das reflexões.

Tudo era racionalizado e também sentido. O poeta não era uma máquina fria de pensamento lógico, ele sonhava, e muitas vezes isso era só o que lhe restava.

Talvez, por mais que o poeta se achasse um ser racional, ele fosse bem mais devaneador do que acreditava. Muito mais.

Acredito que um verdadeiro poeta despe-se do fingimento e permanece ao sereno, desnudo, à mercê das gélidas lufadas da incompreensão, expondo em seus escritos a nudez de sua essência.

Um poeta, às vezes, tem de ser cuidadoso, pois, em razão de confabular consigo enquanto escreve, corre o risco de não se fazer entender pelo leitor, portanto é necessário, por mais íntima que essa conversa seja, que o leitor participe e compreenda os sentimentos expostos. Porém um poeta não tem obrigação de encaixar-se ao leitor, este é que precisa buscar o sentido do que foi escrito.

A poesia não pertence a quem lê, pertence à dor do poeta, talvez nem sequer a ela. Quiçá pertença a si mesma, tenha utilizado a mente do versejador como hospedeira e surgido como um ser vivo, um ser parido como rebento da mescla entre a capacidade de expressão e o sentimento.

A poesia pode ser interpretada de diversas formas, mas ela tem a sua verdade, ela foi escrita por um motivo e quer dizer algo específico.

É recomendável que a obra do poeta seja acessível, mas não simplista. Ela deve buscar expressar o que ele sente, e isso é extremamente difícil, pois o que verdadeiramente vale a pena ser sentido, ou o que de mais forte e profundo experimenta a emoção, dificilmente pode ser posto em palavras. Cabe ao poeta a laboriosa incumbência de decodificar percepções, emoções, sensações, e moldá-las em letras. Esculpir sentimentos em frases. Fazer com que cada poema modelado em um papel seja como uma estátua cuidadosamente burilada.

Outro ponto importante – e isso era motivo de preocupação para ele – é a atribuição das editoras. Parte delas publica certo número de exemplares de um livro e os remete ao escritor para que ele divulgue e venda a sua obra. Nada mais. Algumas editoras precisam compreender que um poeta não é um vendedor. Um poeta é um artista e não um comerciante. Ele lida com emoções, não com gráficos de vendas. Elas precisam oferecer condições para que a obra seja conhecida utilizando um marketing inteligente.

A preocupação de um poeta deve ser a de escrever, podendo até ele mesmo divulgar a obra partejada por meio de sua imagem, mas cabe às editoras a parte técnica e financeira.

É uma parceria.

Muitas editoras precisam ter a sensibilidade para perceber que estão lidando com seres incomuns, com pessoas que vivem à flor da pele. Elas necessitam se conscientizar de que são veículos para a divulgação de conteúdos oriundos de essências vulneráveis. Que muitas das temáticas poderão trazer sérias reflexões aos leitores.

Mas não só isso, o teor da obra – quando bem elaborada e profunda – merece respeito por ter sido concebido do cerne de uma existência, do íntimo de uma vida. Poemas não podem ser tratados apenas como algo comercial.

Bem, deixando de lado os legítimos queixumes, as sinceras reivindicações e a solidariedade ao que entendo como uma nobre causa, voltemos ao personagem deste livro. Regressemos à confusa trajetória do protagonista, matéria na qual sou irrefutavelmente um especialista.

E que tal se déssemos um salto mais amplo no pretérito? Um pulo no tempo em direção ao seu nascimento? Calma, leitores! A memória de meu amigo não chegaria a tanto, se ele jamais se recordou das minúcias desse singular episódio, decerto que não serei eu que irei lembrar. Não creio que algum detalhe significativo lhe viria à mente, mas as sequelas psicológicas deixadas por determinado acontecimento peculiar o acompanhariam por toda a vida; pelo menos, era assim que ele pensava, e certo dia comentou.

O fato era que, desde muito jovem, o meu amigo era atacado por uma incomum falta de ar oriunda de um bizarro engasgue, isso sempre quando dormia, ou cochilava. Esse evento seria jocoso se não fosse funesto, além de pavoroso de se testemunhar.

Era como se no escuro da madrugada a morte o acordasse apenas para matá-lo, para que ele fosse testemunha do próprio falecimento. Certamente ela – possuidora de um notório humor desagradável – não o levaria dormindo. Não mesmo!

Parecia-lhe uma brincadeira de extremo mau gosto perpetrada pela sombra que lhe tocava o ombro nos momentos de profunda depressão.

Ele acordava de sobressalto, completamente sem ar, e em desespero agarrava o próprio pescoço – como quem se segura à beira de um precipício –, buscando o oxigênio que não havia. Indo-se pouco a pouco, com a garganta fechada e revirando os olhos. Afogava-se no deserto, sucumbia gradativamente à fraqueza e à tontura.

E, depois de infinitos minutos, já cianótico e quase desfalecido, voltava ofegante ao equilíbrio da consciência, prostrado diante da fragilidade da vida e da revoltante certeza da transitoriedade.

Após essas brutais agressões da "saliva assassina", vinha-lhe sempre o mesmo pensamento, a frase aparentemente simplista que tantas vezes ouvira pela vida e que exibia uma sombria verdade: para morrer, basta estar vivo.

Só muitos anos após o começo desses "recreios da morte" em sua garganta, quando essa nefasta prática já se havia estabelecido como um detestável costume, é que ele descobriu ter nascido enlaçado pelo cordão umbilical. Imaginem que coisa estúpida e perigosa!

E com frequência ele se perguntava se esse distante fato poderia ter alguma relação com o que lhe ocorria. Talvez o evento fosse a sinistra atuação do inconsciente que buscava, só por sadismo, repetir a primeira agonia de sua vida. Ser quase enforcado pelo cordão umbilical quiçá representasse o abraço que algumas mães adorariam dar em certos filhos.

E faz-me rir que eu tenha interpretado dessa maneira. Essa é a prova de que a influência do meu amigo ainda está viva e, certamente, é emanada da região mais sombria do meu cérebro.

O poeta fantasiou – boquiaberto, mas bem-humorado – que aquele tentáculo que o alimentou tão diligentemente por nove meses, impondo-lhe uma condição de parasitismo obrigatório, havia, digamos, mudado de ideia no último instante e tentado cometer um infanticídio. Contudo, penso que, talvez, sua intenção tenha sido a de puxar a criança de volta ao útero para protegê-la da existência. Quem sabe o que se passa pela cabeça de um cordão umbilical? – eis novamente a influência da ironia do poeta.

Na luta de um neném de cinco quilos contra Cthulhu[34], a vida venceu, e isso traria infaustas implicações futuras. E, por não ter outra explicação, ele passou a atribuir aquela condição de "engasgador" oficial da morte a esse trauma de infância.

Essas constantes e traumáticas ocorrências noturnas serviram, ao longo da existência, para erigir e fortalecer a sua noção de efemeridade, tanto quanto a uma pavorosa sensação de fragilidade diante da vida. A cada engasgue ele vivenciava a agonia final, e essa indesejada percepção o ajudaria na elaboração de muitos e muitos poemas.

A dor essencial do poeta não era proveniente apenas da certeza do inevitável óbito dos que ele amava, mas também da convicção de que ele mesmo se extinguiria. Sua loucura resumia-se ao claro discernimento acerca do colossal buraco negro no qual a vida de todos seria arremessada. Essa era a única verdade na existência, a da morte de cada um.

Para o poeta, se a verdade era única e eterna, então a vida era uma mentira pelo fato de ser transitória, destarte só a morte era real, e com ela a amarga estrada de angústia e desespero que a humanidade trilhava.

Com aquele funesto — e cômico — engasgue, ele sentia a morte sentar-se sobre o seu peito como um obeso incubo[35].

Como era agradável a forma de pensar do meu amigo poeta...

À noite, quando ele cochilava e se lhe ia a respiração, era terrível receber o anjo negro como visita obrigatória e indesejada, que entra sem ser convidado, chutando a porta ou quebrando a janela, para depois abraçá-lo com o amor de uma lúgubre e afaimada jiboia. A morte surgia sorrindo, encostava a testa gelada à sua, olhava-o nos olhos e, sugando toda a vida com um beijo traidor, tentava levá-lo para sempre.

Ele temia morrer engasgado de madrugada e não mais existir no dia seguinte, nem no próximo, nem nos consecutivos. E continuar inexistente por semanas, meses, anos e todos os séculos vindouros. Certamente seria a extinção de sua angústia, mas com ela partiria também sua inspiração e todos os futuros escritos. Nada mais traria às laudas.

Como diria o Corvo de Allan Poe... Nunca mais.

Mas a morte não o buscaria para brincar apenas nesses desesperadores momentos de asfixia noturna, ela se faria presente na palma de sua própria mão. E esta é mais uma história que desejo relatar. É uma história curta que ocorreu na adolescência do poeta e que registrarei aqui sob o título de "Clique".

Certa madrugada, o poeta deixou-se levar pela depressão que sempre o acompanhava, pela dedicada e profunda tristura que, por vezes, parecia um agourento corvo aninhado ao seu ombro. E, saindo do quarto, foi até a gaveta de um armário no qual seu pai mantinha uma arma. Um revólver calibre trinta e dois, em cujo tambor descansavam seis balas.

Antes de continuar, preciso dizer que o evento ocorreu em sua adolescência, na época em que ele morava com os pais e com a irmã, em uma velha casa, creio que construída nos anos 1970, no bairro da Boa Vista, em Recife, próxima a Universidade Católica de Pernambuco. E digo isso por crer que detalhes são importantes se a intenção for a de comprovar a veracidade do que se afirma. Vamos em frente.

Com a negra e pesada ferramenta nas mãos, ele sentou-se no sofá da sala, tratando de retirar cinco daqueles projéteis dos pequenos tubos em que estavam inseridos; para, em seguida, envolto na escuridão de uma noite estranhamente silenciosa, encostar o cano gelado à têmpora e puxar o gatilho.

Sem dúvida que, após ter sido realizado, aquele ato de absoluta insanidade o abalou. E o clique ensurdecedor do disparo que não houve ecoou em seus ouvidos como incontestável prova de sua enfermidade emocional e profunda estupidez. Naquele instante o poeta sentiu como se o planeta estacionasse seus giros apenas para assistir o desfecho da peça na qual ele interpretava o mais ridículo e trágico dos pierrôs.

O fracasso daquela duvidosa tentativa de suicídio só não lhe pareceu uma segunda chance em razão de ele acreditar ser um castigo. Uma sentença que decretou a continuidade de sua existência.

Após o infrutífero esforço de tornar-se um fantasma, ele recolocou as balas no interior da arma, para em seguida depositá-la no lugar do qual a havia retirado. E, arrastando cuidadosamente a gaveta para fechá-la, foi-lhe impossível não se imaginar dentro dela, tal qual se confortavelmente acomodado sobre uma fria prancha deslizante de necrotério.

E por todos os anos vindouros ele jamais esqueceria aquela noite, jamais olvidaria o instante em que escolheu morrer, ou, pelo menos, em que jogou com a morte.

XV

Sempre que o meu byroniano amigo cozinhava a trágica massa cinzenta[36], vagando pelos enredados caminhos de suas cavernas sem saída, surgia-lhe como uma doentia fixação literária, ou como um tenaz fantasma, o grande poeta Omar Khayam. Por esse ele nutria o carinho de um dedicado filho, e com regularidade lamentava-se por não o haver conhecido — o que seria impossível, dado que o versejador muçulmano viveu na Pérsia, no século XI.

O melancólico pensador, romanesco astrônomo, prodigioso matemático, entusiasta do vinho e adorador da beleza feminina invadia-lhe os pensamentos com uma frequência impressionante, trazendo citações, versos e frases de suas obras. Uma das sentenças que mais atingia o meu amigo era a que se reportava à morte — como não poderia deixar de ser — e dizia: "talvez amanhã a lua me procure em vão".

Por muitas vezes ele mesmo a citou, recostado ao peitoril da janela a contemplar a própria lua. Ali, desprendia algumas baforadas de seu cachimbo, coçava a barba dourada, me olhava com cansados olhos verdes e inquiria:

— Você ouviu?

— Ouvi — respondia eu, inocente.

— Não me refiro à frase que eu disse... Não, claro que você não ouviu — lamentava-se —, só eu posso ouvir. A lua só sussurra para os meus ouvidos.

E mesmo naquelas ocasiões estranhas, em que eu duvidava de sua sanidade e quase o temia, jamais questionei a sua sensibilidade, que beirava uma patologia, o seu talento literário, ou a presença da verdadeira dor que o mantinha frequentemente cabisbaixo.

A "amizade" entre Omar Khayam e o meu velho amigo vinha de longa data, vinha de um tempo em que ele sequer conhecia a obra desse ilustre persa. Omar Khayam, por incrível que pareça, e seja, era o nome de um bar, em Recife, local em que na década de 1980 o poeta tomou o seu primeiro grande porre de vodca.

Naquela época, ele ainda estava longe de conhecer os escritos do autor dos Rubaiyat[37]; sua leitura era a saudosa revista em quadrinhos Chiclete com Banana, na qual os grandes cartunistas Angeli, Glauco e Laerte traziam Bob Cuspe e Rê Bordosa, dentre outros personagens. Ali, naquele contato com a literatura *underground* e lendo as obras de marcantes autores da chamada contracultura, como Allen Ginsberg e Jack Kerouac, o poeta começou a ter os primeiros contatos com Sartre e Nietzsche. E, claro, com certas substâncias que o ajudariam a expandir a consciência.

Bons tempos eram aqueles em que o poeta perambulava pelos bares do bairro da Boa Vista, em Recife, e nas cercanias da Universidade Católica de Pernambuco – UNICAP –, mais especificamente em sua rua de laser, ensaiava alguns versos e confabulava com bêbados, mendigos, céticos, existencialistas e professores de filosofia.

Ele sequer desconfiava das tragédias e decepções que o futuro traria, de que tudo – como se planejado milimetricamente por algum espectro castigador – tomaria um rumo sombrio, no qual a presença da depressão seria constante. Claro que todos os infaustos eventos vindouros seriam favoráveis e imprescindíveis à sua escrita, mas na gradativa nutrição das obras futuras o material emocional vivenciado cobraria um preço muito alto.

O custo da profundidade é o desfalecimento da esperança; a experiência trazida pelos açoites dos fatos pode nos tornar mais fortes, é verdade, mas também pode intimidar a nossa alma de tal maneira a torná-la excessivamente retraída. Uma alma enferma é algo muito triste de se ver, e era o que eu via em meu amigo poeta. Sua alma emanava uma dor que quase vibrava como um diapasão silencioso, e aquele tremor mostrava-se claramente no olhar pleno de melancolia. O olhar do meu amigo era um misto de revolta e angústia, era uma estranha e contraditória desesperança sonhadora, tal como se os seus desejos ainda tivessem forças para espernear no oceano que os tentava engolir.

Ele se deixava absorver pelas imagens das tragédias passadas, e assim as vivenciava, mantinha todos os momentos acesos, presentes e germinando desagradáveis somatizações, dores que surgiam magicamente em diversos pontos do corpo, como se em fila as algias respondessem a uma convocação.

Mas não somente o pretérito o consumia, o avilanado presente também tratava de causar-lhe reações corporais. Certa feita metade do crânio lhe doeu por uns bons três dias, e foi muito estranho, pois ele mal conseguia tocá-lo. Ainda a extensão do músculo trapézio esquerdo – na área da nuca – saltou como um barbante retesado.

Dos impiedosos ataques de adrenalina vindos do inconsciente do poeta despontavam tremores inesperados, enquanto imagens eclodiam aos seus olhos, e isso ocorria principalmente quando lhe chegavam aos ouvidos determinadas canções.

Assim era ele, um para-raios de sentimentos, uma pesada esponja de emoções, uma imensa cova repleta de ossadas de sonhos. Era um velho baú abarrotado de fotos empoeiradas no fundo de um porão.

Não era raro que ele expusesse em palavras algumas melancólicas definições sobre si, sobre o que experimentava no coração. Uma delas, mais que outras, achei bastante poética. Aqui destacarei:

– Sinto-me como os destroços submersos de um navio, como uma embarcação sepultada no fundo do oceano, em cuja quietude sombria transparece o mistério e o saudosismo. Uma nau de apresentação funesta, fantasmagórica, pesarosa, que pelo aspecto anuncia a própria morte, mas que talvez esteja apenas adormecida, na qual nota-se ainda a presença dos resquícios de uma história viva.

Naquela época – creio que por volta do final da década de 1980 –, ele achou que o mundo mudaria, e, para que se desse tal mudança, era necessária a sua contribuição. Graças a esse estúpido engano infantil, ele envolveu-se em bravatas políticas, levantou o punho, gritou pelas ruas, até pichou paredes, mas desgraçadamente foi vencido pela realidade. Foi derrotado pela consciência da natureza humana. E a desesperança política somou-se ao já enraizado desânimo existencial, trazendo-lhe um constante estado de aflição.

Dessa forma deu-se a gradual construção do seu pensamento poético. A elaboração das ideias de alguém já predisposto não só ao contumaz questionamento, mas também à busca por uma identidade artística que representasse seu ininterrupto e peculiar estado de melancolia.

Ao mesmo tempo em que ele tinha profunda consciência da realidade, buscava sonhar. Dessa maneira, tentava amortecer cotidianamente a excruciante sensação de que a luz no fim do túnel não era a da saída, mas a do farol do trem esfomeado; cujas metálicas rodas avizinhavam-se para triturar os encantamentos mais apaixonantes.

Sua constante idealização era fruto direto e inegável do desagrado. Ele buscava a sua caverna entorpecente com luz negra e paredes almofadadas. Procurava a sua gruta ornada por grossas velas sobre crânios e habitada por corujas e corvos empoleirados. Não podendo faltar frenéticos morcegos a pincelar com suas asas membranosas as negras e rochosas abóbadas.

Mas não só do introspectivo gênio persa nascido em Nishapur no século XI[38] nutria-se a mente pantanosa do meu trêmulo amigo bardo. Uma infinidade de obras navegava com frequência pelo seu pélago cefalorraquidiano, sendo levadas por um maremoto tão brutal quanto as observações sobre Van Gogh registradas no livro das memórias de Gauguin[39]. E as frases que assimilava desses escritos giravam desvairadas, as palavras rodopiavam enquanto suas ideias explodiam, muitas vezes sem organização.

As fantasias oriundas dos contos que lia dominavam os seus pensamentos, e ele imaginava-se em uma taverna sentado à mesa com Solfieri, Johann, Claudius Hermann, Bertram e Gennaro[40], lendo "The Prophecy of Dante", de Byron, ou o maravilhoso "Ozymandias", de Shelley. Fantasiava estar diante de Oscar Wilde recitando "Endymion", de Keats, enquanto bebia vinho em uma taça feita de um crânio[41].

As grandes obras dos Poètes Maudits[42], por exemplo, essas ele devorou com a apetência de um vampiro sequioso. Atraía-lhe a literatura macabra e marginal. Inspirava-lhe a confusa vida de François Villon[43], as aventuras mediterrânicas de Rimbaud, os esfumaçados botequins de Verlaine, até as rusgas familiares de Baudelaire, e as tragédias que decorreram dos estilos de vida de todos esses perturbados pensadores.

No conto "Os Dons das Fadas" da obra "Le Spleen de Paris", de Baudelaire, havia uma sentença que com teimosia fixara-se em seus olhos: "velhas de tanto serem velhas". E ele sentia-se "velho de tanto ser velho". Ah! Eu posso afirmar que essa frase dançava pelos assoalhos, sacudia-se pelas paredes, bailava como numa projeção tridimensional! Essa sentença lhe assombrava os dias, e isso era devido ao fato de o poeta perceber-se idoso; não uma vetustez física — afinal, ele era jovem —, mas da essência. Uma velhice oriunda do extremo cansaço da alma.

Era como um apodrecimento gradativo, quase imperceptível em curto prazo, mas que após certo tempo se faria perceber por meio do ataque de uma profunda desmotivação. Uma patológica inércia provocada por um desânimo visceral. E ele pensava: Que nova dor surgirá?

Sempre lhe vinha à mente uma das frases de Romeu e Julieta: "Incêndio a incêndio cura. Uma dor faz minguar a mais antiga". Mas eu sei que ele não acreditava nisso; essa era uma das poucas vezes que discordava de Shakespeare, e sua própria experiência lhe servia como exemplo de que nada deveras se apagava, mas se somava.

As dores se acumulavam e abarrotavam o conteúdo de sua arca já absurdamente pesada.

Ele dormia por exaustão. Há vários anos o sono o abandonara, mas não a sonolência. O poeta não sabia mais o que era um bocejo, e, quando despertava, geralmente antes do amanhecer, sentia-se triturado. Shakespeare – cito novamente –, em "Sonho de uma noite de verão", define bem esse estado: "Quando em falência se acha o sono, menor é a resistência ao peso da tristeza". Disso o meu querido e triste poeta sabia muito bem.

Para mim, a diferença era clara entre a síncope causada pela fadiga e o sereno esmorecimento oriundo da natural sonolência. Quando ele não acordava de sobressalto e sem ar, despertava por sentir mãos invisíveis o sacolejarem com peculiar cólera, então percebia o corpo exausto e dolorido, como se triturado pelos dentes do próprio Diabo. Quiçá agredido pelos golpes do martelo de Vulcano.

A única atividade que conseguia desempenhar com relativa capacidade era escrever. Talvez a extrema necessidade de registrar o que lhe afligia fosse mais forte que a estafa gerada pela sinistra relação que tinha com os próprios sentimentos.

Às vezes ele delirava, imaginando-se como O Último Vampiro. A criatura sem ânimo, já sem metas ou finalidade. O ser já envenenado pela colossal monotonia, e tão idoso quanto o tempo, mas não tão sábio.

E sua exaustiva introspecção fazia surgir estranhos desejos, como o de subir a um campanário, de madrugada, e ali sentar-se à borda do universo como um reflexivo Quasimodo[44]. Respirar o fino e perfumado ar noturno e conversar com as estrelas, para deixar ir-se o passado na cauda de um cometa.

Certa noite, como se içado por delgados fios invisíveis, ele ergueu-se do velho colchão, permaneceu imóvel no centro do quarto empoeirado e, sentindo-se levemente entorpecido pelo recém-despertar, oscilou, tal qual uma jangada preguiçosa que é embalada por um oceano dormente.

O poeta percebeu-se como uma copa de árvore soprada por uma brisa melancólica, e aquela perturbadora sensação o envolveu em uma ondulante vertigem.

Atravessava a janela – que estava coberta por uma delgada cortina improvisada feita de um lençol apoiado em pregos – um enfraquecido luar, e seus finos e leitosos raios, apesar do obstáculo, traziam à escuridão do aposento pálidos clarões. Sob aquela luz ele distinguiu as várias montanhas de livros empilhados, a antiga cadeira encimada por duas obras de Steinbeck, o ventilador no teto, as paredes sujas e as puídas roupas penduradas atrás da porta branca já amarelecida pela nicotina.

E ele abandonou o diminuto e pulveroso cômodo, atravessou o pequeno e sombrio corredor do apartamento, indo em direção à porta de saída. Lá, diante dela, com cuidado, girou a maçaneta, para em seguida sair e enfrentar o mundo, sua penumbra, sepulcral quietude e vultos ameaçadores. Logo subiu pela escada do prédio, na qual galgou cada escurecido degrau como se caminhasse de encontro a um patíbulo, e os ecos de seus passos comedidos soaram tal se estivesse a explorar o interior de uma catedral.

Apoiando-se sobre o gelado corrimão de ferro, ele andejou como um ébrio autômato, e aqueles movimentos quase mecânicos o fizeram sorrir, pois lhe traziam à lembrança o hipnótico balanço dos escravizados operários do filme "Metrópole", de Fritz Lang.

Por fim, chegou ao último andar e dirigiu-se ao topo do imóvel.

XVI

O ar noturno lhe invadiu as narinas feito revigorante brisa florestal, afagando-lhe os cabelos com uma branda lufada narcótica que convidava a um voo onírico.

Era uma libertação! Saíra finalmente do opressor e asfixiante quarto que lhe comprimia a alma como as paredes de um angustiante claustro medieval. Percebia-se quase como um monge que, após anos de reclusão, volta ao convívio social.

Era como se ele experimentasse o frescor de uma brisa marítima após ter aberto a tampa do ataúde no qual viveu por cem anos. Aquilo o fez sentir-se como um personagem dos velhos filmes de Peter Cushing e Christopher Lee[45]. Só lhe faltando as presas e a capa negra.

Deslocando-se com serenidade pelo terraço, ele contemplou o mundo que se espraiava ao redor. A cidade silenciosa estava exatamente como ele gostaria que estivesse para sempre, só se ausentando o frio e, claro, a neve. Este era o seu mundo idealizado: escuridão e gelo. Que sonho maravilhoso!

E o poeta pensava que, se assim o fosse, todo aquele calor infernal sumiria, as praias congelariam, uma alfombra de gelo deslizante cobriria as ruas, uma névoa álgida tombaria sobre a paisagem, e o sol – esse demônio incandescente – seria enroupado por uma melancólica túnica plúmbea.

Novamente o bom e velho Shakespeare lhe emergia dos alçapões mentais, dessa vez com "A Tempestade": "Somos feitos da matéria dos sonhos, nossa vida pequenina é cercada pelo sono".

O sono lhe faltava, mas não os sonhos.

Ele aproximou-se da beirada do edifício, dos lábios daquele abismo de pedra colorida, e ali se sentou sobre o ângulo formado pelo encontro de duas paredes. Suas pernas de modo infantil balançaram, penderam para o precipício, e de olhos fechados ele respirou profundamente, tendo seu suspiro entranhado subido às nuvens.

E eram tantos os prédios espalhados que, sob o luar, e tocada pela quietude do horário, a paisagem mais parecia a de um cemitério, onde cada edificação despontava como uma lápide. Umas pequenas, outras enormes, algumas finas, algumas grossas.

"Se eu pular, será que morrerei antes de tocar o solo?"

Mas ele estava tão cansado, tão inacreditavelmente sem forças, que, afastando-se da borda intimidante, resolveu não mais divagar acerca das consequências de um salto. Só queria dormir, descansar no alto daquele prédio, deitar tendo o céu como teto, as nuvens como lençol, e ver as estrelas balançarem tal qual um móbile refulgente sobre um berço de concreto.

Seus olhos, aos poucos, começaram a queimar, e as pálpebras a pesar como cortinas de chumbo; ele suspirou, pendeu a cabeça e dormiu.

O poeta sonhou que estava prostrado ao centro de um jardim de rosas vermelhas, e que, ao seu lado, alguém lhe segurava a mão. Era uma garota desconhecida, uma bela gótica de pálidas, frágeis e esqueléticas mãos macias, quase translúcidas. Vestia-se de preto e tinha longos cabelos negros. Era a própria Ligeia, de Allan Poe.

Silentes, eles contemplavam o céu nublado, e sobre ambos, como uma tumular coroa de flores, borboletas negras voejavam, e em seus voos circulares assemelhavam-se a abutres que observam carcaças. Quiçá a tubarões que examinam os náufragos antes de abocanhá-los.

E no rubro vergel de seu tenebroso sonho, uma árvore negra se erigia morta, como uma artéria cancerosa, na qual, sobre o mais grosso galho, um imenso corvo taciturno e de postura imponente os observava. A negrejada ave quase não se movia, como se feita de pedra, e o poeta sentiu que aquele sinistro ser emplumado queria dizer-lhe algo.

Repentinamente o corvo lhe apareceu sobre o tórax, olhando-o nos olhos. Nas acusadoras e noturnas pupilas da ave, imagens de sua infância surgiram, afloraram passagens de sua vida, como em um filme antigo e descolorido. Lá, rostos contorcidos pelo pranto se distanciavam, perdiam-se em uma fosca e densa bruma, enquanto mãos deformadas eram erguidas, como se pedissem ajuda aos céus.

Ele distinguiu o semblante de seus pais rodopiando em negras espirais, agitando-se em pequenos redemoinhos escurecidos como os que se desprendem do topo de uma vela.

Tão magicamente quanto tudo despontou, desapareceu, e o poeta regressou à realidade, sobressaltado, sem ar, tal como se esbofeteado por um mau pressentimento.

— Foi muito real! — disse-me ele ao contar o pesadelo. — Acordei com o perfume daquelas rosas nas narinas, e o toque daqueles dedos em minhas mãos... Se ao meu lado encontrasse uma pena de corvo, creio que não me surpreenderia...

— E você não reconheceu a tal gótica? — perguntei.

— Infelizmente não... Seria muito interessante se ela pudesse atravessar a película que recobre os sonhos para bater na minha porta...

— Eu me assustaria!

— Eu adoraria! Estou cansado de gente com fôlego, sorridente, mentirosa, de faces rosadas, de roupas coloridas. Estou farto desses que usam a noite para dormir, que tomam suplementos alimentares, que vão às academias. Tudo isso para evitar a ação do tempo, para mascarar o desespero. Essas pessoas recorrem à aparência para masturbar o ego. Prefiro a franqueza das olheiras, a verdade das tristezas, a agonia dos rostos preocupados...

Às vezes eu até desejava que o poeta fosse menos sensível, que tivesse os sentimentos mais resfriados, que tivesse talvez aquela ironia própria do dandismo[46], ou a personalidade de um Brummell[47] — que pincelava a afetada arrogância com tintas de indiferença. Que ele tivesse um distanciamento seguro das emoções. Um controle mais inglês dos sentimentos, como se protegido estivesse atrás de um elevado muro de sarcasmo ornado com toques de insensibilidade e refinamento, como alguns personagens das peças de Oscar Wilde. Quiçá uma mistura de Lord Illingworth, da peça "A woman of no importance", com Lord Goring, de "An ideal husband". Ou, quem sabe, uma mescla do príncipe Paul Maraloffski, de "Vera or the nihilists", com Algernon, de "The importance of being earnest".

Certamente que ele era refinado, que era irônico, muitas vezes seu sarcasmo até passava dos limites, mas me refiro a uma maior apartação de tudo o que afeta, que machuca, que faz aflorar o desejo para depois mostrar ser impossível realizá-lo. Acho que se assim o fosse, que se ele tivesse um pouco da personalidade de Lord Henry Wotton, do Retrato de Dorian Gray, não se deixaria rasgar tanto pela realidade.

Mas, apesar de a troça integrar naturalmente o temperamento do poeta, e mesmo a despeito de sua ascendência inglesa — à qual ele atribuía seu peculiar sarcasmo –, os anos haviam agido cruelmente em seu caráter e ele se tornara mais taciturno e afastado. Considerava-se quase um misantropo, tinha horror absoluto à gritaria, a conversas em tom mais elevado, à música alta, a lugares lotados, e até aos característicos sons que as crianças emitem quando brincam. Alguns chamariam isso de "frescura", mas outros, portadores de um conhecimento mais burilado, perceberiam de imediato o quadro de insulação característico de um comportamento depressivo.

Para pôr em prática todas as excentricidades que ele desejava, seria necessário ter nascido um milionário. E, quando ele pensava nisso, punha-se a rir, em uma mescla de animação e desalento. Se ele houvesse realmente nascido abonado, poderia isolar-se do mundo em sua mansão ou castelo, e ali passar suas madrugadas a escrever, ler e pesquisar na imensa biblioteca que certamente teria. Conhecendo a sua personalidade, disso não tenho a menor dúvida, e eu não me surpreenderia se ele vagasse pelos corredores de sua residência carregando um lampião e vestido com trajes do século dezenove.

Sei que, se a fortuna lhe houvesse sorrido, ele desapareceria do convívio para dedicar-se à arte, se afastaria do mundo para viver em sua ilha. Não o condeno por esse autismo voluntário e desesperado, pois sei que perambular pelas ruas deste planeta sempre foi para ele um ato de sacrifício e até de coragem, visto que o meu amigo tinha um verdadeiro pavor de multidões. A verdade é que ele adoraria morar no castelo de Drácula.

Lembro-me de vê-lo com frequência menear a cabeça sem razão aparente, olhar para o chão e repetir em murmúrios: "Que pena...". Recordo-me também de que, certa feita, aquilo me intrigou tanto que resolvi inquiri-lo sobre essa atitude tão curiosa, e me foi relatado que tal comportamento lhe vinha sem querer, apenas por pensar em como a sua existência o desagradava, em como a realidade lhe era tão triste e em como tudo poderia ter sido diferente. Relatou-me o poeta acerca do passado que o recheava com o doloroso câncer das recordações, falou-me de seu presente vazio e do macabro porvir ao qual acreditava estar destinado, mas só entraria em detalhes com o passar dos anos.

Descobri o meu próprio pessimismo por meio das profundas e impiedosas palavras de alguém que tinha a vida como uma sentença e a tristeza como inevitável, de alguém que, quando contemplava um bebê deitado no berço, de pronto já conseguia vê-lo adulto e prostrado em um ataúde, ou pagando contas, preocupado com o futuro da família, afogado no lodo das responsabilidades.

Era estranho entender como alguém tão realista podia ser tão romanesco.

Digo, sem absolutamente nenhuma dúvida, que o poeta era um infeliz; ele era um homem que encarava os revezes naturais e corriqueiros como látegos de uma existência sádica, e em razão desses golpes lancinantes interpretou que a vida nada mais era que a perigosa estadia em uma masmorra.

O poeta que conheci era um ser estranho que, quando se revoltava, poderia citar mil maneiras de extinguir a humanidade, porém dava-se o trabalho de soprar o interior da pia antes de acionar a torneira, na intenção de salvar as formigas. Essa dualidade me perturbava.

Ele podia causar medo nos instantes em que se deixava levar pela ira e pelo desequilíbrio, de igual maneira que suscitava ternura quando abraçava um cão ou gato. Seu olhar balançava entre as flamas da loucura e o romantismo da literatura oitocentista, mas, fosse como fosse, tudo sempre estava envolvido pelo denso manto negro do derrotismo.

Quem sabe se ele fosse proprietário de uma editora, pudesse encontrar um pouco de paz, afinal escrever e publicar os próprios livros definitivamente não seria má ideia, seria realizar o sonho de não mais ser refém de empresas. Quiçá assim ele cessasse de uivar seus repetitivos lamentos em direção a uma lua surda... Não! Creio que não! Ele continuaria. Com ou sem capital, ele seria o mesmo.

Em uma das frases anteriores citei um cão; lá está, consigo vê-la acima! Pois bem, neste preciso instante, acabo de recordar-me de mais uma trágica passagem da história de vida de meu amigo. Justo agora, quando achei que o capítulo havia chegado ao termo...

Contou-me ele, há muito tempo, entre baforadas de cachimbo, goles de uísque e vez por outra a desfiar um *masbaha*[48] – hábito adquirido na Palestina –, acerca de seu primeiro cão, um chihuahua marrom de nome Bamby.

Trago para estas páginas a narrativa do infausto episódio ocorrido com o animal, por crer realmente que tal acontecimento seja digno de menção.

Ao fim da década de setenta, em sua puerícia, ele havia sido presenteado por alguém com um cão simpático e agitado que, em pouco tempo, passou a ser adorado por toda a família. A princípio, o seu pai relutou em permitir a presença do animal, mas logo consentiu, quiçá por pressão da consciência. O exíguo quadrúpede, meigo e amistoso, era de índole inquieta, e de quando em quando desaparecia, para tempos depois ser encontrado adormecido embaixo de algum móvel; certa vez até ficou trancado na despensa, e aquelas ausências passaram a não ser levadas a sério, pois ele sempre aparecia.

Quando o pai do poeta dormia na cadeira de balanço, o pequeno cão cochilava sobre a sua barriga, e ficavam ambos a roncar, como cúmplices do sono relaxante no qual os compassados movimentos provocados pela respiração evidenciavam a preguiça e profundidade do adormecimento.

Não sei ao certo por quanto tempo o animal viveu ali, sei que foi o suficiente para que ele se tornasse um autêntico, querido e respeitado membro da família.

Porém, como dia de gargalhada é véspera de pranto, deu-se o inevitável: a morte invejosa e infeliz, ao contemplar de seu trono a alegria que um pequeno animal trazia a uma criança, resolveu colhê-lo, mas não apenas levá-lo sorrateiramente por meio de alguma enfermidade de ação rápida; ela precisava tornar tudo mais difícil, ela necessitava criar um trauma.

Era uma tarde como todas, em nada se diferenciava das que por incontáveis vezes iluminaram as ruas daquele bairro, e Bamby novamente havia desaparecido, mas isso não trouxera qualquer inquietação ao futuro poeta, pois certo ele estava de que logo o animal surgiria, como sempre. Decerto estava dormitando sob algum armário.

Naquele dia, como rotineiramente faziam, os pais de meu perturbado amigo abriram o portão da garagem, rapidamente examinaram as redondezas, entraram no carro e acionaram o motor. A marcha à ré foi engrenada e o veículo aos poucos se pôs a deslizar, quase em silêncio. E, quando o carro já havia chegado à rua, algo escuro no chão claro de cimento destacou-se. Era Bamby, com o crânio amassado. O carro havia esmigalhado a sua cabeça.

Sabe-se lá como, o diminuto cão meteu-se por baixo do veículo e ninguém se deu conta; o trágico resultado daquela inocente travessura foi a morte. Uma morte inclemente, monstruosa e inesquecível.

Uma criança sensível como ele não poderia testemunhar algo dessa natureza e seguir a vida tal como se nada houvesse ocorrido. Certamente a existência continuou, mas não como dantes – jamais poderia ser; as consequências da imagem do animal de olhos saltados e cabeça comprimida pelas rodas de um carro foram brutais. Por muitos anos, a expressão de espanto congelada no rosto do cão causou-lhe pesadelos.

Semanas depois, exatamente no mesmo lugar, e morto pela mesma roda assassina, se repetiria o sinistro episódio, desta feita com um gato preto.

Tendo se passado alguns anos, outros dois cães entraram para a família: uma cadela vira-lata, mal-humorada, levemente obesa, branca e preta, que por ser tão parecida com uma vaca, passou a ser denominada por essa peculiar alcunha. O outro, um cão, um pastor alemão negro; esguio, imaturo, festeiro, que em razão da pelagem noturna, brilhante, foi chamado de negão.

Por catorze anos eles consolidaram honrosamente a condição de parentes. Mais que bichos de estimação, eram excelentes companhias, bons amigos, carinhosos, divertidos, cujas presenças todos apreciavam.

A vaca, quando em idade propensa, engravidou de negão, mas perdeu todos os filhotes. E aquela experiência a abalou tanto que nunca mais deixou que ele se aproximasse. Se ela já era um tanto introspectiva, se tornou ainda mais apartada.

Apesar de tudo, os dias se seguiram, no entanto, se a vida dá, ela retira. A existência é trapaceira, e nada cede sem que antes já tenha planejado tomar. Após quase duas décadas de convivência, negão enfermou-se, se pela idade ou alguma doença, não se soube, morreu rápido. Em sequência, talvez menos de seis meses mais tarde, seria a vez da vaca.

O pai de meu amigo, às escondidas, pediu que um desconhecido levasse o corpo do cão. O homem, mediante pagamento, o fez. Tempos depois, da finada cadela o próprio poeta cuidaria.

Lembro-me quando ele contou sobre ter posto o cadáver do animal no porta-malas do carro para buscar um serviço de cremação. Por três ou quatro dias ele procurou, e procurou, enquanto o interior do veículo já começava a desprender cheiro de necrotério.

Vencido pelo fracasso do esforço infrutífero, ele foi obrigado a entregar os despojos mortais a alguém, como seu pai fizera. E a vaca desapareceu, imóvel, malcheirosa, deitada sobre a prancha de uma dessas carroças que passam pela rua.

Todas as fatídicas ocorrências forjavam gaiolas, e em cada uma delas suas recordações eram confinadas. Desde cedo o poeta vivia murado em dramáticas idiossincrasias, sua alma enfermiça já era uma ferida exposta.

Mais tarde, aquela sensibilidade patológica tornar-se-ia o açoite multiplicador das dores, e a ausência de perspectivas uma sentença que o manteria congelado no presente, mas acorrentado ao passado.

Em lugar de prover-se com o calor das boas expectativas, como a maioria dos que creem na benevolência dos dias vindouros, tudo ele passava pelo crivo de sua negatividade. Seu espírito era incurável, e o pendor à nostalgia avolumou-se até a vida se converter em uma tortura.

E ele não procurava ajuda, permanecia calado, apenas vivenciando na alma as agruras de seu danoso entendimento das coisas.

"Felizes são os que a vida blindou de desapego e insensibilidade", era o que sempre sussurrava.

O infausto melindre surgido com a infância partejou um acanho desmedido e, por conseguinte, o apartamento da vida social. O que todos entendiam como vicissitudes naturais da existência, para ele era uma apoteótica batalha, e de tudo queixava-se: do excesso de transeuntes pelas ruas, das constantes desgraças noticiadas pela TV, dos objetos que caíam de suas mãos, da água do copo que por vezes salpicava em sua camisa; dos vizinhos que se achegavam às janelas falando alto ao telefone celular, e ali vomitavam a desgraça que era suas vidas, e ainda das contas que tinha que pagar. Em referência a estas ele sempre comentava:

"Pagamos impostos para sustentar uma quadrilha que gasta nosso dinheiro com bebida, viagens e prostitutas. Onde está a segurança, a educação e a saúde? Neste país, sonegar imposto é quase um combate a corrupção!"

O homem tornou-se um ermitão rabugento, cujos textos substituíam as palavras que jamais saíam de sua boca. Em tempo algum vi um silêncio tão eloquente.

XVII

Sucediam-se os dias, e com eles as páginas escritas do livro que o poeta partejava. Decorria o tempo, e, nas ininterruptas cambalhotas do planeta, aflorava o sol e a lua dormia, para depois descortinar-se a noite e o esplendor esmaecer. Enquanto isso, gradativamente sua obra ia tomando forma. Letra após letra, frase após frase, folha após folha.

As pilhas de papel começaram a se erigir feito uma árvore que se agiganta aos poucos, regada violentamente por uma bátega de lamentações.

Ele era quase um velho escriba das próprias vicissitudes, um arauto mudo que discorria em uma extensa carta de despedida acerca do motivo pelo qual sua vida terminaria da maneira que planejara. Porém a dúvida ainda persistia: morrer rápido ou ir-se aos nacos?

O prazo autoimposto estava a esgotar-se, pois o último livro havia chegado, finalmente. O décimo livro germinara, tal rebento que agressivo adentra a vida aos prantos e brados; nessa obra, nas primeiras laudas já sangravam vinte sonetos.

Arqueado sobre as teclas desgastadas do notebook negro, durante o dia ele escrevia por horas, e, quando a exaustão não o atacava, o trabalho invadia a madrugada. Com frequência ele redigia por doze horas ininterruptas, e quando a tensão retorcia a sua alma ele masturbava-se; isso mesmo — é estranho, mas foi o que entre risos ele me contou —, masturbava-se para aliviar o desmedido estresse que causava a torturante e entranhada análise da própria psique.

— Não me diga uma coisa dessas! — brinquei oscilando as mãos. — Não tenho o menor interesse de ser informado sobre sua vida sexual solitária...

— Isso nada tem a ver com sexo, lhe asseguro! É para abrandar o estresse. Se me falta um saco de pancadas, eu uso o outro... O que não pode levar pancadas... — Riu.

– Ah! Não! Que horror! E ajuda em algo?

– Sem dúvida! Pelo menos serve para alguma coisa além de canal para esvaziar a bexiga.

Embora tenha achado estranho, entendi os motivos que o levavam àquela prática constrangedora, afinal, encontrar palavras para interpretar o grito desesperado do que há de mais intrínseco, e fazer-se entender em um texto, é um exercício lancinante de autoflagelo psíquico. Mas talvez ele devesse ter me poupado de ouvir tal revelação.

Às três horas da manhã, ao pousar a latejante cabeça no travesseiro – refiro-me à cabeça acima dos ombros... Perdoem-me pela grosseria da piada, mas foi irresistível –, ele sentia-se como se mergulhado entre duas montanhas. A almofada erigia-se e cobria-lhe cada orelha como fones de ouvido pelos quais ele escutava apenas uma música, uma canção eterna e ininterrupta, a que insistentemente tocava no decurso de suas inevitáveis insônias. Eram sons de vozes lamuriantes, soluços de angústia, murmúrios e gritos do passado.

Então, seu crânio tornava-se uma caixa de ressonância, um espaço oco repleto de ecos abafados, e pela manhã, quando ao espelho contemplava suas olheiras arroxeadas, via o retrato que não fora pintado por Basil Hallward[49], enxergava perplexo o quadro que não prendia a sua imagem, mas mostrava-a de forma cruel no registro dos anos que se haviam passado. O reflexo de um reflexo.

Ele dedicava-se às letras com o senso de dever de um César Birotteau[50], mas frequentemente perdia-se entre dúvidas e divagações tal qual um Ivan Ilitch[51].

Sabia que jamais possuiria a coragem de um Coronel Chabert[52], e que talvez fosse tão assustadiço quanto o Fantasma de Canterville[53], mas, para compensar, era tão dedicado aos seus escritos quanto Émile Zola fora ao caso Dreyfus.

As teclas do notebook eram quase como os espinhos da rosa que feriu Rilke, agravando-lhe a leucemia.

Muitas vezes a solidão, a carência, a necessidade de afeto ou a simples ausência de diálogo leva – até inconscientemente – ao envolvimento em estranhas situações. Por mais afastado que se queira permanecer ou misantropo que se seja, há sempre determinados momentos em que haverá a vontade de partilhar ideias ou apenas recostar a cabeça sobre as pernas de alguém e ter os cabelos acariciados.

Esses momentos são perigosos, pois neles não é raro expormos fraquezas a quem não possui sensibilidade suficiente para saber respeitá-las, porém surpresas acontecem, exceções inesperadas surgem quase como um encantamento. E é isso que quero mostrar no texto seguinte.

Permitam-me mais uma vez inserir uma história nesta obra, outro episódio pitoresco dentre tantos que ocorreram durante as andanças noturnas do meu sorumbático amigo poeta.

Chamarei essa narrativa de "O preço de um abraço":

Com os cotovelos sobre a mesa e os dedos entrelaçados, ele apoiava a testa nas mãos enquanto tentava enxergar o fundo do copo. O refrescante líquido áureo parecia sussurrar inaudíveis segredos pela boca de cada pequena bolha que estourava em sua espumante superfície. A cerveja estava esquentando e ele querendo ir-se.

Ele havia desviado do trajeto que levava à sua casa para não ter de ver novamente as mesmas paredes opressoras, os mesmos cômodos abafados, a mesma mobília puída e sujeira no teto, pois tudo já o enfastiara demasiadamente. A mesmice que gritava dos aposentos era um reflexo do tédio que angustiado bradava em sua alma.

E com a inconsistente desculpa de ter as mãos ocupadas, ele resolveu beber algo, e, claro, defumar os pulmões com intensas e cancerosas brumas de nicotina. Quebrar um pouco a rotina em um bar até poderia ajudá-lo na composição de um novo poema; quem sabe ali, diante das figuras aparentemente perigosas que perambulavam, algum escrito incomum lhe fosse presenteado pela observação.

Ele suspirou, coçou as pálpebras e fez o clássico esgar dos que sentem dor na vista, pois seus olhos ardiam. A pressão ocular havia aumentado e o risco de glaucoma já era uma preocupante realidade; em razão disso, vertia gotas diárias de um colírio próprio para essa enfermidade. O que o fazia sentir-se ainda mais velho.

Apesar de açoitado pela existência, seu aspecto destoava da paisagem do ambiente. Seus óculos de negros aros grossos lhe davam um ar de *nerd*, ou só de alguém com péssimo gosto para aros de óculos, enquanto suas feições, além de atestarem a fadiga presente, identificavam alguém com profundo poder de análise.

Mesmo ostentando um porte elegante, ele precisava cuidar-se com mais afinco, não apenas zelar pela saúde, mas pela aparência. Ele andava um tanto desleixado com o seu exterior — que entendia ser um autêntico revérbero da confusão estabelecida no interior.

A verdade era que ele revelava no aspecto o que no âmago gritava: desânimo. Exibia ao semblante um eterno cansaço, uma fadiga não apenas mental, mas física, pois, sem dúvida, faltavam exercícios àquela maltratada matéria.

Vez por outra ele pensava em caminhar para exercitar-se, mas era impossível — pelo menos, para ele — exercer tal atividade na cidade em que vivia. Ali, havia muita poeira, barulho, trânsito e violência, mas, apesar de tudo, ele ainda guardava no peito a esperança de algum dia mudar-se para um local isolado, onde até pudesse fazer algum tipo de ginástica para manter-se vivo e completar o seu trabalho literário. Uma casa, não mais um apartamento — tipo de moradia que ele odiava visceralmente.

Afastando-se da mesa, ele recostou-se à cadeira, pois suas costas doíam, como sempre. Era a incômoda hiperlordose que lhe enchia a paciência desde adolescente, e que vez por outra resolvia pulsar. A genética era implacável; só um tio, irmão da sua mãe, possuía aquela problemática curvatura na área lombar e, claro, o problema não atacaria a ninguém da família, a não ser ao meu sortudo amigo poeta. Como bom pessimista e lamuriento que era, ele vivia a repetir: "Isso só acontece comigo!".

Às duas horas da manhã, ele ainda continuava recostado, tão só a observar os frequentadores daquele pequeno bar de uma periferia, enquanto buscava coragem para levantar-se e ir embora.

Ele libava sua cerveja, baforava as névoas cinzas de seu cigarro e contemplava os bêbados que ronquejavam arqueados sobre mesas. Via os poucos casais dançando velhas músicas dos anos setenta, que vinham de uma antiga radiola de ficha que piscava luzes roxas.

O ambiente exalava a exaustão advinda do fim de uma agitada noite, além de mais alguns outros odores repulsivos. Os poucos fregueses já não tinham tanto ânimo, e os garçons, com olhos cansados e gestos morosos, demonstravam o resultado da extenuação que gradativamente se instalara com o passar do árduo dia de labuta.

Um disparo de arma de fogo ao longe não surpreendeu ninguém, pois era regra. Sons de vidros quebrando no salão passaram despercebidos, pois eram de se esperar. Uma sirene de viatura policial distanciando-se tão rápida quanto se havia aproximado tampouco causou alarde. E a madrugada seguia como sempre se mostrava em locais como aquele.

Inesperadamente, alguém o tocou no ombro direito. O poeta virou-se e percebeu uma moça ao seu lado. Ela estendeu a mão e pediu-lhe que acendesse seu cigarro. Ele assim o fez, resvalando seu polegar no dispositivo do isqueiro prateado, que alçou de imediato a chama requisitada.

Ela havia se acercado tão serenamente que só pôde ser percebida quando resolveu tocá-lo, quase se equiparando a uma cobra sorrateira que espera estar diante da vítima para inocular seu veneno assassino.

— Quer companhia? — ela perguntou, levantando as sobrancelhas enquanto curvava-se com discrição.

— Eu já estava indo embora — respondeu ele, esboçando um quase imperceptível sorriso.

— Fique mais um pouco, só o tempo de mais uma cerveja.

— Não vou demorar muito, já estou cansado. Você só perderia seu tempo comigo.

— Você parece desanimado; pensei que poderíamos conversar, só para passar o tempo. Estou de saída também.

O poeta não precisava de mais confusão em sua existência, e aquele comportamento estava lhe cheirando a algum tipo de golpe, mas, como ele já se ia, sentiu que poderia aproveitar seus últimos momentos para obter com aquela conversa alguma inspiração para um poema. E, direcionando a mão para a cadeira ao lado, ofereceu silenciosamente o acento àquela moça.

Ela possuía grandes olhos negros, ou aqueles olhos é que a possuíam. Seus longos e finos cabelos eram castanho-escuros e desprendiam uma agradável olência de flores. E aquela fragrância lembrou-o das rosas vendidas em frente ao Cemitério de Santo Amaro, em Recife — lugar que já citei —, necrópole que sempre o inspirou sobremaneira. Foi a única comparação que lhe veio à mente naquele preciso instante, e, conhecendo-o como o conheço, isso não me causa espanto algum.

Era uma bonita moça de pele bronzeada, devia ter uns vinte e cinco anos, um metro e setenta, voz agradável e maneiras interessantes. Seu semblante deixava transparecer um toque de serena e resignada tristeza, e isso chamou a atenção de meu amigo, além do fato de ela usar uma roupa comedida para aquele tipo de ambiente, principalmente àquela hora da madrugada.

— Quer tomar alguma coisa? — ofereceu o poeta, e completou: — Qual o seu nome?

— Lúcia, muito prazer. Não, obrigada, eu o acompanho nessa última cerveja — disse, apontando para a garrafa que estava sobre a mesa. E continuou: — E qual o seu? Vi que você chegou há uns quinze minutos. Pelo visto, está só de passagem.

— Meu nome é ninguém — gracejou o poeta, lembrando-se do título de um de seus faroestes antigos preferidos, e acrescentou: — Isso mesmo, só de passagem. Estou vindo de um lugar e indo para outro.

— Senhor ninguém, então o senhor parou aqui para reabastecer? — inquiriu sorrindo.

— Eu tenho bebida em casa, parei para tomar coragem de voltar.

— É casado?

— Por quê?

— Você falou como se fosse.

— Não, não sou. Já fui, e jamais cometerei esse equívoco novamente — respondeu, acendendo outro cigarro.

— O que houve? Se quiser dizer...

— Vou fazer um resumo — disse o meu amigo poeta em tom irônico, e, após um gole de cerveja, iniciou. — Eu não sou o melhor ser humano do mundo, tenho meus defeitos, que não são poucos, mas, se tem uma coisa que eu jamais fiz em toda a minha vida, foi esfaquear alguém pelas costas. Depois de eu pagar os cartões de crédito de minha mulher, comprar todos os móveis da casa e ainda montá-los, adquirir até uma máquina de lavar roupa, depois de escrever poemas para ela, de fazer declarações de amor, organizar jantares românticos e apoiar todos os seus caprichos, ela resolveu ter um caso e me abandonar. Expulsou-me de casa, engravidou de outro e ainda ficou com metade do dinheiro que deveria ser meu. A advogada da separação foi a irmã dela, e esta soube exatamente como proceder. O que posso perder por lhe contar isso? Nada. Já perdi tudo. Tenho insônia, depressão e tendências suicidas. Sou um escritor que ninguém lê e um poeta desconhecido. Hoje moro com uma louca em um cubículo.

— Com uma louca?

— Com minha mãe... Deixemos isso de lado, e desculpe pelo desabafo, você não imagina o que a ausência de alguém para conversar faz com a cabeça de uma pessoa. Sinto-me como um náufrago que passou anos argumentando com coqueiros.

— Você é poeta e escritor?

— Nem eu sei mais!

— Todos têm suas histórias, não é verdade? Eu vim do interior e moro em uma pensão próxima daqui. Caí nessa vida por necessidade. Tenho de ficar girando sobre essas mesas, como urubu em carniça para ter o que comer. De onde venho, nem água tem, meus dois irmãos morreram assassinados, minha mãe foi embora e meu pai tentou me estuprar duas vezes; tive de fugir. Este bar nunca está vazio, mas sempre estamos sós; para mim, é melhor a solidão de um bar do que a de um quarto: pelo menos num bar tem movimento, e isso ajuda um pouco. Estar só em uma cama sofrendo só piora as coisas.

— Não tenho cama, durmo em um colchão...

Após proferir aquela frase, o poeta percebeu que ia começar a se lamentar ainda mais, e parou, calou-se; ele não precisava disso, tampouco ela.

Alguém havia aumentado o volume da música, tornando a conversa quase inaudível.

— Você não quer ir para outro lugar? — perguntou Lúcia com certo esforço, por ter de amplificar a voz.

— Agora você me convida para pular na sua cama! — disse entediado.

— Pelo menos você não estaria só, e podemos conversar. Às vezes um abraço faz falta.

"Às vezes um abraço faz falta", ele pensou. "De onde ela tirou isso?"

— Um abraço não seria má ideia — concordou, virando-se para Lúcia. — Faz muito tempo, muito tempo...

— Por incrível que pareça, para mim também — afirmou ela, baixando a cabeça.

— Ok, por que não?! — concordou. — Uma boa noite de sono, se é que isso é possível para mim, sentindo o calor de outro corpo, seria uma novidade.

Lúcia olhou-o com certa pena e completou, apontando para a parte dos fundos do estabelecimento:

— Há uns quartos lá atrás; pode-se pernoitar por vinte reais.

— E o seu tempo, vale quanto? — inquiriu, olhando-a nos olhos.

— Custa trinta reais. Eu tenho de cobrá-lo, o dono daqui exige. É um negócio, por mais que às vezes a gente não queira — tentou justificar.

— Não tem problema — aquiesceu, meneando a cabeça com discrição —, eu quero dormir.

O quarto era pequeno e sem janelas, e, além de ser quadrado como uma cela, era envolto por paredes descascadas, nas quais um rosa descolorido pronunciava-se. Em uma das extremidades do penumbroso cômodo havia uma cama de cimento colada à parede, sem travesseiros, e encimada por um delgado colchão de asseio suspeito. Próxima, havia uma cadeira, e sobre ela um antigo ventilador. Um umbral sem porta, ao lado, dirigia-se ao banheiro — local tão apertado que, em se sentando à latrina, podia-se encostar a testa à parede.

"Quem sabe essa peculiar posição me proporcione um bom cochilo", ironizou o poeta, ao examinar as dimensões do sanitário.

E ele deitou-se, sendo acompanhado por Lúcia. A lâmpada sem proteção, pendurada por um fio acima da cama, de imediato atacou-lhe os olhos cansados. O objeto parecia um pêndulo luminoso elaborado com a finalidade de torturar. E a moça, percebendo isso, levantou-se, para acender a luz do pequeno banheiro e apagar a do quarto, tornando o ambiente mais agradável para a pressão ocular da qual se tratava o poeta.

Vendo que o teto era composto por rústicas telhas de barro, ele torceu para que delas nenhum pó lhe caísse sobre a face, almejando ainda mais que nenhum escorpião saltasse sobre o seu corpo.

E ambos, deitados, ficaram em silêncio por alguns minutos, olhando para as traves de madeira do telhado, até que Lúcia, virando-se, pôs-se de lado, passando a alisar os cabelos de trigo do já sonolento e complexo versejador.

Entreolharam-se, como se a carência de ambos houvesse criado uma taciturna cumplicidade, e o poeta moveu-se, dando-lhe as costas. Então, ela o abraçou, envolvendo-o também com uma das pernas. E assim foi pela madrugada; ambos tombaram em pesado sono, até que amanhecesse e tarde se fizesse.

Um bom tempo depois, eles despertaram com batidas na porta. Lúcia levantou-se e a entreabriu. Alguém sussurrou que não poderiam mais permanecer no quarto.

— Teremos de sair — disse com pleno desânimo, virando-se enquanto fechava a porta.

O poeta esfregou os olhos e levantou-se com dificuldade, dirigindo-se trôpego ao pequeno banheiro, no qual lavou o rosto. Voltando ao quarto, acendeu um cigarro, abriu a carteira e dela retirou os vinte reais da casa e os trinta devidos à moça pela noite de abraço e bom sono.

"Trinta reais por um abraço", pensou. "Muito barato. Os gratuitos me saíram muito caros."

– É a primeira vez que faço isso – disse Lúcia olhando-o nos olhos, enquanto recolhia o dinheiro com dois dedos. E acrescentou: – Você é diferente...

– Diferente... – repetiu o poeta. – É... Creio que sim...

– Você vai voltar? – inquiriu-o com leve ar de súplica.

– Quem sabe!... – retorquiu, quase em tom paternal.

Despediram-se, e alguns minutos depois ele partiu. Eram dez horas da manhã, e ele havia dormido profundamente por quase sete horas, envolvido nos braços daquela jovem e triste prostituta de mãos gentis.

O belo semblante daquela moça ficaria cinzelado na memória do meu amigo poeta como uma inesquecível escultura, como a representação da pureza aprisionada entre os espinhos da necessidade. Eles jamais se veriam novamente.

Dias depois, o poeta saberia pelos jornais que naquele bar havia ocorrido um desentendimento entre fregueses, que durante a briga tiros foram disparados a esmo, que uma pessoa, só uma, havia sido atingida e morrido. Uma foto 3x4 de Lúcia aparecia na publicação.

XVIII

Dentre os infindos males que o fustigavam, um dos que mais agravava o perpétuo e irresolúvel problema existencial do poeta era a sua absoluta falta de compatibilidade com o ambiente desacolhedor no qual vivia. Atmosfera agressivamente aquecida, repleta de incômodos ruídos das mais variadas fontes, de grandes perigos, de imagens revoltantes e olências repulsivas.

Seu incômodo relacionamento com aquela realidade solidificava-se ainda mais por culpa das terríveis músicas em intensidade ensurdecedora que surgiam pelas ruas. Músicas não só recheadas de obscenidades, mas que violentavam o vernáculo. Canções apelativas que instigavam à intolerância e à agressividade de uma forma geral. E o poeta convencia-se, cada vez que era obrigado a ouvi-las, de que os sucessos do momento demonstravam o nível intelectual não só dos compositores, mas dos ouvintes. Ele vivia no paraíso dos que julgavam sem conhecer, no lar dos especialistas em futilidades, no éden do obscurantismo, da homolesbitransfobia, do racismo, do machismo e da alienação política. Era a autêntica Meca da estupidez humana.

E, para completar a sua tortura diária, ainda havia pelas sujas praças da cidade insanos religiosos pregando suas primitivas fantasias aos gritos, como se vivessem em uma sociedade da Era do Bronze. Homens ignorantes, agressivos, deselegantes e inconvenientes, que usavam puídos paletós negros sob um calor de trinta e cinco graus; suando em demasia e exalando odores corporais desagradáveis enquanto brandiam seus livros sagrados como quem empunha uma ameaçadora espada.

Como se toda essa rotineira tortura não fosse o suficiente, ainda havia o explícito preconceito exibido com frequência. Preconceito contra o que destoava da vulgaridade geral. Uma execrável hostilidade com tudo o que não se encaixava ao pensamento mesquinho e limitado que reinava despótico.

Se ele pudesse tornar-se momentaneamente surdo apenas para evitar ouvir as barbaridades vernaculares e ideológicas que surgiam pelas esquinas, isso já seria de grande ajuda.

Em suas ininterruptas, angustiantes e obrigatórias reflexões, ele percebia claramente que a paisagem urbana refletia com exatidão o que habitava o cérebro da maioria dos cidadãos. Percebia que os calçamentos destruídos, que os buracos espalhados, que o lixo exposto, que os muros pichados, que os esgotos fétidos e canos vazando detritos pelas calçadas nada mais eram que prolongamentos do caráter de muitos dos representantes daquela nação.

A perigosa deformidade estética da cidade atestava não só o tradicional desleixo com que era tratada, mas também simbolizava a distorção da índole de boa parte de seus habitantes.

Havia também a presença de um trânsito plenamente caótico e do eterno fantasma da violência, da morte rondando, ameaçando-o com intimidante constância. Morte que poderia materializar-se em uma mão armada e disposta a tudo por dinheiro. Não que o poeta temesse desaparecer da existência, mas ele queria que o fato se desse no tempo certo, e de preferência que pudesse fazer isso de livre e espontânea vontade, quando bem lhe conviesse, e não ser vítima de algum iletrado desconhecido.

E aquele calor indescritível! Ah, aquele mormaço constante e infernal lhe impunha uma prostração cadavérica! O diabólico bafejo tropical o atingia como os raios do sol açoitariam a nívea tez de Nosferatu[54]. Trazia à sua alma uma repugnância ainda maior por aquele país notoriamente inóspito para a literatura.

O seu tártaro pessoal era interno e externo.

O poeta, vez por outra, questionava-se, fazia uma autocrítica, mergulhava em si e se perguntava: "Estarei sendo elitista e preconceituoso? Estarei inferiorizando as pessoas? Há gente profunda, amigável e interessante neste país! Pessoas diferentes da maioria. Gente que vale a pena conhecer, conversar e com a qual se pode aprender. Pessoas que têm o que dizer, com histórias de vida, com profundo pensamento artístico e entranhada sensibilidade. Gente com que se pode dialogar. Adeptos da boa leitura, do teatro e dos bons filmes. Enfim, das artes em geral".

Porém, o problema era que ele, outrora, já se havia interpelado exatamente dessa forma, e, chegando à conclusão de que deveria ser mais sociável, passou a aproximar-se de todos, a sair com regularidade e frequentar assiduamente alguns locais públicos. Esse foi um grande erro, pois o que conseguiu foi apenas comprovar a robusteza de sua inadaptação.

O poeta sentia-se incompreendido e desrespeitado, e isso o encarcerou em si, promoveu a elevação da parede emocional que o distanciaria das pessoas. Os traumas reiterados, oriundos das conturbadas convivências, alimentariam sua insociabilidade até que ele se tornasse quase um ermitão.

Imagino quão era difícil ser ele; estar na pele de quem não se adapta e ainda exige de todos uma postura constante de respeito é surpreendentemente exaustivo. Infinitas vezes eu o vi gesticular como um louco, com os olhos enrubescidos e quase privado de oxigênio em razão de sentir-se incomodado com a algazarra que alguns promoviam em via pública, ou ainda interpelar uma autoridade policial por ter acionado a sirene de sua viatura aparentemente sem motivo. Às vezes era bem arriscado acompanhar o meu amigo nos seus raros passeios.

Ele queria dos outros a cortesia que a eles disponibilizava, e, como não a obtinha, achou prudente o afastamento e não pura e simplesmente tratar como era tratado, pois isso, sem dúvida, geraria violência.

Para que meter-se com o que não valia a pena, se sua mente já estava ocupada com tantos pensamentos artísticos que queriam emergir? Ele não se arriscaria a perder tudo por querer ensinar educação básica a trogloditas – aqui cito uma de suas frases.

O poeta não queria parecer antipático, não queria demonstrar negatividade com relação ao futuro de seu país, mas infelizmente qualquer simples análise comportamental daquela sociedade, bem como do seu passado e presente político, já demonstraria por si só o triste porvir a que estava fadada.

Uma sociedade que não preza o conhecimento, que destrói a empatia e assassina a intelectualidade, definitivamente, brinca à beira do abismo.

Há pessoas que infelizmente são desprovidas de civilidade básica, e isso o poeta encontrou infinitas vezes no decurso de sua vida. Gente mal-educada, insensível, inconsciente e descortês. Indivíduos que, por não terem polidez emocional e intelectual, vivem nas cavernas da ignorância, portando sobre os olhos a espessa venda da indiferença para com os sentimentos alheios.

Não! Ele não precisava disso!

Estava cônscio de que não deveria inferiorizar ninguém, pois acreditava que esse comportamento era equivocado, desumano e cruel, mas se havia convencido de que deveria manter distância por proteção psicológica. E muitas vezes física.

Sem dúvida era solidário a quem necessitava de auxílio, de ajuda educacional, emocional e até psicológica, pois, até certo ponto, ele se via nessas pessoas, porém entendia que nenhuma condição de carência justificava o desrespeito.

Ele preferia a solidão a ser vítima da insensibilidade.

XIX

Enquanto o intelecto do meu amigo era nutrido com uma excessiva quantidade de livros, o seu corpo minguava pela deficiência da alimentação e ausência de exercícios, e ele sentia-se como se não mais o possuísse.

Ele dizia que lhe havia sobrado o cérebro, tão somente o cérebro — seu mais apaixonante inimigo —, como se toda a matéria abaixo do pescoço se entorpecesse, passasse a ser usada apenas para possibilitar o deslocamento da cabeça, levando os olhos até as páginas das obras, a garganta até os copos de vodca, os lábios até os cigarros e os ouvidos até os acordes de Chopin. Ele quase se percebia como um fantasmal e depressivo cefalópode cujo crânio parece flutuar erguido por esfumaçados tentáculos.

Sorrio quando penso na imagem de seu crânio flutuando e divirto-me quando imagino que talvez o poeta se percebesse quase como o oposto do cavaleiro sem cabeça.

E, naquele cérebro destacado, seu alento criativo flamejava, tal qual se naturalmente informado acerca da pressa que deveria ter em escrever, devido ao pouco tempo de vida que acreditava possuir.

Certa noite no quarto, sobre o velho e fino colchão — tão delgado que não o poupava dos rigores do assoalho duro —, o poeta reclinou-se ao puído travesseiro que mantinha encostado à parede e pensou em arriscar-se a escrever um conto. A ideia havia surgido entre um poema e outro, de maneira despretensiosa. Contou-me ele que o fato deveras o surpreendeu.

Ainda não estava claro qual seria o tema, mas certamente se relacionaria ao sombrio estado emocional que lhe devorava as entranhas. Não poderia ser diferente.

Por cerca de duas horas, cada frase escrita era de imediato apagada, e aquele trabalho de Sísifo pôs-se não só a desgastá-lo fisicamente, mas também a desencorajá-lo a continuar. Era uma experiência nova, pois afinal ele jamais havia escrito algo que não fosse relacionado à poesia.

Até que um estranho pensamento o tomou: e se o conto fosse de horror?

Como dedicado fã do gênero que era, achou-se o poeta capaz de partejar algo interessante; entendeu que, talvez, aquela ideia inesperada pudesse ser um desafio inconscientemente autoimposto na intenção de comprovar seu talento artístico, ou até, quem sabe, fosse algo desabrochado que em si já possuía. E, voltando sua enfermiça criatividade em direção ao que de mais sinistro espalhava-se por seu âmago, pôs-se a escrever como um louco. Eu quase não o via mais.

Daquele empenho as histórias afloraram, e com o tempo ele já havia escrito vários e vários contos, que certamente enviaria para a publicação.

Realmente, o poeta não esperava ser arrebatado por algo novo; os sonetos, tercetos, quartetos e quintilhas, bem como o inferno de seus pensamentos, já lhe ocupavam a alma em demasia, e ele pensava não haver sobrado mais espaço para tentar coisas diferentes. Enganou-se.

Os contos desaguaram em laudas como agressivas cachoeiras de criatividade, fluindo-lhe da fúnebre imaginação como extensões de sua psique. E, nas páginas, casarões escuros, florestas sombrias, porões empoeirados, necrotérios silenciosos, estranhos espelhos e brumosos cemitérios eram tão presentes quanto agourentos corvos, apavorantes morcegos e meditativas corujas.

Inspiravam-lhe os filmes de terror com Vincent Price, Boris Karloff, John Carradine, Christopher Lee e Peter Cushing tanto quanto as obras de Edgar Allan Poe, e isso, somado à sua índole soturna, só poderia desembocar no estilo que abraçou.

Os ambientes penumbrosos, as estranhas sombras movediças, os sussurros vindos de um porão, os passos surgidos em um sótão, a copada bruma noturna a vagar pelas ruas, as sinistras ruínas afastadas e os inóspitos corredores escuros que destacava em seus contos referiam-se à sua própria interioridade. Tudo era uma continuidade de seu transtornado psiquismo, exatamente como eram os poemas. O horror literário que trazia ao papel nada mais era que o macabrismo perpétuo que lhe consumia a alma.

Converter a sua depressão em arte era algo espontâneo, não lhe parecendo jamais ser uma inconsciente tentativa de criar um escoadouro. Ele sabia que expurgar a sensação de peso que a existência lhe trazia era impossível, como sabia também – lamentavelmente – que não se reconheceria mais sem aquela patologia.

Era como se estivesse destinado a ser quem era, a nascer exatamente daquela forma.

Se o poeta – agora, também escritor – fosse um pintor, certamente que salpicaria em suas telas a cor escura de todo o pessimismo de sua têmpera, assim como, se fosse um escultor, lapidaria na face de suas estátuas a deformidade causada pelas algias que tinha na alma. Era inevitável levar à sua arte – qualquer que fosse – tudo o que habitava em suas entranhas.

Aos poucos ele começava a recuperar o apetite, e sabia que esse fato não era devido a alguma preocupação inconsciente com a saúde – algo que infelizmente ele jamais teve –, mas apenas um protesto natural do corpo que, ao que parecia, por sentir-se enfraquecido, clamava pela energia necessária para continuar a dedicar-se à escrita.

Tão só nutrir a mente com incessantes leituras decerto não mantém ninguém saudável, e devido a isso o poeta já se percebia debilitado; tonturas o atacavam quando se erguia muito rápido, e uma estranha prostração narcótica podia ser experimentada. Por vezes, alguns espasmos faziam músculos saltitarem, como se postos sobre uma superfície aquecida, enquanto algias nas costas, nos ombros e no pescoço comprovavam a tensão que lhe fustigava a carne como um açoite.

Alimentar-se era necessário – inegável verdade esquecida pelo meu amigo –, porém sempre lhe faltava disposição para tal. Sair do quarto, largar os textos que escrevia e comer algo, aparentemente, era um imenso esforço para ele.

Quando lhe vinham à mente assuntos relativos ao seu bem-estar orgânico, ele recordava-se da frase de sua falecida avó: saco vazio não fica em pé.

O álcool não era um problema tão preocupante, mas os cigarros... Esses, sim, eram consumidos com brutal frequência, e, levando em consideração que em sua família havia três casos de câncer, desnecessário dizer que o poeta corria um sério risco.

Porém, sua relação com o fumo não era apenas física, mas psíquica do ponto de vista artístico, pois fumar lhe acrescentava algo, robustecia a sua inspiração. Era como um alimento para que as ideias surgissem, e isso inevitavelmente causou uma enraizada dependência.

A densa fumaça soprada que bailava ao facho da extenuada luz de seu quarto – tão amarelada quanto seus dentes – o inspirava profundamente. Nela, ele contemplava rostos e eventos do passado, que ali, ressuscitados, vinham não apenas torturá-lo, mas fornecer os mais variados temas para que suas letras fluíssem.

A frondosa bruma alastrada convertia-se em um místico e venenoso defumador, em um encantado incenso inebriante que arremessava seus pensamentos ao abismo das culpas. Naquela névoa escurecida, olhos apavorantes desabrochavam como rosas acusadoras a manar os fétidos perfumes das recordações. Mais parecia, aquele mefítico nevoeiro londrino, o sopro doentio bafejado por um turíbulo brandido pelo Diabo.

Seu vínculo com o cigarro era de amor e ódio, e o mesmo sentia ante cada poema escrito, experimentando idêntica sensação com relação à sua mãe.

E a sua conturbada conexão parental se materializaria em alguns dos contos escritos, nos quais a figura materna destacava-se como principal fator gerador do estado de perturbação dos protagonistas. Lá – segredava-me o poeta –, nos textos, havia a vantagem de poder assassinar aquela que o trouxe ao mundo. E assim ele o fazia, com impactante regularidade, entre macabros sorrisos contidos.

No entanto, a despeito dessa apavorante prática literária, sei que tudo não passava de um delírio imaturo. Ele também sabia disso. O poeta seria incapaz de atentar contra a vida daquela mulher, pois, apesar das dificuldades do confuso elo, ele a amava. Sim, a amava, quanto a isso não tenho dúvida, e sentia-se culpado pela falta de tolerância.

Preciso afirmar isso, e deixar aqui muito bem assinalado, em razão de não desejar que o leitor passe a crer que o meu amigo tinha ideias homicidas com relação à própria mãe.

Apesar de ele ser feito de carne e osso – por longo período mais osso que carne, devo salientar –, a cada dia tornava-se mais cerebral, e a prova disso era que sua libido estava a zero. E ele enfatizava que a existência de seu pênis tinha por finalidade, além de expelir urina, relaxá-lo nos momentos de tensão literária. Já toquei nesse assunto, não irei me repetir por motivos óbvios.

O meu amigo poeta havia sublimado toda a sua energia ao intelecto.

Se escrever era uma necessidade tornada obsessão, esta se transformara no próprio oxigênio.

Sempre que passeava os olhos exaustos pelos tenebrosos contos de horror que escrevia, era-lhe impossível não fantasiar situações peculiares nas quais prazerosamente se encontrava com escritoras e escritores famosos. Certa feita, até imaginou-se em pleno 1816, no interior da casa alugada por Lord Byron, na Villa Diodati, junto ao lago de Genebra, na Suíça, e ali, de todo aclimatado ao ambiente intelectual e literário, trocou ideias com Percy e Mary Shelley.

Devaneou, vendo-se naquela noite de junho sentado na confortável poltrona da sala, na luxuosa propriedade, a fumar seu cachimbo com elegância e, entre baforadas, fornecer ideias para que Mary Shelley construísse o seu "Frankenstein", e John Polidori – médico de Byron – se inspirasse a escrever "O Vampiro".

E, claro, como não poderia deixar de ser, também se embriagou com o autor do poema "Uma taça feita de um crânio humano".

Foi entre macabros textos derramados pelas madrugadas, e em meio aos agônicos poemas aflorados, que, como se bafejada dos abismos do Hades, veio-lhe a inspiração de trazer aos papéis algo além de tristes poesias e contos de horror. Algo inteiramente diferente, quiçá um esmerado relato que registrasse suas sombrias percepções e os fatores que germinaram toda a sua mórbida inclinação aos escritos.

Ele iria escrever uma elaborada explicação dos motivos e dos sentimentos que aos poucos levaram ao desabrochar de todas as histórias e versos tão desesperadamente vomitados; como também exporia a razão de seu profundo e incurável desânimo de viver.

Nesse novo livro, ele exibiria minuciosamente a intricada e perturbadora relação que teve com aquele impenetrável ser que o trouxe ao mundo – refiro-me ao pai do poeta, caso não me tenha feito entender –, descreveria eventos marcantes de sua vida e suas peculiares impressões sobre a realidade. Seria quase como uma carta de despedida cuidadosamente dividida em capítulos. Nada muito extenso, talvez vinte dessem conta de tudo o que ele gostaria de dizer. E, depois de finalizado todo o texto – que bem poderia ser um diário escrito em terceira pessoa –, para completar a obra, viriam cem poemas relacionados a episódios inolvidáveis de sua existência, nos quais esmiuçaria seus sonhos, desejos, impressões, dores, frustrações, culpas, enfim, toda a sua história.

E esses poemas deveriam ser sonetos. Cem sonetos.

Seria um livro dividido em duas partes, sendo a primeira um texto biográfico romanceado e a segunda, cem sonetos. O poeta achou aquela uma ideia muito interessante! Eram dois pedaços de um todo que se complementariam, encaixando-se tal qual a ponta da cauda de um ofídio em sua própria boca. Um autêntico ouroboros autobiográfico e poético.

A primeira parte decerto permaneceria incompleta, pois ele precisaria estar vivo para escrevê-la até o fim, e, como sabemos, seu intuito não era apenas o de registrar ideias e sentimentos, mas também o de morrer. Esse fato, depois de consumado, certamente tornaria impossível que qualquer letra fosse traçada.

Se exequível fosse escrever após o desenlace, como alguns tão dedicadamente acreditam, aí, sim, a obra estaria completa, pois na derradeira frase ele poderia grafar: consegui, escrevi a minha obra, agora estou morto.

Almejo com veemência que o leitor tenha percebido a ironia desta última frase.

Após muito refletir, tornou-se óbvio para o poeta o nome que deveria ser dado ao novo livro, e esse nome surgiu a partir do seguinte raciocínio: se o caminho até sua morte seria pavimentado por poemas, e havia um número a ser atingido antes de ele suprimir a própria vida, por que não chamá-lo de "Mil poemas e um suicídio"? Para complementar, ainda poderia usar como subtítulo "A biografia de um homem sem esperança".

A legitimidade dessa denominação era mais que evidente, mesmo que o livro fosse recheado apenas pelos últimos cem poemas escritos. Havia também o fato de o novo texto que lhe chegou às ideias, por ser alongado, vir a proporcionar-lhe mais tempo de vida, tempo necessário para depurar a escrita e dedicar-se mais profundamente à busca por temas. Ele sabia que aqueles seriam seus últimos poemas, e por esse motivo tinham por obrigação mostrarem-se os mais intensos e aprimorados.

Mas ainda havia outro problema: os escritos anteriores. Ele sentia-se na incumbência de melhorá-los, e isso também levaria tempo. Bastante tempo. Os contos de horror também estavam surgindo, e definitivamente ele não poderia desistir de pô-los no papel, tampouco de enviá-los para tentar suas publicações.

E todo esse trabalho soou aos ouvidos de sua perceptiva desconfiança como uma armadilha do intelecto. Estaria ele inconscientemente adiando o desfecho da mortal decisão tomada para que desistisse da ideia?

Lembro-me de que, certa noite, em conversa com o meu amigo – que se mostrava bem mais perturbado e inspirado do que de costume –, terem surgido comentários acerca desse excesso de atividade artística. Falávamos sobre essa estranha inspiração aflorada magicamente, justo no momento em que ele tomara a decisão de retirar-se da existência – decisão da qual eu discordava e sabia que jamais o convenceria a reverter –, e ele, com um sorriso comedido, me dizia que tudo não passava de uma ardilosa estratégia de sua psique.

Dizia que os escritos se haviam acumulado tanto por desejarem lhe dar mais tempo para pensar, mais tempo para retroceder em sua sinistra decisão, porém que apenas lhe tinham fornecido argumentos a favor do que ele já havia decidido.

– Nós não somos capazes de tomar a decisão mais importante da existência... – dizia ele. – Você sabe qual é?

– Ter filhos? – respondi o que me veio à cabeça.

– Não, essa é a mais idiota! Refiro-me a decidir nascer!

– Decidir nascer?

– Claro! Você se lembra de quando fez essa escolha?

– Na verdade, não tive escolha...

– Pois é... Se eu não pude decidir nascer, que possa decidir morrer.

– Entendo o seu raciocínio, mas... não seria algo... covarde?

– De maneira alguma! Tirar a própria vida é o ápice da coragem!

Por mais inquietante que aquela argumentação fosse, nela havia uma dose gigantesca de coerência. Admito que a conversa me assustou um pouco, mas a forma de ela ser exposta foi bastante divertida e provocadora. Meu amigo parecia brincar com as palavras e até manipular a dialética de uma maneira a levar comicidade a um assunto tão sério.

Tudo cheirava a ironia, a um jogo espirituoso, daqueles que o interlocutor esmera-se em manter a seriedade na intenção de não demonstrar qualquer resquício de riso.

– O problema é que não tem volta! – observei.

– Muitos creem em reencarnação...

– Sei que você não acredita nisso.

– Acho pouco provável que tal coisa exista, mas sendo possível espero que a mecânica do universo, por escárnio ou castigo, não me faça voltar na pele de um apatetado que gosta de ouvir música ruim a todo volume.

XX

Após exaustivas madrugadas de incessante, desesperado e diligente trabalho, diante dos seus olhos ele já podia ver prontos os romances, os contos e os noventa poemas dos cem propostos para sua última obra. Todos perfeitamente organizados. Restando-lhe apenas finalizar o longo texto biográfico do novo livro, para em seguida completá-lo com os dez sonetos finais.

A obra surgira como uma boia salvadora arremessada em um oceano de angústia, e serviria convenientemente para dilatar o seu período de vida, mas, apesar do tempo que levaria para ser concluída, sem dúvida, em algum momento chegaria ao derradeiro ponto. E, quando se desse esse fato, ele estaria à mercê de seu desequilíbrio emocional. Instabilidade que o fazia sentir-se como um pêndulo indeciso, como uma cimitarra que oscila sobre dois pontos opostos: o da vida e o da morte.

Aquela doentia ambiguidade o confundia e incomodava. Se em um momento a certeza do suicídio era clara, no instante seguinte vinha-lhe a imagem de sua mãe e de sua tia, e a hedionda sensação de que as faria sofrer profundamente, caso o ato fosse praticado entes que elas morressem.

Deixem-me grafar um adendo *en passant* para discorrer acerca do papel que a tia do poeta teve. Sem dúvida ela exerceu uma função destacada na formação do meu amigo, pois, não tendo gerado filhos, podemos dizer que ele assumiu esse ofício. E de uma abundância de afeição esta senhora foi vítima.

Vez por outra, ele comentava sobre os idos anos 1970, destacando que na época ele havia iniciado a sua alfabetização na mesa da cozinha da casa de sua avó.

Ali, sentado, balançando as pernas que não tocavam no assoalho de cimento frio, debruçado sobre a mesa, seus olhos transitavam não apenas entre letras, mas entre números. Ele seguia a vida naqueles dias irresponsáveis tendo por única obrigação o esforço em aprender.

As quatro operações eram o mais complicado; ele fugia da tabuada como o capeta foge da água benta. Aquela infinidade de combinações aritméticas fazia-o questionar a existência da felicidade e fomentava os primeiros ares de rebeldia em sua mente então rudimentar.

Sua tia, com ares de disciplinadora, arrastava-o até a mesa, na qual ficavam a fazer exaustivamente contas em folhas de cadernos escolares. Seus olhos ardiam e a vontade de gritar mesclava-se com o desejo de correr em direção ao infinito para nunca mais voltar.

O treinamento para uma boa caligrafia também não era a melhor das atividades; ambos ficavam arqueados sobre aquelas letras impressas que ele exaustivamente tentava reproduzir. E ali ele traçava linhas, puxava as pernas das letras, colocava pontos, vagarosamente, com as mãos pequenas, abraçando o lápis trêmulo, como um cirurgião alcoólatra que em pleno *Delirium tremens* tenta segurar o bisturi.

De um canto, a avó, enquanto fazia algum serviço doméstico, olhava de soslaio vez por outra, fiscalizando a atividade. Sua avó era uma matriarca severa, mas amorosa; utilizava nos dois braços um número infinito de pulseiras finas de metal que faziam um som característico quando ela se locomovia pela casa. Aquele som de guizo sempre anunciava sua chegada.

Apesar de ele haver decidido que só tiraria a própria vida após o desenlace de ambas, por vezes, a existência quase o convencia do contrário. A dúvida era: e quando terminasse todos os seus escritos? E quando toda a obra estivesse concluída? E quando ele já houvesse espremido por completo o tecido de sua criatividade, para dele aproveitar até a última gota de inspiração? E depois? Bem, provavelmente ele continuaria a escrever, e decerto até utilizaria a vindoura morte daquelas duas senhoras para a criação de novas poesias.

Porém suas energias estavam ruindo, e ele percebia claramente aquele esmorecimento gradativo do ânimo e do vigor físico. Ele se sentia em uma UTI, respirando por aparelhos entupidos.

O poeta era um homem tão perturbado quanto interessante, era pobre em esperança, mas rico em conteúdo. Era tão perfeccionista quanto imperfeito e tão confuso quanto minucioso. Era alguém que se dedicava a escrever um livro para poder falar de si por meio de um personagem que nada tinha de fictício. A quem ele queria enganar com aquele protagonista? Certamente, não a mim!

Se com isso sua intenção era a de afastar-se para poder analisar a realidade sem envolvimento e ter uma percepção livre de qualquer nociva idiossincrasia, estou certo de que não conseguiu. Isso era impossível. Era uma mastodôntica estupidez tentar ou sequer pensar nisso. Esse seria um distanciamento digno de alguém com transtorno dissociativo de personalidade, e desse mal ele não sofria. O que o atacava era a ansiedade, a apatia e a culpa, além da tristeza, da solidão, do tédio e da desesperança. Sintomas claros de uma forte depressão.

Decerto ele queria contar acerca dos eventos que ocorreram em sua existência – não tenho dúvidas –, mas sem expor-se tanto, sem se pôr na berlinda. Para quem jamais o conheceu, as passagens da obra seriam encaradas como fantasias; no entanto, para os que conviveram com ele, como eu, certamente muito do exposto na narrativa seria claramente reconhecido como fato.

Ele se desnudaria, mas a partir da pele do personagem; para mim estava muito evidente que essa era a intenção.

E, durante o processo criativo daquela obra, com frequência ele era acometido por mudanças de humor e perda de interesse, principalmente em coisas que antes lhe eram caras. O prazer de viver lhe escapava por entre os dedos como água, e desse estado eclodiu uma necessidade ainda maior de escrever, de deixar registrada sua passagem pelo mundo.

Fechara-se em um estado sombrio de isolamento, em que uma mórbida taciturnidade expandia-se por seus pensamentos como um câncer em célere e agressivo processo de metástase.

Seu sono era agitado, quando a insônia não o acompanhava. Acordava muito cedo e, durante o dia, uma bizarra sonolência o abraçava como uma sombra demoníaca. Abusava do cigarro e do álcool, era fustigado violentamente por pensamentos repetitivos, por uma desagradável fadiga e por uma constante inquietação. Sentia-se como um prisioneiro torturado, cativo no interior do próprio cérebro. Vivia em estado de *spleen*.

No decurso de seus passeios noturnos pelo minúsculo e asfixiante apartamento em que habitava, era impossível não se recordar da mansão na qual morara antes de deixar o país. E a imagem daquele casarão magnífico com piscina, vários quartos, um enorme primeiro andar aberto, uma pequena academia para ginástica e até um bar espelhado com balcão de mármore negro só aumentava a sua dor.

Ele sentia-se como um espectro em pena a vagar pela escuridão dos cômodos opressores de seu claustro. E, para agravar o já infausto contexto, dos fones de ouvido que lhe pendiam das orelhas, o piano de Chopin pranteava acordes tão lastimosos que lhe era impossível não se deixar ter por completo pelas taciturnas sensações que afloravam.

A mansão de suas recordações fora vendida para que sua mãe ocupasse um lugar menor e mais seguro: aquele que ele odiava e em que era obrigado a residir. A ideia era a de que ela habitasse em um espaço no qual lhe fosse poupado o excessivo trabalho da arrumação.

Deixe-me explicar um pouco como se deu essa história, pois creio ser fundamental informar acerca de um dos fatores que contribuíram decisivamente para o agravamento do estado depressivo deste confuso personagem.

Bem, o poeta, na época, estava em via de casar-se e emigrar para outra terra, um país que o agradava sobremaneira não apenas em razão de seu desenvolvimento, mas pelo fato de o inverno ser rigoroso. Havia neve praticamente seis meses por ano, e esse clima era bastante favorável ao seu natural e perpétuo estado de espírito. Ele amava as tempestades, acreditem.

Após fazer um longo curso no qual se familiarizou com o idioma francês – vale deixar registrado que sua futura esposa o acompanhou –, casar-se e se desfazer de tudo o que seria impossível levar, até de seu automóvel, ambos partiram, deixando o país natal para trás.

A sua pretensão era a de jamais regressar definitivamente, apenas a passeio, à vista disso teria de instalar a sua mãe em um local mais conveniente, e aquele apartamento pareceu-lhe ideal: era pequeno, havia funcionários para garantir a limpeza e a segurança, e, além disso, estava próximo de vários estabelecimentos comerciais.

Ah, que armadilha cruel! Depois da traumática separação do poeta – evento que já citei nesta amaldiçoada obra –, e sendo obrigado a regressar à terra que tanta insegurança lhe dava, na falta de um local para morar foi para esse apartamento que se dirigiu. Asseguro-lhes: no momento em que ele pôs os pés naquele calabouço, a sua alma suspirou de tristeza.

Por todos os minutos de seus penosos dias ele se arrependeria de ter-se desfeito daquela mansão, mas agora era muitíssimo tarde. Restava-lhe beber do vinho ácido, estragado e amargo da equivocada decisão.

Depois de instalar-se no infecto cubículo – que alguns chamariam de quarto – aparentemente construído para agravar a sua condição emocional, nele permaneceria pelos anos vindouros, isolado, reflexivo, perdido, angustiado e tendo suas lembranças e culpas como sádicas torturadoras.

Ilhara-se o poeta, ainda mais, tornando-se como que um náufrago colhido pelas revoltas águas da inadaptação. Era o próprio Robinson Crusoé de Daniel Defoe.

Porém da aflição gerada pelo seu estado psíquico ele coletaria as sombrias composições que integrariam a sua obra. Artisticamente, aquele insulamento seria deveras proveitoso, mas cobraria um alto preço de seu equilíbrio emocional.

Decisões erradas sempre geram dolorosas dívidas, que são agressivamente vingativas.

Falhas cometidas inevitavelmente regressam para retaliar, se não de pronto, no tempo que lhes convêm, como se trazidas pelas mãos de um belicoso anjo justiceiro.

E como ele odiava aquele apartamento! Para o poeta, só as casas tinham alma, e prédios eram cadáveres em pé.

Arqueado sobre as alvas páginas da tela do notebook, ele vagava como um zumbi que perambula por um sombrio labirinto, perdendo-se por frases embebidas em álcool e letras defumadas em nicotina. Ali, naquela nova obra que nascia, talvez bem mais que em todos os seus escritos anteriores, pairasse o funesto espectro da verdade, o horrendo fantasma de seus pesadelos. O monstro de suas dúvidas e inquietações.

Seus segredos seriam narrados e seus defeitos expostos, pois a proposta era a de ser sincero e nada esconder. Abriria as portas do inferno de seus sentimentos.

E, quanto mais se avizinhava o desfecho da biografia — a qual ele intitulava de "romance", em evidente tentativa de ludibriar o entendimento geral —, mais árduo se tornava terminá-la. Era como se cada sentença adquirisse vida e passasse a falar por si, escapulindo das teclas de suas ideias. As frases giravam vertiginosamente, tal qual um desgovernado e impetuoso carrossel de cavalos negros, tornando-se infinitas, como se medo tivessem de chegar à catástase. Porém ele já havia atingido o derradeiro capítulo e a penúltima frase do último soneto, sendo necessário terminar tudo e sair da frente daquela torturante tela iluminada, para em seguida, talvez, sair da vida.

Quando ele escrevia durante o dia, o reflexo da janela às suas costas se espalhava sobre o painel do notebook, e aquela excessiva luz ofuscante lhe invadia os olhos como ferro em brasa. A sensação era a de que suas pupilas estavam sendo calcinadas por intolerantes labaredas.

Seu colírio para a pressão ocular já estava terminando, mas as frases ainda não. E à noite era quando os violentos afagos da temida cegueira vindoura o torturavam, então a vista desfocava e os globos oculares, como se espetados por ardentes agulhas, saltitavam avermelhados em profundo abrasamento.

"Morto, sim; cego, não!", refletia enquanto esfregava os olhos.

Diante daquele esforço doentio, por vezes, em uma baldada tentativa de relaxar, ele convertia o maço de cigarros em crânio, levantando-o à altura dos olhos, para recitar Hamlet, em seu ato V, cena I.

"Olá, pobre Yorick! Eu o conheci, Horácio. Um rapaz de infinita graça, de espantosa fantasia. Mil vezes me carregou nas costas; e, agora, me causa horror só de lembrar! Revolta-me o estômago! Daqui pendiam os lábios que eu beijei não sei quantas vezes. Yorick, onde andam agora as tuas piadas? Tuas cambalhotas? Tuas cantigas? Teus lampejos de alegria que faziam a mesa explodir em gargalhadas? Nem uma gracinha mais zombando de tua própria dentadura? Que falta de espírito! Olha, vai até o quarto da minha grande Dama e diz a ela que, mesmo que se pinte com dois dedos de espessura, este é o resultado final; vê, ela se ri disso!"

Depois, punha um daqueles tubos mortais na boca – como havia posto a bala no tambor do revólver que quase o matou na adolescência – para inflamar a outra extremidade e soprar a vida, que serenamente esvaía-se envolta em acinzentadas neblinas.

Qualquer bom cinéfilo perceberia que ele estava fumando mais que os personagens de Casablanca[55].

Ele não mais suportava sentar-se no colchão, todos os dias, e ser incomodado pelos latidos ininterruptos dos cães dos vizinhos. Não mais aturava ter os ouvidos violentados pelas buzinas, pelos gritos e carros de som com propagandas enervantes vomitadas por vozes grossas que claramente imitavam um sotaque de outro estado – pelo fato de os locutores desprezarem o do seu. Irritava-o escutar os brados dessas pessoas sem consciência do incômodo que causavam. Tampouco tolerava o excessivo ruído da construção de outro prédio, a cem metros. Barulho que, tornando-se a cada segundo mais enervante, lhe impunha robustos tremores de estresse.

Ele esfregava o rosto como se desejasse arrancar aquela cara que em nada o agradava, enquanto lhe escorria o suor do cabelo empapado e polvilhado pela poeira de uma cidade que ele encarava como a sua masmorra.

Aquela desgraçada rotina contumaz lhe surrupiava momentos preciosos de concórdia, instaurando com colossal severidade uma monstruosa inquietação e tédio.

Ele sentia-se como o próprio "homem supérfluo", tão comum na literatura russa da primeira metade do século XIX. Inteligente e talentoso, mas cujas qualidades de nada valiam em uma sociedade embebida na estupidez e mediocridade. Homem que era atacado pela consciência da falta de realização pessoal, sensação que lhe trazia, além de uma insuportável amargura, um robusto desalento e um enraizado ceticismo.

Por haver vivido em outro país, ele possuía a compreensão do atraso histórico-social de sua terra, e contra isso nada podia fazer. Certamente suas divagações poéticas poderiam ser classificadas como fruto de uma mente idealista, uma mente que queria pôr em prática os princípios sociais que cultivava, mesmo sabendo que, diante da debilidade coletiva, aquele era um sonho impossível. Por esse e outros fatores, vivia agrilhoado à impossibilidade de contribuir de alguma maneira para as necessárias mudanças da realidade, e isso fomentou sua gradativa autodestruição.

Marcado pelo desencanto, o poeta tornou-se alguém acuado pela inércia, um observador de si e da funesta realidade que o cercava, sendo uma relíquia viva das próprias lembranças. Convertera-se em um insociável andarilho que vaga pelas recordações, irremediavelmente fadado à angústia, ao torpor e ao fracasso. Era quase um Tchulkatúrin[56].

Também sentia o poeta que não teria o devido reconhecimento literário, que tampouco encontraria sua Cléo de Mérode[57]. Constatava que sua existência se resumiria à cultivada solidão, à permanente escrita e à dedicada leitura. Seria um desconhecido a habitar um quarto que mais parecia uma casa de ópio oitocentista. Jamais viveria a sua Belle Époque[58].

Então, as alvas letras do negro teclado foram golpeadas impiedosamente, e delas despontou toda a narrativa de sua vida em frases que lhe açoitaram a alma. Na tela brotaram sentenças que carregavam às costas disformes um número infindo de estrondosas revelações e de dolorosas toneladas de culpas. O poeta espremera-se até a derradeira gota de sangue para completar a sua obra.

Os mil poemas finalmente surgiram, sendo os últimos cem acompanhados pelo texto do novo livro. E diante da frase final do recém-vomitado trabalho ele fechou os olhos, deixando escapar um longo e profundo suspiro.

Mil poemas, cada um deles escrito ao longo dos últimos anos e tendo por motivação todas as agruras experimentadas ao percurso de uma vida. Agruras oriundas de amores destruídos, de dolorosos fracassos, de revoltantes decepções, de inaceitáveis traições, de culpas monumentais e, principalmente, de entranhados arrependimentos.

Mil poemas que, na verdade, integravam um longo, detalhado e agonizante diário de rimas esmeradas, cuja estafante correção das mais antigas remeteu o enfraquecido poeta ao doloroso pretérito, fazendo-o vivenciar novamente todos os angustiantes eventos de outrora.

Ele sentia-se como que ao término de uma sangrenta e mastodôntica batalha cerebral, na qual seu corpo escassamente utilizado já demonstrava sinais de atrofia, enquanto no abismo do intelecto exaustivamente exercitado doía a macabra cefaleia das contínuas e torturantes reflexões.

Sei que não se pode pedir que um pensador pare de pensar, como não se pode exigir que um predador se torne herbívoro, ou que o planeta cesse de girar. Mas, se o poeta tentasse relaxar um pouco, não se preocupar tanto, não levar as coisas tão a sério e as encarasse somente como revezes naturais da existência, se ele não remexesse no passado daquela forma, quiçá as coisas não lhe pesassem como toneladas de chumbo.

Lembro-me de um diálogo que tivemos há muito tempo — e aqui, de igual maneira, me repito nas recordações —, o qual me trouxe a esperança de que ele estivesse mudando. Sim! Eu até pensei que fosse possível, e o comparei a um cocainômano em processo de recuperação! Entretanto, sendo ele quem é... Bem, paciência... Transcreverei nossa conversa:

— Outro dia, conheci uma mulher impressionante! E ela, pelo que me pareceu, demonstrou um vivo interesse por mim! — afirmou ele.

— Mesmo! Creio que isso é bom... Não é?

— Quem sabe? Deixe-me falar um pouco sobre ela!

— Ah! Eu vou adorar ouvir isso — brinquei.

— Sua pele é feita de neve e seus cabelos são pintados de noite. Os olhos, simultaneamente devoradores e ternos, quase fecham quando a face arredondada orna-se daquele sorriso que iluminaria com doçura às profundezas do inferno.

— Isso já está me parecendo um poema — disse eu, muito curioso por conhecê-la. Confesso. E ele continuou:

— A voz é sedutora, mas contém uma inflexão sedativa. O corpo é impiedoso, mas a minha vontade é a de abraçá-lo como quem envolve com cuidado a um bebê. Há algo que me faz crer que ela não passa de uma boneca, talvez animada por algum feitiço. Acho que escreverei um conto, e a porei como personagem.

— Um conto de horror, ou de amor? — perguntei um tanto irônico.

— Os dois! Gosto de misturar os temas... Sim! Farei isso! E darei o nome dela ao título!

— E como essa ninfa se chama? — inquiri novamente, com mais sarcasmo, e uma curiosidade ainda maior.

— Chama!... Esse é o termo preciso! Ela é como uma chama nevada, que esfria a dor e esquenta o coração! — disse, brincando com as palavras. Prosseguiu: — O nome dela é Izabelly.

— É um belo nome francês. Isabelle... Como o da atriz...

— Não... O dela é com Z e tem Y no final...

— Izabelly? — enfatizei as letras.

— Isso! E um nome tão bonito quanto ela! Que mulher sensível! Inteligente! Angelical!

Sem dúvida que meu amigo havia encontrado uma musa, alguém que o inspirou a escrever, e talvez até a viver. Eu jamais o vi tão entusiasmado.

— Minha alma está impregnada com o perfume da ternura dessa diva! — ele dizia.

Por longo tempo, entregou-se àquela linda mulher, que estava apaixonada, e ela o alimentou do mais profundo impulso artístico. No entanto, a alma sombria do poeta não se deixou iluminar por completo, a escuridão devorou cada romântico lampejo de esperança, e isso se deu involuntariamente, por pura questão de natureza.

Creio que ele deveria ter tentado com mais afinco, que deveria ter visto o tesouro que tinha nas mãos. Acho até que ele também estava enamorado, mas por algum motivo tinha medo.

O que sei de toda essa história é que ambos tiveram um longo relacionamento entrecortado por desencontros, e que ele, por imaturidade, a perdeu. Dois corações foram partidos, e ele jamais se perdoou por isso.

Aqui preciso quebrar a continuidade do texto para pedir, a você que o lê, um pouco de paciência, pois me vejo no dever de trazer aos seus olhos uma importante explicação, e um fundamental acréscimo. Certamente que serei compreendido pelo fato da trágica razão deste rápido intervalo ser de conhecimento geral, e quando digo "geral", me refiro a toda a humanidade. Vamos ao esclarecimento:

Ao enviar esta obra à editora, muitos eram os livros de outros autores que se aglomeravam na fila de publicação, mas isso não me inquietou, porém para se somar a este compreensível problema surgiu outro de importância maior, um problema inesperado, terrível, cataclísmico, que abateu o mundo. Reporto-me à pandemia, a cruel "praga divina" que se propagou no início do ano de 2020.

Com ela, uma mudança de rotina atingiu a cada um, a você, a mim e, claro, ao poeta. A realidade mudou consideravelmente. Se o nosso planeta já não era um lugar aconselhável de se visitar, ou de se morar, para os pobres mortais que nele habitam tornou-se literalmente irrespirável. O medo, a desesperança, a loucura, somados à ignorância, à violência e ao egoísmo passaram a integrar o dia a dia.

Tudo se tornou mais difícil, pior, insuportável, como se um castigo sobrenatural ou algum tipo de impiedosa maldição celestina houvesse tombado sobre a cabeça da raça humana. Um vírus assassino se disseminou carregando para a cova tanta gente que não posso aqui estabelecer o número exato. E, enquanto termino essa frase, partejando as retas e as curvaturas das letras, mais pessoas sucumbem...

Bem, devido a esta catástrofe ter coincidido com o período de correção de minha obra, pude acrescentar novos fatos que a enriqueceram. E quando uso a palavra "enriquecer" não o faço com sequer uma gota de alegria, os motivos são óbvios.

A vida de todos passou a caminhar à beira de um abismo, a equilibrar-se na fina corda bamba de um circo de horrores no qual os grotescos palhaços são aqueles que desrespeitam a existência, brincam com a morte e inoculam nas veias da sociedade o veneno de uma ideologia genocida e reacionária. Valores deturpados que nada mais fazem a não ser divulgar desinformação e, em consequência, multiplicar a fartura de cadáveres.

A despeito do arrebatador desejo, resistirei a tocar em assuntos relativos à política. Deixemos como está. O motivo da concepção deste livro é outro. A História em sua implacabilidade e sapiência se encarregará de condenar os algozes de cada nação. Vamos em frente.

Durante os primeiros meses de vigência do angustiante flagelo virótico, eu e o meu amigo passamos a nos comunicar por telefone. Durante nossas conversas foi impossível não notar o quanto a caótica situação do mundo havia agravado o seu estado. Ele estava ainda mais amargo, realista e cáustico, suas palavras eram de uma crueza ofensiva. O estresse o consumia, o descontrole de sua voz era evidente, ele parecia, muito mais que antes, embebido na angústia, perdido em difíceis decisões, cego de desânimo e, pelo que deixava transparecer, a um passo do suicídio.

Agora a sua responsabilidade se havia encorpado sobremaneira, a ele cabia destrinchar a totalidade dos problemas cotidianos que surgiam, e não eram poucos. Se dantes, como primogênito que era, tinha por compromisso atender as urgências familiares nos mais variados aspectos, graças à nova realidade da imperiosa clausura tudo se tornara por demais cumulativo e esmagador.

Em suas mãos pousava a incumbência moral de proteger duas idosas da aproximação do vírus aniquilador que a todos ceifava sem distinção. E a carga experimentada da forçosa atribuição açoitava sua sanidade com pungente inclemência.

Contou-me ele que, sua mãe e sua tia, eram praticamente prisioneiras naquele pequeno apartamento. Disse-me ainda que sob seu encargo estava a compra de alimentos, a quitação de tributos, o controle das finanças, o contato com médicos, a aquisição de remédios, a organização do lar e a elaboração de todas as refeições do dia. Como se não bastasse, o poeta continuava a escrever seus livros, à noite, fumando como uma chaminé e consumindo cafeína para manter-se desperto.

Apesar da profunda ansiedade, da excessiva estafa que a alarmante circunstância causava, e da corrosiva convivência com duas idosas de peculiar comportamento, tudo seguia em tensa organização. Então veio o susto, a cruel vergastada no dorso da realidade, a pancada no coração que adicionou o grito do caos ao desespero silencioso. O evento que narrarei – mais um que contribuiu para esfacelar a sua alma – tornou tudo ainda mais sombrio.

Em uma tarde de sábado, estava o poeta a escrever seu desencanto, os dedos saltavam sobre as letras do teclado como balançam os galhos nodosos de uma árvore ao sopro da ventania madrugadora, e, inesperadamente, um barulho, um ruído seco, rápido, agoureiro, quebrou a placidez do momento produtivo.

De um salto ele abandonou o seu lúgubre mundo literário, correu até a porta do quarto, abriu-a de um solavanco e alcançou à sala do apartamento. Ali viu a sua tia prostrada no assoalho frio, a cadeira tombada para um lado e a vassoura para outro.

Ele apressou-se por socorrê-la, e ela, enquanto auxiliada, pareceu sorrir com enfática discrição, como quando a falta de jeito em realizar algo nos envergonha. Naquele sorriso, de imediato, ele percebeu uma incomum fraqueza muscular. A boca da anciã se havia retorcido e pendia para uma banda. Ele a ergueu com dificuldade, e notou que parte de seu frágil corpo recusava-se a obedecer ao comando de se alevantar.

Ela balbuciava palavras incompreensíveis, desconexas, mostrava-se ainda mais debilitada do que normalmente alguém com aquela idade se mostraria ante tal circunstância, mas aparentava estar consciente. Com cuidado, ele a depositou sobre o sofá e gritou pela mãe.

Os sinais de um Acidente Vascular Cerebral eram inquestionáveis.

Uma ambulância foi chamada, e não tardou para que chegasse o SAMU, Serviço de Atendimento Médico de Urgência. O socorro foi prestado sem demora, como uma boneca indolente ela foi levada com cuidadosa presteza, atada por um lençol a uma cadeira de rodas, até o interior do veículo que esperava no térreo. O som estridente da sirene, e o incessante pestanejar enlouquecido das luzes vermelhas, abriram caminho pelo trânsito caótico como as braçadas de um aguerrido nadador. E o poeta, pela primeira vez dentro de um transporte como aquele, foi sacolejado não apenas pelo ziguezague das manobras do dedicado motorista, mas, por um colérico terremoto de emoções.

Lá estava ele, no opressivo interior da oscilante e ruidosa viatura iluminada, diante daquela senhora de cabelos brancos, prostrada, indefesa, enfraquecida, com uma máscara de oxigênio cobrindo a face vincada pelas décadas, e retorcida pelo mal súbito. E a fragilidade de quem o amava incondicionalmente, a debilidade de quem jamais deixou que sua mão se perdesse, o enterneceu tanto que seus olhos arderam como as chamas do inferno.

Neste momento, perante o texto que desenvolvo, ao lembrar-me de como o poeta silenciou ao telefone enquanto relatava o tão difícil trecho de sua vida, sinto as pupilas anuviarem salgadas. Por pouco não percebo queimar em meu peito a angústia sentida por ele.

Meu amigo vivia um pesadelo. Entre os solavancos das curvas revoltas ele via se esvair gradativamente um dos pilares de sua estabilidade. Tudo parecia envolvo nas brumas diáfanas de uma trágica alucinação. Ele acarinhou a mão envelhecida de sua tia, que mal se movia, a segurou forte, trêmulo, abatido, silente. E ainda que esperançoso, já se preparava para o pior, vivenciava ali o tímido, mas pungente acercamento da futura dor de uma imensa perda.

Chegaram ao destino. E despontou o imponente prédio do Hospital da Restauração, ou HR, o maior hospital público da Região Nordeste, que inaugurado em 1969, era referência nas áreas de neurocirurgia, trauma, neurologia, cirurgia bucomaxilofacial, clinica médica, cirurgia geral e ortopedia.

Após a rápida burocracia da recepção, e uma breve espera, surgiu o médico de plantão com inúmeras perguntas. Logo todos atravessaram um corredor, depois usaram um estreito elevador de frias e oleosas paredes prateadas, até chegarem à sala de tomografia. Em virtude da radiação desprendida pelo estranho aparato no qual seria feito o exame, o poeta teve de esperar do lado de fora, nervoso, agitado, confuso, portando-se tal qual um sentinela de caserna que vai de um flanco a outro, depois se vira e regressa, para repetir a sequência mecânica, oito, nove, dez vezes, como um robô.

Minutos depois o médico informou o que já era esperado, fora um AVC. No exame radiológico exibido pelo clínico, se podia ver exatamente no centro do cérebro de sua velha tia, algo que mais se assemelhava a um níveo borrifo quase translúcido, como um vaporoso chumaço de algodão, era o sangue da hemorragia. Ela ficaria internada para observação. Pelo menos estava viva.

Três dias se passaram até que ele pudesse visitá-la. Em frente ao hospital, meu amigo esperou em uma fila por pouco mais de duas horas, enquanto via pessoas saírem pelas portas de vidro com os olhos vermelhos, marejados, aos soluços, esfregando o rosto retorcido de tristeza.

O alinhamento desorganizado dos que ali aguardavam ansiosos pelo instante de visitar os parentes acamados, mostrava claramente o grau de despreparo da população em lidar com um cenário de pandemia. Todos usavam máscara cirúrgica para evitar o contágio, mas não se atinham à obrigatória distância uns dos outros. Para o poeta, o calor era infernal, o barulho enervante, o cheiro desagradável, e as conversas inacreditavelmente incômodas. A sujeira ornava o chão de cimento manchado, pombos davam voos rasantes, alguém ouvia música religiosa. O estresse, a ansiedade, a pressa em sair dali o quanto antes tornava o momento eterno e custoso.

Por fim, quando ele a encontrou, ela estava bem mais magra, com a nudez exposta sobre o leito frio de uma sala muito iluminada, repleta de camas e macas organizadas como era possível, de máquinas piscantes, de enfermos destroçados e enfermeiras exaustas. Ele a cobriu com um lençol, tomou-lhe a mão e olhou em seus olhos verdes assustados. Confusa ela não conseguia falar, mas tentou por algumas vezes, sendo todas impedidas por ele, na intenção de que poupasse esforço.

O poeta a tapeou quando lhe dirigiu a palavra. Afagando-lhe os cabelos brancos ele disse que não se alarmasse, que devido à queda seu corpo havia enlanguescido, que era preciso ter paciência, descansar bastante, pois logo sairia daquela cama, e à custa de alguns exercícios em breve se recuperaria. A visita não durou muito, o encarregado, um senhor de baixa estatura, com óculos grossos na ponta do nariz, anunciou que já era hora de deixá-la. Ela, tentando evitar aquela partida, segurou forte a mão do meu melancólico amigo, que por pouco não a apertou nos braços.

No caminho de volta para o apartamento, o interior do carro nunca foi tão solitário. Ele não ouvia as buzinas, o ronco poluentes dos ônibus e caminhões, as incomodativas propagandas dos carros de som, ou os enervantes decibéis das músicas primitivas que aquele povo tanto gostava. A acolchoada poltrona negra do veículo se convertera no mais álgido banco de cimento de um cemitério.

A face do poeta deformou-se em pranto, a vista embaciou, e os soluços surgiram. Ele mal controlava a respiração. As lágrimas desciam como pequenos insetos que incomodam a pele e provocam coceira. Suas mãos tremiam sobre o volante, de quando em quando ele as trazia aos olhos, retirava os óculos de aros redondos, limpava o choro e voltava a colocá-los. Vê-la naquele estado foi como sentir um punhal torcendo em seu coração.

Naquela noite de sono agitado, de suores frios e algias insistentes, ele sonhou com a tia. Sonhou que ela andava pela casa com os passos frágeis que a caracterizavam, sorria, lavava os pratos do almoço, raspava com um pedaço de pão o resto de manteiga no fundo da embalagem, como costumava fazer; tomava café com pó na sua velha caneca amarela, e ainda sentava-se na mesma cadeira verde que havia tombado ao momento do mal-estar.

Por quinze longos dias ela ficou internada no setor de traumatologia, naquela sala do primeiro andar, que era chamada de vermelha. E, por todo o tempo em que ali esteve foi visitada pelo poeta, aos domingos, terças e quintas — dias permitidos à visitação.

Todos os familiares deram as costas à pobre senhora enferma – todos –, inclusive os mais jovens, aparentemente pelo temor de contrair o tal vírus caso se aventurassem em um ambiente hospitalar. À exceção da mãe do meu amigo, que constantemente se oferecia para ir vê-la, sem que ele permitisse, pois, sendo também idosa, era impossível.

O poeta precisou contratar os serviços de duas estranhas, de um par de cuidadoras que se alternavam em turnos de doze horas, e pagar do próprio bolso, uma vez que os parentes, insensíveis, desinteressados, inventaram mil desculpas para não terem de "abrir a carteira".

– Que gentinha desgraçada, hein! – disse ele em uma de nossas extensas conversas ao telefone. – Juro que se ela falecer, não avisarei a nenhum deles. Não os quero exibindo a falsidade no enterro. Se esses miseráveis se recusaram a vê-la em uma cama, que se debrucem sobre a sua cova e peçam perdão! Talvez nem isso façam...

No décimo nono dia de internamento, à beira do leito, meu amigo percebeu que a tia desejava dizer-lhe algo, então se debruçou sobre ela e aproximou a orelha de sua boca arqueada, ela chamou pelo marido. O homem havia falecido havia muitos anos, e ouvi-la depois de tanto tempo pronunciar aquele nome, deve ter sido de partir o coração.

– Eu quase não entendi o que ela dizia – continuou o poeta em seu desabafo –, tive que mentir. O que mais poderia fazer? Eu disse que ele estava resolvendo problemas, que havia mandado um beijo e que depois viria vê-la.

O poeta suspirou, fez uma pausa e prosseguiu:

– Depois ela disse que queria ir para casa. Foi o que consegui entender. Não contei a mamãe. Só contei o que a cuidadora me disse: que ela pediu café. Sabe como é minha tia... Adora café...

Meu amigo, bastante amuado, ainda revelou ter recebido pelo telefone celular a mensagem gravada de uma prima que havia muito não via. Disse que a tal, com "voz de pluma", tentou justificar a ausência de todos argumentando que cada um cuidava de seus próprios pais ou parentes mais achegados.

– Ora – disse-me ele –, fragmentar a família em pequenos núcleos é enfraquecê-la!

"Imagine uma corda grossa, forte, das que prendem barcos ao cais... Se ela for cortada em diminutas porções, de nada valerá! Se nenhum parente jamais pediu ajuda, isso não me obriga a agir da mesma forma. O fato é que minha prima, cujas alegações apenas comprovam sua desumanidade, busca legitimar o abandono de uma idosa."

A despeito do baque que havia sofrido o seu coração, a vida persistiu em golpeá-lo, não foi piedosa. Não! Não foi! Ela o encostou às cordas do ringue, e passou a esmurrá-lo como um colérico pugilista. Ela seguiu como um tornado, a tudo revolvendo, a tudo arrancando pela raiz, e destruindo.

Nos prolongados dias em que a tia esteve hospitalizada, o comportamento da mãe do meu amigo tornou claro algo que eu já temia a largo tempo, mas pela ausência de convívio não tinha certeza. E ele também havia notado, entretanto, pela falta de convicção, preferiu não pensar no tema. O que foi um erro.

Posso dizer que as coisas se tornaram ainda mais difíceis, pois, como se não bastasse a atribulação em lidar com o que havia ocorrido à tia — cujo caso agravara-se devido a uma pneumonia —, outro problema sério manifestou-se em seu escurecido horizonte: O Alzheimer da mãe.

Dá para crer nesta armadilha? A tia acamada em razão de um AVC, e agora, a cristalina evidência de que a mãe exibia sintomas de Alzheimer! Imaginei como o poeta deveria estar se sentindo. Ele e sua consorte depressão, ele e sua obsessora ansiedade, ele e seu pessimismo congênito, ele e sua propensão a tirar a própria vida. Aquele era o inferno do inferno.

Lembro-me que um dia lhe telefonei, e percebendo que era eu, de pronto começou o diálogo com a frase de uma conhecida canção do grande letrista Renato Russo, cantor que ele adorava: "Queria ser como os outros e rir das desgraças da vida, ou fingir estar sempre bem, ver a leveza das coisas com humor...".

Mas, para o poeta, que convertia gotas em maremotos, fagulhas em erupções vulcânicas, minhocas em elefantes, e qualquer ínfimo ruído que o incomodasse em apoteóticas trovoadas, não era possível ser alguém além dele mesmo, ou simular contentamento, ou ainda acalmar-se ante alguma contrariedade, por menor que fosse.

Se para ele o pequeno tornava-se grande, e o grande transformava-se em gigantesco, penso eu o quanto uma considerável vicissitude era complexa e torturante para a sua mente lidar. Tudo era difícil, tudo era um problema, tudo era um castigo, tudo era exagerado, extrapolava o suportável. E ele reclamava, reclamava, reclamava, racionalizava o "pensamento" dos vermes, construía labirintos em planícies, via incêndios em oceanos e nevascas no sol. Se por um lado ele resolvia dificuldades, por outro as criava onde jamais existiram.

— Incrível como a vida é traiçoeira! — comentava ele. — Muitos acreditam que a morte é o oposto dela. Estão enganados! A morte nada mais é que a própria vida quando revela sua real índole. Ela é como o torturador que sorri, que esboça expressões enternecedoras, que acarinha a cabeça do torturado e promete sua libertação. Ela rega esperanças, traz alegrias, borrifa perfumes, envolve em aconchegos, mas depois mostra quem é. Se a vida beija, é apenas para amaciar a carne antes da mordida! Se ela acolhe nos braços, é tão somente para arremessar no desfiladeiro! Eu vejo o monstro oculto por sua máscara de flores!

"Ela não passa de uma sádica assassina defendida por tolos, de uma ardilosa hipócrita, perversa, desleal, elogiada por néscios que a cultuam como uma deusa. Não é a morte que deve ser temida, mas a vida, principalmente quando está em sua fase mais otimista, pois esse é o momento em que ela resolve mudar tudo e esfaquear as costas de quem afagava."

Em uma de nossas últimas conversas ele voltou a falar sobre a tia. E sua voz estava tão cansada, ele estava tão abatido, desanimado, que mais parecia enfermo, ou se houvesse empreendido uma extensa caminhada. A cada frase eu ouvia um suspiro, e, vez por outra, sons que me faziam deduzir que o telefone lhe escapava das mãos. Eu deixei que ele falasse, sem interromper:

— A situação dela está piorando... O problema não é mais o AVC, mas uma infecção. Pois é, uma senhora com mais de oitenta anos, há praticamente um mês sobre uma cama, conseguir resistir a uma pneumonia, suportar um AVC hemorrágico, e ainda ter o organismo forte o suficiente para absorver o sangramento a ponto dele sumir, cair na armadilha de uma infecção... É como eu lhe disse... A vida é traiçoeira.

"Ela não se alimenta mais, vive sonolenta, não fala, sequer abre os olhos, é como se estivesse sob efeito de tranquilizantes. Ela está indo aos poucos... A enfermeira precisou enfiar uma sonda no nariz dela. Foi horrível presenciar aquilo. Eu desviei os olhos!

"Quando o tubo de borracha entrou pela narina esquerda, o rosto dela se contorceu em agonia, ela virou a cabeça para um lado, depois para o outro, como quando se tem um pesadelo. Ela mostrou com expressão sofrida o quanto aquilo a estava incomodando. Mesmo que eu viva mil anos aquele momento jamais irá desaparecer de minhas recordações.

"Uma das cuidadoras que contratei me deu a dentadura dela enrolada em uma luva de borracha. Se ela falecer, essa será uma estranha lembrança que guardarei. A vida não é só traiçoeira, é uma sádica piadista."

Depois de todo oneroso esforço realizado pelo poeta, de cevar os dias com cavalares doses de esperança – ainda um tanto que enfraquecida –, de assumir o papel de bola no estressante jogo de pingue-pongue entre o lar e o hospital, ao fim de vinte e oito dias a vida decidiu dar um término à sua maléfica brincadeira. A infecção levou a tia do meu amigo.

Eu gelei quando ele me contou, precisei buscar uma cadeira para sentar, e me recordo que esfreguei o rosto enquanto, com a mão trêmula, tentava manter o telefone pressionado contra a orelha fria. Emudeci.

Contou-me ele que naquela manhã de domingo o telefone tocou, e a cuidadora – com a voz depauperada dos que arfam sem oxigênio – quase sussurrou seu apelo notadamente amedrontado, disse que "seria melhor ele vir logo ao hospital". Em seguida, uma das médicas tomou a vez e explicou sobre a grave dificuldade respiratória que a paciente apresentava, e ainda que seria inútil realizar um procedimento de intubação. Enfatizou que o meu amigo deveria apressar-se por chegar ao hospital.

Lembro-me de sua emocionada narrativa, e devo, sem reservas, expô-la aqui. Mas antes me sinto na incumbência de anunciar que tal registro não deve ser entendido como uma desrespeitosa tentativa de trazer dramaticidade a esta obra. O que desejo, sinceramente, é apenas expor os fatos e homenagear esta senhora frágil de oitenta e seis anos que lutou com inimaginável bravura contra as impiedosas garras da morte.

O relato, que tanto me comoveu, se deu mais ou menos desta maneira:

– Entrei correndo no hospital! Os dois seguranças me deixaram passar sem crachá. Acho que minha cara os petrificou. Fui direto à sala na qual ela estava. A tal da "Sala Verde 1". Ali, vi de imediato a entristecida expressão da cuidadora, e já entendi tratar-se de um momento que me marcaria a ferro. Preparei-me como pude!

"Enfermos gemiam, enfermeiras corriam, alguém havia defecado em um leito, e o cheiro de fezes empesteava o trecho. O chão de cimento frio estava molhado, duas mulheres limpavam tudo. Com o coração saltando, eu me aproximei do último leito, à direita. Lá estava ela.

"Como sempre fazia, fiquei ao lado da cama, peguei em sua mão e alisei seus cabelos. Os dedos estavam gelados, ela agonizava com o rosto calmo, sem dor, sem qualquer angústia. A respiração vinha com todo o peso de quem se esforça por viver, mas percebe ser inútil.

"A cada dez segundos ela arquejava, contei o tempo, e entre cada arquejo aquele espaço vazio parecia um abismo sem fundo, silencioso, escuro. Eu quase pude ouvir sua voz me acalentando, se despedindo, me dizendo para ter paciência com mamãe.

"Alguém chegou e prendeu um aparelho verde na haste de apoio dos soros, ajeitou um tubo às presilhas e fez passar por ele uma pequena correnteza de morfina que descia de uma garrafa plástica dependurada em um dos ganchos.

"Às dez horas da manhã em ponto, diante dos meus olhos ela deu o último suspiro e congelou completamente, sem qualquer estremecimento, nada que demonstrasse estar sofrendo. Ela se foi calma, como um pássaro que esconde a cabeça entre a plumagem e fenece sem alarde sobre o poleiro da gaiola. Acho que fiquei ao seu lado por uns vinte minutos, talvez um pouco mais. Pareceu-me que ela apenas esperou a minha chegada para se despedir.

"Eu cortei uma mecha de seus cabelos brancos com a tesoura que sempre trago na bolsa, você sabe como sou prevenido... tenho até fio dental dentro dela. Jamais pensei que um dia a usaria para esta finalidade. Enrolei a madeixa com uma fita azul, a fita que ela mantinha amarrada à chave de sua casa, e a guardei.

"Um enfermeiro baixinho veio depois para constatar se realmente ela havia morrido. Colocou alguns eletrodos negros, que pareciam ventosas, sobre o peito dela, e de uma máquina saiu uma tira de papel cor-de-rosa, com uma linha reta no centro.

"Quando ele retirou a máscara de oxigênio que ela usava, a boca estava torta, arriada de um lado, ela parecia uma múmia, ou um daqueles horrendos bonecos de filme de terror. Mas isso não me inquietou, pois sei que ela partiu serenamente."

Meu amigo ainda me contou que quando sua tia morreu, ele voltou-se para a cuidadora, que se mostrava bastante enternecida, sentada em uma cadeira aos pés da cama, em seguida apontou o dedo em direção ao teto e disse: subiu...

Sei que ele nunca foi dado a misticismos, mas, seguramente, aquela foi a única palavra que lhe veio no preciso instante da morte. "Subir" significava ter sido recebida no céu.

De resto, revelou-me acerca do corpo haver sido levado para uma funerária, de como o cadáver estava inacreditavelmente pálido, flácido, e parecia tão indefeso. De como o interior do caixão marrom, muito pesado, estava repleto de flores brancas que subiam até a borda, como um copo pleno de leite, deixando à mostra apenas o rosto e as mãos arroxeadas de dedos entrelaçados da querida defunta. Mencionou ainda o enterro, que foi muito rápido, sem velório, contando apenas com a presença dele e da mãe, caminhando sob o sol abrasador, de braços dados seguindo o ataúde. Então acrescentou:

– Quando eu esperava no salão da funerária, ouvi o som de um grampeador, mas não parecia ser desses que grampeia papel, o ruído era bem mais forte, e me perguntei o que o funcionário estaria fazendo com aquilo no recinto onde estava o cadáver. Depois, quando vi o rosto de minha tia, esticado, como se houvesse feito uma operação plástica, entendi que o homem havia grampeado as laterais da face para que a flacidez não fosse percebida, caso minha mãe quisesse vê-la pela última vez.

Deixei que ele falasse, a tudo ouvi com atenção, sem saber ao certo se deveria dizer algo para confortá-lo. Nessas horas, creio que o melhor argumento é o silêncio. Nenhuma palavra, por mais alentadora que seja, tem a capacidade de retirar magicamente o sofrimento que esmaga o coração de quem foi golpeado por um revés tão doloroso. E ele continuou:

– No dia seguinte, tive que recolher as coisas dela... as que ela havia deixado no apartamento. Coloquei tudo em sacolas. Não me agradou revirar bolsas em busca de documentos, de dinheiro, de fotos... Foi dureza! Ver tudo aquilo foi difícil! Tudo tinha algo de diferente... Tudo parecia também estar morto. Os anéis estavam mais frios, os sabonetes, as toalhas, os esmaltes de unha, os pequenos frascos de perfume, até o rádio de pilha que às vezes ela ouvia à noite para dormir, cada objeto aparentava estar de luto. Encontrei blusas floridas, canetas, gravuras de santos, pasta e escova de dente, chaves, moedas... Os chinelos dela... Os óculos...

A narrativa do poeta então se entrecortou por pequenos silêncios, até que um maior a fez cessar, eu percebi que ele chorava, e que tentava conter inutilmente os soluços.

– Calma, meu amigo... Eu realmente sinto muito por tudo... O tempo vai ajudar, você sabe. Seja forte para cuidar de sua mãe... – disse eu, da maneira mais terna que pude.

— É, eu sei, vai passar... — concordou, com uma profunda arfadura. — O tempo vai tornar o sal das lágrimas no doce da saudade. Mas, enquanto isso não acontece, choremos por nossos mortos... O que alivia um pouco é que não houve dor, ela se foi tranquilamente, tão rápido quanto o apagar de uma lâmpada. Nunca mais verei aqueles olhos verdes... Agora o que me tortura é essa maldita memória olfativa, meu cérebro está impregnado com o cheiro macabro do leito em que ela morreu, em todo lugar o sinto...

Eu lhes garanto, leitores, que tudo o que narrei é rigorosamente a verdade, e caso não creiam, os desafio a buscar no Cemitério de Santo Amaro, em Recife, a cova 07, no setor R6. Mas se apressem, não sei se o cadáver ainda estará lá, pois a Ordem de Sepultamento informa que se dará uma exumação em dois anos.

De coração, desejei que ela se recuperasse, que as sequelas do AVC não fossem graves, que prontamente se curasse daquela maldita infecção, que ela regressasse ao lar e seguisse muito bem cuidada. Pois se for para morrer, melhor que o episódio ocorra em uma cama quente e confortável, cercada por pessoas que se ama, com a cabeça sendo afagada, a mão tomada por um toque amoroso, e próximo ao ouvido se ouça o ninar de vozes companheiras acarinharem a alma com palavras afetuosas. Almejei profundamente que sua última visão fosse a de faces queridas. É assim que eu gostaria de deixar o mundo.

Essa temática funesta ainda persistiu em rechear nossas conversas por muitas vezes, e isso só atestava o quanto o poeta estava destroçado com a perda. Eu quase assumi o papel de um terapeuta. Esmerei-me o quanto pude para ao menos mitigar um pouco aquela tortura.

E se seguiram os colóquios opressivos, geralmente à noite. Transcreverei um dos últimos:

— Ah, minha tia! Minha tia querida!... — lamentou-se ele. — Imagino quando acontecer com a minha mãe! E depois... comigo...

— Quem não está sujeito a isso? Todos estão, mas pensar tanto no tema aleija a vida... Viva, meu amigo! *Carpe diem*... Honre os seus mortos vivendo por eles com a serenidade que você lhes deseja — disse eu em um rasgo poético.

— Eu deveria, não é verdade? Mas não é de minha natureza... Acho que poucas pessoas pensam realmente na morte. Se ela não poupa os recém-nascidos que são inocentes, ou os idosos que são indefesos, como posso eu, que não sou ingênuo ou inofensivo, não temê-la?

— Não me refiro à ausência de temor, o que quero dizer é que você não deveria colocá-la sobre um pedestal. Você está vivo! Pranteie os que se foram, mas não morra por eles! Sua tia não iria desejar que você sofresse por ela! Ela queria o seu bem. A melhor maneira de homenageá-la é posicionando-a em um patamar mais elevado que a morte. O jeito que você está lidando com esse evento, faz parecer que a morte é mais importante que ela.

— Eu entendo a sua lógica, mas quando se sente da maneira que eu sinto, se morre todos os dias. É como eu lhe disse uma vez, a morte nada mais é que a vida em um momento de fúria. Se eu estou vivo, é impossível não me sentir nadando em um rio de crocodilos desleais. Quando menos se espera... nhac!

"Não é a morte que tem mais importância que minha tia... é minha tia ter morrido que tornou tudo mais triste do que a certeza da existência da própria morte. O fato de minha tia ter falecido tornou-a ainda mais relevante do que quando viva. É estranho isso, não é? Parece que acostumar-se às pessoas é um desrespeito..."

Eu suspirei, era impossível convencê-lo de alguma coisa. Ele sempre tinha algum argumento para manter-se naquele estado. Aquela condição parecia alimentar não apenas a sua inspiração, mas a sua própria alma. Acho que ele precisava ser triste, precisava sofrer, como se buscasse punir-se por ser quem era.

— Deixe-me lhe contar sobre o que fiz hoje — disse o meu amigo, me fazendo perceber a necessidade que tinha de falar.

— Vá em frente! — encorajei.

— Hoje fui à casa de minha tia, eu e minha mãe. Você não sabe o que senti quando entrei ali... Havia um vácuo gigantesco naquele lugar. Toda a casa era como um portal para o passado. Cheia de fotos antigas, de objetos que vi na infância.

"Já entrei ali por muitas vezes, mas jamais reparei com tanta atenção nos detalhes. Quando eu ia visitá-la ela tinha a mania de sempre atrasar a minha partida com algum pedido. Às vezes me irritava, hoje me arrependo por isso... Não era raro que ela pedisse para cortar as unhas dos meus pés... Dá para imaginar! Então, por carinho, eu permitia, e ela trazia uma pequena bacia com água para que eu os pusesse dentro... Ela dizia que as unhas amoleceriam assim...

"Eu sentava no sofá, ela em uma cadeira, e uma a uma, minhas unhas eram cortadas com muito cuidado. Quando ela não enxergava, eu tinha que segurar uma lanterna para iluminar os dedos, mesmo de dia. Que saudade desses momentos!

“Hoje ela não estava lá, amanhã também não estará, e nunca mais.

“Eu abri as gavetas e vi suas roupas dobradas, todas cheiravam bem, havia sabonetes entre os tecidos. E vi o fogão onde ela esquentava o café para me servir. Sentávamos à mesa, comíamos pão com manteiga, às vezes ovos fritos...

“Eu andei pela casa enquanto minha mãe varria o quintal, e não consegui vê-la morta na cama do hospital, a vi andando por ali, com aqueles passos calmos, um tanto desequilibrados, e quase pude escutá-la me pedir para ficar mais um pouco.

“Ela morava sozinha, era viúva, não tinha filhos. O marido tornou-se inválido devido a uma operação de próstata malsucedida, creio que foi erro médico, pois nunca vi alguém apresentar problemas cerebrais depois de uma operação dessa natureza. Deve ter faltado oxigenação durante a cirurgia... Quem sabe?... Ele faleceu alguns anos depois, sentado em uma cadeira de balanço.

“Não irei esquecê-la... se o fizer, ela morrerá duas vezes...

“Não vou lhe perturbar mais com esse assunto! Sorte minha que você tem bons ouvidos, mas não quero abusar...”

Admito que me contive para não chorar, meu amigo conseguiu me atingir com toda aquela dor. Sua narrativa era imbuída em tanto sofrimento, em tanto saudosismo, que pensei em meus próprios familiares, até me condenei por não lhes dar a atenção que certamente mereciam.

Shakespeare põe na boca de Hamlet a afirmação de que após a morte o resto é silêncio. É verdade, mas pensando bem, não creio que esse silêncio seja apenas para o morto, para o vivo também é, que permanecerá calado por jamais ter dito a quem amava o que deveria quando teve a oportunidade.

Bem, o que sei, é que o plano de autodestruição do meu amigo se havia fortalecido em razão daquele pungente capricho da vida. Como se por uma irônica e trágica intervenção divina, de repente, tudo houvesse se tornado pior.

“Nada está tão ruim que não possa piorar!”, era o que ele sempre dizia.

Agora, só lhe restava a mãe, e dela ele deveria cuidar com solicitude, altruísmo e equilíbrio. Se já o fazia dantes, se tornara ainda mais necessário.

Sem dúvida que aqueles tristes episódios – o do falecimento da tia e o do estado de sua mãe – serviram apenas para confirmar o que em sua mente já se havia tornado inevitável, obrigatório.

Por motivos alheios às nossas vontades – asseguro que oriundos dos onerosos encargos da vida – perdemos o contato aos poucos, já há bastante tempo não nos vemos ou conversamos com tanta frequência. No entanto sei, como sei quem sou, que tudo em volta do meu amigo poeta, e no cerne de seu espírito, ainda contribui para que a dramática decisão tomada seja posta em prática. Ele só aguarda pacientemente o momento certo.

Sei também que, devido as circunstâncias, as dúvidas contumazes não mais insistem em inquietá-lo, a saber: morreria gradativamente – aproveitando a vida enquanto escreveria seus poemas com o material que dela colhesse –, ou acabaria com tudo de uma vez, como o pobre Werther?

Não! Não havia mais indecisão! Ele continuaria a escrever seus poemas, seus contos macabros e lúgubres romances. Continuaria a arrastar seu corpo enfraquecido e sua alma trêmula pelos cemitérios em busca de inspiração. Viveria dos afagos da noite, dos beijos da lua, dos colóquios com a brisa madrugadora, de recordações. Esperaria pela morte de sua mãe, e só depois tiraria a própria vida. Conhecendo-o como o conheço, sei que essa foi a escolha.

A certeza que ele possuía, além da que atestava a robusta presença de sua absoluta falta de adaptação à existência, era a de que desejava produzir sua arte escrita tanto quanto almejava morrer. E a certeza que eu tenho, leitores, é a de que ele ainda permanece vivo, escrevendo como se condenado às letras, vagando pela letárgica escuridão noturna do pequeno apartamento, lamentando-se pelos equívocos do passado, praguejando contra a realidade, dando tudo de si nos cuidados com a mãe. Só não sei até quando... e nem ele.

Enfermo

Não, eu não esqueço. Eu não supero.
O tempo não apaga, apenas desloca,
faz descansar em uma sombria toca
o que acorda quando menos espero.

Eu absorvo o que jamais me absolve,
pois nenhum distúrbio se soluciona,
eterniza-se no mal que proporciona,
qual doença que cresce, desenvolve.

Sabendo que sempre foi desta forma
tenho a vindoira aflição como norma.
Como uma atroz e compulsória lei redigida.

E distancio-me, para evitar o dissabor,
do que poderia até ser um novo amor,
mas que fatalmente será ceifado pela vida.

Fronteiriço

Lastimoso fardo é quando o sorriso cansa,
mortifica-se, e o desconsolo desabrocha.
Converte-se o universo em infinda rocha,
que, pesada, repousa sobre a esperança.

Alastra-se o verniz da noite a sorver o dia,
e se embuça o meu olhar em crepúsculo.
Empalidece o entusiasmo em todo músculo
prostrado ao catre da imutável monotonia.

Então, do sinuoso perímetro do horizonte,
lúgubre, desponta uma nebulosa ponte,
como sedutor convite à travessia sem retorno.

E quase se decide minha aflição selvagem
a ir-se em solitária e definitiva viagem
navegar pelos densos rios de meu sangue morno.

Ternura

Assentados sobre um velho banco,
acarinhava eu sua delicada espalda
tal se fosse o ávido braço uma cauda
a enlaçar cada macio e níveo flanco.

À borda de um lago bonançoso
acinzentados pombos esvoaçavam,
e nós – duas almas que se davam –
ali seguíamos em afago caloroso.

Revoltei-me ante sua entrega inconstante
e argui curioso acerca do olhar distante:
– Que há? Por onde seus pensamentos ecoam?

E o meu amor, sem do céu os olhos desviar,
um sorriso entreluziu, antes de a mim regressar:
– Penso no que conversam os pombos enquanto voam.

Rejeição

Não me rogues por tão descabido ato,
nem com olhos que abalroam tristes.
Ignoro por que diligentemente insistes
em cobiçar a quem faz-se tão insensato.

Creio que tens tendência masoquista
em arrebatar-te por um ser tão nietzschiano,
que alcooliza-se num dia mais que tu ao ano
e além de tudo ainda diz-se ateísta.

Não percebes que a escolha correta
— tendo tu a virtude do raciocínio —
é guardar lonjura do perigo?

Meu coração está aniquilado,
destarte, como posso encantar-me por ti
se nem amor detenho mais comigo?

Pontes

Nos finais de tarde, quando o lume principia cochilar,
extenuados pássaros no céu arquitetam uma ponte
na qual a lua, bocejando, desliza sobre o horizonte.
Por láctea alfombra de penas pondo-se a atravessar.

Dedicam-se as aves, aos trinos, a das asas desenrolar
suave alcatifa plúmea, para que a noite, qual rainha,
solenemente andeje e guie a treva que se avizinha.
Podendo a extensa cauda do nuvioso vestido arrastar.

E, tendo servido ao brotar do exordial crepúsculo,
cada emplumado súdito ao seu ninho minúsculo
recolhe-se. Pois morcegos e corujas anunciam chegada.

Estes, solitários filhos da notívaga melancolia,
são os que após terem desfrutado da ausência do dia
nas espaldas conduzirão as labaredas da alvorada.

Terminal arquejo

Alforriar-se-á o vigor no cerne imerso,
em viscerosa e contristada arfadura.
Murmurado bramido de cabal ruptura
entre a morrediça criatura e o universo.

Ir-se-á a matéria de senil desenvoltura
abarcada às mortalhas de cada verso.
E lavrado à gleba pousarei submerso
sob o mármore e bronze da sepultura.

Ir-me-ei oculto em tábuas, à fossa levadas.
Aos lábios da indiferente leiva entornadas
qual espessa taça de amargo vinho contido.

E embriagar-se-á o sombrio e eivado canteiro,
degustando prazeroso com paladar carniceiro
ao pútrido néctar de cada veia sorvido.

Estradas

Mais do que tudo o que fora ocupa,
o que cá dentro acha-se, vivo recheia.
Aprisionado no peito, envolto em teia
que decepções e angústias agrupa.

Eis o segredo de meu silêncio distante.
Da estranha mudez que se oculta reclusa
na essência da carcaça de história confusa.
Carne lotada de intensa reflexão constante.

Na esperança exausta que se arrasta como lesma
rege a atrofia que tudo destrói, menos a ela mesma.
Eterna maldição de quem em tudo se aprofunda.

E guardando vastas porções das caminhadas
tenho em mim a completude das estradas
construídas na memória, em inquietação fecunda.

Término

Com a enamorada e impetuosa saliva
da acesa paixão que infinita ardia,
reguei a rosa que ao amor se abria,
entregando-me em ânsia compulsiva.

Em infinitos beijos colhidos com cuidado
das duas pétalas rubras, aveludadas,
que de sua boca brotaram molhadas,
ofereci a vida em cada lábio apaixonado.

Porém, a flor que mais graciosa floresce
é a que mais rápido definha, empalidece,
pois a perfeição lhe subtrai demasiada energia.

E sendo o amor um pássaro que a vida solta
sem esperar que em sua partida dê a volta,
este, às vezes, desaparece, quando jamais deveria.

Desabamento

A torre que edifiquei em ornato belo
sobre o solo encantado do amor
ruiu com estampido ensurdecedor
e por terra trouxe o colorido castelo.

Tamanho foi o calamitoso fragor,
Que, do sol, cinza tornou o amarelo,
rachou o céu como se um martelo
abalroasse colérico com todo vigor.

Sob escombros faleceram sonhos mutilados,
cobertos por toneladas de mágoas, soterrados.
Taciturnos partiram lépidos, atônitos, sem acreditar.

E dos alicerces retorcidos sobraram as vigas
que ainda hoje permanecem. Por mais antigas
ainda erguem-se, para não se deixarem olvidar.

Temeroso

Do amor, minh'alma persistia esquiva,
longínqua, precautória a se manter.
Hoje, devotada entrega-se a arder,
pois que aos lábios teus atou-se cativa.

Méleo grilhão brando faz-se o ósculo teu,
que vestido pelo beijo por mim dedicado
enleva-se, entregue ao desejo partilhado
de duas bocas que em uma se converteu.

Penso em como será, antes de tristemente ser,
o infausto desenlace que arrisca-se a acontecer.
Afastamento ao qual cada um vê-se ameaçado.

E nesse ominoso, infindo e doloroso instante,
foge-me a concórdia que evidencia o amante
e quase arrependo-me de me ter por ti encantado.

Descabida

Blandície aos olhos é vossa formosura,
em cútis enamorada suscita arrepio.
Contudo, em vós, sei que no imo arredio,
resfolga atroz uma álgida pedra dura.

Nas noites minhas, por vós despertado,
nas quais insone mantive-me esperançoso,
convenci-me a posteriori, deveras pesaroso,
não valerdes sequer um minuto acordado.

Se desfrutais do enleio dos que a vós veneram,
a ultrajar o bem-querer que estes expuseram,
o porvir vos trará, destarte, desventuras amiúde.

E entendereis, tardiamente, o ardil da mocidade,
que perpétua aparenta ser em sua transitoriedade,
ao verdes vosso menosprezo em companhia da solitude.

Incorpórea

Ergue-se, qual vaidosa haste de lírio,
teu adelgaçado e gracioso pescoço,
a causar-me ao frio peito alvoroço
em cálidos anseios de doce martírio.

O excelso paraíso de ti é parco esboço.
Das torpes dores minhas tornas-te colírio
quando ao sorrir embebes-me no delírio
que enseja a um velho sentir-se moço.

Afetuoso sonho que desponta distante,
que de olhos cansados erige-se diante,
qual casta e intocável bruma sacrossanta.

E sob a forma de uma donzela incorpórea,
de face aveludada em tez quase marmórea,
envolve-me o desejo como reluzente manta.

Partida

Trouxe-lhe rosas. Nacos roubados
do solo que testemunhou quieto
o mormaço do soberano afeto
que nos governava enamorados.

Pondo-as no leito de seu repousar,
esperançoso, contudo inteirado
de que ali quedariam ao seu lado
sobrevivendo ao derradeiro olhar.

Então, célere expirou pacífica ante mim,
envolvendo minhas mãos, ainda no fim,
com viva robustez, todavia já débil a arquejar.

E naquele instante de veemente tristeza
constatei com inquestionável certeza
que, como eu, até as flores estavam a chorar.

Aparição

Profunda, a noite usurpou-me o lume.
E foi atônito, em escura ânsia desmedida,
que na curva de uma esquina surgida
o meu olfato perdeu-se de seu perfume.

Mas seu rastro segui, qual perdigueiro
cujo faro dedicado e impávido persevera
em buscar tão doce e brumosa quimera
que bailava noturna como luz de candeeiro.

Um vaporoso lençol cobria-lhe a anatomia,
ocultando-lhe, por vez, na face a fisionomia
que tênue pintava um sedutor sorriso de menina.

E insano, obstinado segui pela rua embaciada
explorando os refúgios lúgubres da madrugada,
enamorado de um fantasma em forma feminina.

Musa

Vasto e casto é o bem-querer meu
– do romantismo, segunda geração.
É ternura que soergue em adoração
a senhorita que o amor concebeu.

É afeto que pousa a diva em apogeu
sobre o pedestal. Doce vestal envolvida
pelos melífluos sonhos da devotada vida
que a ela este vate indigente ofereceu.

Inviolável, preservo a excelsa musa venerada
ao peito, qual deusa com abnegação idolatrada.
Inspiração eterna da trova que de mim emana.

Deidade que orna as quimeras deste bardo
como serena fragrância e apaixonante fardo.
Impalpável sonho. Sublime presente do nirvana.

Inalcançável

Colher de si o vocábulo conciso,
expressar-se, tal como se sente,
por mais que tão deveras tente
sai-me o poema ainda impreciso.

Da ânsia que exprimir se deseja
na comoção tornada soneto,
o inútil alfabeto faz-se obsoleto
e eco se torna no que verseja.

Laboriosa exatidão em vão buscada
que ludibria sobre a lauda rabiscada
o sentimento, tal se nela em nacos ele estivesse.

E quanto mais à escrita dor imponho
traduzir a emoção mostra-se sonho,
que realizar-se impossível ainda permanece.

Teus cabelos

Tocar-lhes, entre meus dedos tê-los
qual pássaro que repousa na palma,
e nas carícias entregar minh'alma
em troca de tão perfumados pelos.

Deslizar-lhes por endurecidos calos
como fármaco que se põe em chaga,
e as feridas curar com a paz que afaga
a vida e seus martirizantes abalos.

Em um plácido instante efêmero, ressuscitar,
adotado pelo sonho que atreve-se a despontar
alvorecendo a noite, que silenciosa aquieta a fera.

Por mechas, como que perdendo-se no mar,
ir-se, imerso em fantasia e rejeitando despertar.
Ao compasso da pulsação, que adoração reverbera.

Positiva

Não se ouviu de seus lábios uma ofensa
que ornasse a existência com agrura;
se existia, carregou para a sepultura,
com o rigor de uma indestrutível crença.

Sequer um protesto diante dos suplícios
que a vida impingia cotidianamente,
ou parco queixume, que insurgente,
de um inconformismo exibisse indícios.

Viveu a opulência dos instantes desfrutados
como se os dias fossem doces presenteados
à gula de quem satisfazer-se jamais conseguiria.

Aproveitou a vida com apaixonado amor,
dela, extraindo o mel, qual abelha da flor.
Deixando-me órfão de sua inalcançável sabedoria.

Intocável

Sois o doído desejo recluso em utopia.
A intocável estrela de graciosa alvura
que ergue-se em inalcançável altura
e dos doces sonhos meus se distancia.

Sois, no céu do orate pensamento meu,
excelso zênite infinitamente afastado,
cujo esplendor inflamou-me encantado
em brasa. Que pelo amor soprada, ardeu.

Longínquo e idolatrado luzeiro erguido
que do firmamento resplandece proibido
às carícias minhas. Que em vós seriam obsessão.

Orbe cálido que cinjo na translação de um abutre,
como iludido servo que, faminto, ao delírio nutre
de ser digno, algum dia, de vossa oferecida atenção.

Dor e Consciência

Madrugam meus olhos em noites acesas,
e em suas contínuas e penosas vigílias
apodrecem na face como velhas mobílias.
Lá recostam exaustas lágrimas presas.

Qual duas combalidas cadeiras quebradas,
opacos, alojam a Dor e a Consciência,
lado a lado, entrelaçadas em essência.
Cativas nas mortalhas das pupilas dilatadas.

Sobre as incômodas almofadas das olheiras
reclinam como um par de abatidas caveiras.
Na ardência enlutada fazem que o sol anoiteça.

E nos inúteis ganidos que deles despontam,
surgem dois ébrios que insones se afrontam,
aprisionados, no bar de uma perturbada cabeça.

Talho

Roubou-lhe pingos da carmínea seiva
a estilha do rompido cálice de cristal.
Do indicador vertendo o caldo vital
que orvalhou sobre a atapetada leiva.

No vinho meu, mergulhou sem censura
o talhado dedo, com feiticeira graça.
E o amargo do líquido de minha taça
doce ficou com as gotas de sua incisura.

Num arroubo de galanteria exaltada
sorvi da purpúrea poção dulcificada,
que dormitava sobre a minha trêmula palma.

E magicamente, da vítrea borda tocada
pela minha desprotegida boca ressecada,
senti derramar-se na saliva sua umedecida alma.

Parasitas

Ávidos se foram colhendo, se subtraindo,
tirando do outro o que para si ansiavam.
Alimentando-se da fantasia que criavam,
cada qual à própria realidade mentindo.

Mas os retirados quinhões desta coleta
não eram um todo, tampouco inteiros.
Vácuos preenchiam ambos os canteiros,
pois a essência dos dois era incompleta.

Áridos tragavam da artéria emocional
em um indigente vampirismo bilateral,
sugando-se em mútuos parasitismos consentidos.

Ao final, quando não restava mais nada,
abandonaram-se, olvidados pela estrada,
percebendo depois sempre terem sido desconhecidos.

Descanso

Rodeavam-lhe velas e flores em coroas,
penosos cicios e sentidos murmúrios.
Pareceres contritos, por vez espúrios,
emitidos pelo ajuntamento de pessoas.

Pousado acima de um gélido suporte
como herói em adornado pedestal,
cobria-lhe fausto vestuário formal.
Era silente rei destronado pela morte.

Em garboso leito regiamente perfumado
– em vida, luxo igual jamais experimentado –
prostrava-se manso. Agradavelmente ocioso.

E pela janela entreaberta mudo invadia
um facho de sol que sobre sua face ruía,
acarinhando um discreto sorriso misterioso.

Vigília

É numa hostil cama que deito,
cinza qual eivado floco de neve
que a regelar jamais se atreve
o mormaço que me bate no peito.

No sossego que se faz breve
e não converte-se em efeito,
rapta-me o sono neste leito
a insônia que não prescreve.

Alguns nascem para à noite repousar,
para recostar ao escuro e dele utilizar
a narcótica mortalha que aos olhos derroca.

Mas outros, luzidios e cálidos persistem,
repletos de reflexões que vivas insistem
em despertar a fera que rosna em sua toca.

Recomendação

O que hoje por demais te aproxima,
mais tarde é o que fará distanciar.
Se agora minha angústia te fascina,
no futuro te levará a me abominar.

Na poesia lida, admirada e refletida
que desvelo em alto grau te desperta,
vai a perniciosa advertência contida
de que o poeta sua dor não acoberta.

A sombra que te resguarda do mormaço
é a mesma que estrangula em seu abraço
a cintilância que desvanece em tristeza.

Como a poesia que frutifica deste bardo
é a mesma que robustece um duro fardo,
por mais que nela apresente-se a beleza.

Inspiradora

Qual urna que se fecha vagarosa
a mansa noite range a dobradiça
e ao sol cobre com veste mortiça,
a confinar-me em treva pesarosa.

Oferece-me seus lábios funestos
como presenteada flor tenebrosa,
e a beijar-me com doçura zelosa
inspira meus compungidos restos.

Como diligente professora de caligrafia
envolve-me a curva mão com sua mão fria,
a ajudar-me a nutrir laudas com tormentos imersos.

E a soprar brasas de sentimentos menestréis,
que de mim fluem e ruem aos níveos papéis,
incendeia as letras da memória, que ardem em versos.

Tétrico

Uma sombria cela, as trevas de uma viela.
Bem mais amo o que da escuridão emana
do que da luz irrompe e aos olhos inflama
em resplandecência estrondosa e tagarela.

Uma casa abandonada, uma sepultura cavada.
Enleva-me deveras mais o torpor da caligem
que a violência do lume cuja mísera vertigem
açoita as pupilas na sórdida sanha da alvorada.

Traz-me o fulgor ígneos prantos impingidos,
qual cerume de círios vigorosamente aquecidos,
que, corpulento, desaba dos covis que exibo à fronte.

E é no abismo que encontro o sublime conforto
do inferno enterrado no peito, como um morto
que ressuscita inspirado ante cada escurecido horizonte.

Asfixia

Mal sabes tu os abalos que em mim causas,
tampouco os sonhos tão vívidos que despertas
quando o alvo sorriso que docemente ofertas
ao meu humano peito despedaça sem pausas.

Desconheces tu o estremecimento que suscitas
nos cravejados alicerces da cultivada severidade
que erigi como salvaguarda contra a afetividade,
quando em mim exortas férvidas febres infinitas.

Insônias tamanhas trazes às madrugadas solitárias
que até as infindas estrelas tornaram-se solidárias
às lamúrias irrefreadas do insatisfeito desejo meu.

Tão estranhamente este coração transfigurou-se,
que nas costelas, apertado, parece que avultou-se
e ofega sem espaço aspirando pulsar no peito teu.

Pés

Gélidos, saía-lhe pelos alvos lençóis,
qual indecorosas línguas distendidas,
cada lívido pé de unhas escurecidas.
Anêmicos, como luas que foram sóis.

Imóveis, tal endurecidos cascos,
que erguidos, apáticos e silentes
exibiam-se estáticos, indolentes.
Estoicos, qual vultosos penhascos.

Graciosos dedos perfilados em níveos panos,
como se somassem os cruéis vindouros anos
que das mãos minhas permaneceriam distanciados.

Levada foi a sua carcaça inerte e torneada,
que sob a tela evocava a uma serra nevada,
da qual tempestades fariam meus dias congelados.

Nas macas do necrotério

Perfiladas, lado a lado, quase em reunião,
prostram-se frias as vis estruturas vazias
como cediças e perturbadoras analogias
de ensolarados dias que noites se tornarão.

Acamadas, inertes, permanecem silentes
como alquebrados enfermos terminais
de cujos leitos não se levantarão jamais.
Ali dormitando aliviados, até indiferentes.

Carnes outrora saturadas de prolixidade
que embriagadas no formol da saudade
coroam metálicas armações retangulares.

E lá esperam, pacientemente encobertas,
serem inumadas sob as terras desertas
de seus vindouros descansos tumulares.

Arrependido

Margeia compungido meu sepulcro
um estoico e majestático anjo tetro,
cujas mãos cingem um afiado cetro
que crava-se agudo em meu fulcro.

Guarda meu repouso sob túnica obscura,
qual zelador insone que cuidadoso vigia,
este despótico vulto que colérico escoria
o granito frio de minha puída sepultura.

Outrora levou-me ao seu reino sem regresso,
porém agora tão lastimoso com este excesso
mantém-se inconformado e arrependido.

Pois só tardiamente percebeu a imprudência
de não ter resguardado suficiente paciência
em deixar-me por mais tempo ter sofrido.

Reticências

Cinco da manhã, a chuva arranhou minha janela
como gato que ao sol matutino volta cansado,
exigindo que por ele eu ainda esteja acordado
para ser recepcionado com atenciosa cautela.

Contra a resistência dos vidros perseverou
indignada. Em lágrimas e débeis arranhões.
Cuspindo relâmpagos até bradou trovões,
mas desistiu, e cansada, aos poucos parou.

Na maculada vitrine que a mim expunha
deixou a úmida impressão de cada unha.
Na poeira rabiscou seu iracundo desprazer.

Em resignado silêncio suavemente escoou
ao parapeito, e, ali, três lágrimas depositou
como reticências. Por nada mais ter a dizer.

Desalento

Aspirações e sonhos em demasia
carrega o sol quando desabrocha.
Do índigo vergel, qual uma tocha,
abrasa suas pétalas a nossa utopia.

Abre-se o diário da férvida manhã
aos registros deste vil corrente dia,
que traça com sua negra pena fria
a insignificância de uma história vã.

Perdidos em si, cá dentro germinamos
os grãos lavrados dos repetidos enganos.
Que por lágrimas regados, rompem em esperança.

Mas à noite, quando o falaz sorriso silencia,
mais vigoroso inflama o desânimo que vigia,
qual afaimado monstro que abocanha uma criança.

O tempo das flores

Rosas aniquilei para vos oferecer.
Para que em líquidos estragados
seus caules fossem aprisionados
e sob vossos cuidados apodrecer.

Saqueei a esplêndidos canteiros,
qual césar de desalmadas hordas
que com sicárias mãos calhordas
jubiloso extinguiu vergéis inteiros.

Para vós, tão dedicadamente, a cada dia
a efêmera formosura da pétala eu trazia,
que morrediça e sequiosa ligeira expirava.

Mal sabia eu que conosco assim seria.
Que o tempo das flores era uma alegoria
da inesperada decepção que se avizinhava.

Preto e branco

Preto e branco, uma fosca melancolia
como num filme francês dos anos cinquenta.
Abrem-se os olhos e a neblina rebenta,
logo pela manhã. E esfumaça-se o dia.

Estabelece-se um ritmo alucinogênico.
Um fugitivo torpor autista que aparta
de tudo, separa-se, de silêncio se farta.
Um eremítico recolhimento patogênico.

Torno-me plúmbea nuvem indiferente,
remoto algodão suspenso, transparente.
No infindo firmamento chuvoso cravejado.

E debato-me em letras, como posso,
qual náufrago agarrado ao destroço
que num mar de frases sucumbe afogado.

Monstro

Pálido, congelou diante do monstro, que estancou.
Ambos estáticos arregalaram as túrbidas pupilas,
e frente a frente, com a escuridão a descontraí-las,
viram-se. E cada face, à meia-luz, a outra encarou.

Morosos tocaram-se nas ásperas pontas dos dedos.
Ao mesmo tempo. Em insólito e harmonioso gestual,
que, sincronizado, quase evocava a um ensaiado ritual
no qual ambos não eram dois, mas mútuos arremedos.

Um idêntico vestuário, a mesma expressão de pânico.
Equivalente até fazia-se um perplexo sorriso satânico
que acentuava-se na angústia de cada olho vermelho.

E escorregando a trépida mão pela superfície gelada
percebeu que a disforme criatura de fronte assustada
era o seu próprio semblante reproduzido no espelho.

Irremediável

Virão ainda as lágrimas não choradas
nos soluços de um silêncio agressor,
e no doído peito em incontido ardor
mudas não mais caberão guardadas.

Férvidas surgirão em choro sem pudor
esbravejando infindas algias exaltadas,
que de esbraseados olhos derramadas
verterão pela face salso sangue incolor.

Pois derrete-se em líquidos tormentos
a vil chaga dos reprimidos pensamentos,
que, febris, de súbito ebulem por se libertar.

E por mais que o pranto se engula,
enamorado com a tristeza ele copula,
parindo gotas que não se deixam aprisionar.

Fim de peça

Esgota-se a peça e cerra-se a torpe cortina
sobre o inerte corpo de já hostil aparência.
Ocultando sob o repulsivo tecido a olência
que nos aflitos olfatos pútrida se dissemina.

Silencia, sem aplausos, a assustada plateia
ante o prostrado ator no palco da calçada,
cuja atuação foi repentinamente finalizada
antes sequer de experimentar uma estreia.

Vão-se tarde os anônimos — ou em demasia cedo —,
pois é inevitável que encerre-se o pífio enredo
da obra que para todos é severamente redigida.

E os vitimados intérpretes tristes despedem-se.
A cada passo dado, de seus papéis perdem-se,
esquecidos nos tablados do funesto teatro da vida.

Compor

Com a tintura negra da argêntea caneta
verto a seiva da azedia que não coagula,
qual látego que a ebúrnea lauda macula
com a pujança de uma assassina marreta.

Do abismo de minha emocional medula
arroja-se um abrasivo e rebelde cometa,
que lavra o encéfalo como uma picareta
plantando poesias que com a dor copula.

Das mãos fogem-me letras escondidas,
que entre dedos ardiam comprimidas
efervescendo por deixarem-se escrever.

E qual sangue de doída chaga aberta
que a inflamada inspiração liberta,
nas lácteas páginas põem-se a escorrer.

Desesperança

A fraude sorri no triste semblante,
pois recôndito atrás do alvo cenho
o cancro da dolência que retenho,
como coração, guarda-se latejante.

Das duas extintas estrelas gotejam
as lágrimas que a fronte evidencia.
Embebem o presente que vivencia
o passado em mágoas que sobejam.

Acídulos momentos, inolvidáveis,
que se estendem por imensuráveis
grilhões infindos, no horizonte perdidos.

Acorrentados à dor que paz anseia,
qual mosca que debate-se em teia
com esforços já em demasia exauridos.

Teimoso

De si para si, ecoou a cautelosa voz
que receosa sussurrou-lhe à cabeça
“Não se arrebate, sóbrio prevaleça.
Uno permaneça, não se torne Nós.”

Porém carente, sonhador e teimoso
o enamorado aedo não deu ouvidos.
E seus castelos ergueu já submetidos
à queda futura. De estrondo ruidoso.

Embusteado vate, agora o que te resta?
Um enfermiço cartaz que atrás da testa
adverte contra o movediço terreno.

Ludibriado bardo, hoje o que te sobrou?
Uma greta no peito pelo qual naufragou
o coração. Afogando-se em frio veneno.

Encantado

Quando recosto-me à macia almofada
que sobre o leito expecta a sonolência
a espertina abate-me em vil influência
ao trazer-me vossa imagem recordada.

Arrebata-me ao peito em penitência
a argêntea palidez da noite enluarada
que em fachos acarinha a madrugada
com silentes serenatas de dormência.

Tirânica hierofante que é a insônia,
goteja a quietude com parcimônia
legando frestas nas quais instala-se o inferno.

E resta-me – à apartação do descanso –
ter ao intelecto vosso sorriso manso,
e solitário devanear em fascínio eterno.

Beijo

Com ancestrais braços onipresentes
enlaça-me a alabastrina dama gelada,
sussurrando em minha orelha eriçada
apaixonantes declarações indecentes.

Qual ciumenta e enamorada consorte
de veste negra como hábito de freira,
lanha-me a pele com mãos de caveira
trazendo o desbotado afago da morte.

E abatendo-me em hercúleo cansaço,
aos poucos, com autoritário abraço
sufoca-me em extenuado arquejo.

Então, com frios lábios deitando
sobre meus lábios, já agonizando,
presenteia-me um último beijo.

Inspiração

Ovula em permanente inspiração
o cancro do qual cada letra nasce,
e como se as costelas harpeasse
em toadas constrange o coração.

Dele rompem as fugidas reflexões
que em sorrisos não se convertem.
Lágrimas escritas às laudas vertem
imergindo o peito em lamentações.

Fecundo em papéis estuprados
disformes conteúdos abortados
da essência de uma enfermidade.

E com a violência dos revoltados
arremesso em textos vomitados
o estigma de minha insanidade.

Castiço

Orla o morbo litoral dos pensamentos
um tempestuoso e entranhado oceano.
Meu salgado pélago cefalorraquidiano,
cujas vagas trazem náufragos lamentos.

As assíduas rajadas deste mar revolto
— que às vergastadas o cérebro embebe —
patogênicas desconsolações concebe
a cada aziago escrito em trevas envolto.

Bastas e álgidas fronhas caliginosas
que alastram-se em pulsões vultuosas
ao encéfalo encobrem, qual barrete abafadiço.

E em escumas de celulose aportam
sentenças, que pretéritas algias exortam
em enfastioso e arrogante vernáculo castiço.

Nada

Ofega o vazio intelectivas asmas,
e eu, quando ao eu aproximado,
do "outro" guardo-me distanciado
na solitude repleta de fantasmas.

Arde a reflexão peçonhenta azia.
E na estrada dos passos perdidos,
exaurido, ante os lestos anos idos
sangro risíveis detritos de poesia.

Em intransigente dubiedade imerso
pergunto-me quanto vale um verso
– desses que irrompem de madrugada.

E com sarcástica certeza e iniquidade
responde-me a rude transitoriedade
do zênite de sua vil sapiência: Nada.

Borboleta

A cor que do preto e branco destoa
pincela a brisa com flexível pirueta.
Asperge uma policromática silhueta
como pétala de uma rosa que voa.

Cortês lepidóptero, grácil pintor aéreo,
que equilibrando-se em flor, repousa,
e tal qual se estrela fosse, nela pousa.
Adormecendo nos jardins do cemitério.

E nas minúsculas patas carrega
perfumes diversos, que entrega
aos bafejos da inconstante natureza.

Que sussurra múltiplos odores
aos ouvidos dos apáticos amores
despertando-os em colorida beleza.

Vergel da necrópole

Caules sorvem o que do canteiro emana,
colorindo pétalas com vestes vermelhas.
Um jardim de rosas, minhocas e abelhas,
deleitadas e nutridas com carne humana.

Fauna antropofágica, flora carniceira,
que sobre a necrópole cria um poema,
perfumando o miasmático ecossistema
com a natureza que mascara a sujeira.

E quando neste gramado deito
vêm-me os murmúrios ao peito
dos que lá também deitados estão.

Vozes remotas e abafadas
que emergem sussurradas
dos esconderijos de cada caixão.

Por terra

Na oferta da rosa colhida
— que fugaz na mão definha —
foi a férvida ilusão minha
em arraigado arfar de vida.

A euforia que ela continha
— de cálida esperança provida —
inflamou a afeição concedida
na pira que meu olhar detinha.

Mas com insensível água gelada
banhaste a bela flor presenteada
curvando-lhe o caule, que partiu.

E cada fina pétala espalhou-se
desanimada, pesarosa calou-se,
e, qual meu coração, por terra caiu.

Ao inimigo

Incômodo perpétuo e grave
em vida foste. Um vil castigo.
A assídua presença do perigo.
Cela sem janelas e sem chave.

Morreste, porém ainda prossigo
a legar-te o inesquecível enclave,
que do peito à boca galga suave
tornando-se cuspe em teu jazigo.

Prostrado, apodrecido e calado
levas as marcas do meu passado.
E comigo retenho as que ousaste deixar.

Conservam-se sobre o teu túmulo
minhas salivas em vasto acúmulo.
Prepara-te, doravante começarei a urinar.

Nubívago

Nefelibata, galgo brumosos escalões,
subo íngremes escadarias algodoadas.
E a cada nível das nubilosas escaladas
harpas ondeiam em tétricos diapasões.

Ocos ecos em ressonâncias abafadas
do torso pulsam em rítmicas vibrações,
tangendo a lira das torácicas emoções,
que soa em ébrias trovas afumaçadas.

Grises degraus encimam cerúleos pilares
qual toldados flocos dispersos pelos ares
de pálidas gravuras adulteradas e sombrias.

E derramando-se o luar por estas escadas
reverbera insânias em páginas embaçadas
partejando em letras minhas líricas anomalias.

Nós

Nos arcos de enredados nós estreitos
dobra-se a vida qual ajustada gravata.
Laços que a desprezível morte desata
por mais fortes que tenham sido feitos.

Com delgados e esqueléticos artelhos
ela rompe elos acuradamente criados,
desliga amores vivamente inflamados.
Aprisiona a dor em todos os espelhos.

Como árvore que emurchece erguida
nos arrastamos como vermes pela vida,
expectando o sequente nó a ser desatado.

E inevitável é o instante que se aproxima,
quem sabe abalroe-nos na próxima esquina
e roube o porvir que jamais será vivenciado.

Angústia

Narcótica madrugada hibernal
em que tudo é lisérgica catalepsia.
Lívida, tolda-se em aziaga anemia
e inebria como ecos de catedral.

Enluta-me em afãs nietzschianos
trazendo alcoólicas poções soníferas,
que absorvo em pelejas infrutíferas
caçando o sono por tóxicos oceanos.

Perspicaz é a flama da consciência
que arde com insone imprudência
em infinda reflexão que não se aquieta.

E enquanto a letargia cala a matéria
pulsa o intelecto como lúcida artéria
jorrando lúgubres imagens que arquiteta.

Infeliz

Os profundos sulcos pelo pesar imposto
eram expressivos e eloquentes relatos
que esculpiam intensos e dolorosos fatos
na dura e agônica biografia do seu rosto.

Tinha lacrimosos e turvos olhos oceânicos,
regelados qual um nebuloso par de fiordes,
que acomodavam odes de lúgubres acordes
já enraizadas aos seus conteúdos orgânicos.

Ele andejava como zumbi apodrecido,
da existência absolutamente exaurido.
Enclausurado a uma desventurada história.

E encarava cada metro percorrido
como mais um naco de tempo concedido
para ser atormentado pela memória.

Gótica

De lúgubre cinesia, era ela a noite em deslocamento.
Vestida de azeviche — fino tecido em tez nevada —,
lembrava à alva lua cingida pelas trevas da madrugada.
Marmórea espuma sobre mar noturno em movimento.

Com rímel aspergido — negro tal asas de corvo —,
das apagadas estrelas que vagavam pelo tetro salão
era ela a que mais irradiava sombria reverberação.
Obscuridade que diligentemente absorvo.

E a boiar em minha taça abraçada pela tendinite
vi seus enigmáticos olhos pestanejarem um convite
— puro efeito do álcool em meu equilíbrio de amianto.

“Siga-me”, o cálice murmurou sorrateiro,
porta-voz daquele espectro sinuoso, que agoureiro
convidava-me a provar de seu irresistível desencanto.

Dia

Como um vírus dissemina-se a cintilância
quando o sol ancora, vagaroso e sorrateiro,
e os raios desliza, qual a pá de um coveiro,
a preencher fendas com fúlgida substância.

Colossal navio que invade e atraca às janelas,
e traz no dorso o ofensivo peso do mormaço.
O tirano ardor de sua flava juba de palhaço
que calcina meus olhos, tal milhões de velas.

A luz do dia é o incêndio que silente consome,
é o fulgor abrasivo que a minha pele carcome
sob o tórrido cárcere de sua infernal redoma.

É o bafejar de uma febril estrela em combustão
que beija a derme, em gradativa decomposição,
impondo-lhe o desabrochar do melanoma.

Fumante

Se for o sol a ponta de um incendiário cigarro
que expele fosca nuvem de fumaça agrisalhada,
quem sabe, talvez, a lua seja o alvo filtro bizarro
que oferece-me o fatal prazer da última tragada.

Quiçá a noite seja a caixa que está a acomodar
o duto de nicotina que pende da sidérea redoma,
e doce busque, do páramo, meus lábios encantar
para a eles confiar o mortal ósculo do carcinoma.

A brisa madrugadora traz-me o infortúnio
da insônia regalada pelo pálido plenilúnio,
que atravessa a janela, derramando-se ao leito.

E na cama, exausto, sopro eflúvios cancerosos
que ao teto perfumam com vapores sinuosos,
enquanto calma tabaqueia a morte em meu peito.

Agonizante

Nas enlutadas ruínas do devastado peito
memórias nuas ainda estão soterradas,
como fantasmas de lamúrias esganiçadas
que assombram o castelo do sentimento.

Soberano coroado pelos próprios erros
sou o tétrico coveiro da paz assassinada,
que sentado ao sepulcro da sorte atraiçoada
ensurdece aos gritos do próprio lamento.

A lua não mais se comove com seu filho...
usurpa-me os raios, esmorece o brilho,
torna a noite tão escura quanto o túmulo da alegria.

E atravessado pela espada da desesperança
sucumbo no último suspiro da triste criança
que na glaciária masmorra do tórax guardada trazia.

Minhas lágrimas

Ruem as lágrimas minhas, já quase esgotadas,
como morrediças pétalas de uma rosa antiga.
Tristes flores germinadas em olhos de fadiga,
que pela memória nas pupilas foram plantadas.

Riscam a face como cera que escorre em vela,
deixando ácidas trajetórias no rosto enrugado.
As pálpebras cada pingo esmurra atormentado
tal qual o céu que pranteia golpeando a janela.

Minhas lágrimas são dores que o olhar aborta,
são vivos cadáveres que cada olheira transporta.
Refletem o luar nas gotas de tormentos derramados.

Salsa hemorragia que flui como tosse tuberculosa,
do crânio caótico expelida, em vomição lacrimosa.
Ao solo entornada vai-se, com os sonhos evaporados.

Atormentado

E com a brisa chegam-me gemidos
– recitações no sarau dos ventos.
Dos quatro cantos sopram lamentos
que se encontram nos meus ouvidos.

Aflitos arautos que uivam exauridos
suas angústias e desventuras,
narrando torturantes agruras
como lamúrias de lobos feridos.

As asas soturnas das aves noctâmbulas
trazem a praga das memórias sonâmbulas
que balançam a minha cama com violência.

E no peitoril de minha janela suja
pousa calma uma negra coruja
trazendo nos olhos a minha penitência.

Floresta encantada

A decepção pousa seu selo no amor
— pesado carimbo que o porvir avisa.
Timbre que enfático profetiza
o vindouro luto, inevitável e desolador.

E no rótulo que previne a fatalidade,
gravado está o anúncio antecipatório
que empenha-se em descortinar o ilusório.
Vil embuste transtornado da ingenuidade.

Triste dos iletrados — de ilusões nutridas —
que analfabetos de suas próprias feridas
insistem em procurar renovados tormentos.

Não decifraram ainda a placa ameaçadora
erguida à margem da floresta encantadora
habitada pelo monstro dos futuros lamentos.

Lágrimas contidas

Escondem-se intimidadas nas olheiras salientes
as amotinadas lágrimas que rejeitam escorrer.
Agarram-se aos olhos e recusam-se a morrer
devoradas pelos lábios, trituradas pelos dentes.

Azeita a ardência de cada cristalino desiludido
a tintura sufocante, transparente e salgada,
que veste as pupilas tal penosa obra pintada
na tela rabiscada do meu enlutado olhar perdido.

Purpureia a esclera – dantes alvo papel –
cada salsa letra que oculta-se revel,
embuçando palavras silentes que repelem ser vertidas.

E a frase guardada que deveria ter sido dita
protege-se na carta que na face não foi escrita.
Em cada reclusa sentença das lágrimas reprimidas.

Exéquias

Bloco tombado de granito,
prostrado ao solo, silencioso,
tal cometa que gentil e amoroso
beija a terra – manso, sem atrito.

Junção milimétrica e acurada
da tampa que abafa o repouso,
depositada em plácido pouso.
Sobre um berço frio acomodada.

E na emudecida cerimônia da lembrança
discursam olhos tagarelas, sem esperança,
com palavras que escorrem incessantes

em memórias, que como raízes cravadas
taciturnas desabrocham eternizadas,
nutridas por recordações torturantes.

Abraço

A vida dá voltas com desenvoltura,
como uma jiboia. Sufocante argola
que na carne do tempo se enrola
e o triste passado no presente sutura.

Então, regressa a asfixiante agrura
do abraço que ataca como vingança,
e tiraniza o instante com a lembrança
de toda a vivida pretérita desventura.

Dúctil réptil de aparição imprevisível,
recôndito no pensamento – invisível –,
que repentino devora o esquecimento.

E regressa o reflexo que não esmoreceu
da torturante imagem que permaneceu
de um adeus que eterniza-se no lamento.

Lusco-fusco

Cobre a noite, como onda de negro mar,
o céu. E salpica conchas cintilantes
na azulada areia – grãos fulgurantes
de sonhos que anseiam por se realizar.

Vai-se o sol beber em salobra fonte
– mergulhar em devaneios marinhos.
Levando em cada raio tíbios carinhos
que desmaiam brandos no horizonte.

O zênite faz-se de praia silenciosa.
Dorme Netuno sobre a lua zelosa,
ronquejando plácido o tímido vento fino.

E cortina-se a abóbada em langor
com serenos chumaços de torpor
que vaporosos navegam, sem destino.

Refletido no espelho

Ante o indigno revérbero perpétuo
da exausta face em que preso estou
encontro o cárcere daquele que sou.
Inóspita ruína por carne cercada.

Encarcerado ao reflexo doentio
da gelada vitrine presa à parede
jazem olhos em eternizada sede.
Detentos da álgida tela espelhada.

Infrutífero encontro que se pereniza
na confabulação muda e imprecisa
da deteriorada matéria com sua imagem.

Que em ridículas e simultâneas mímicas
concebem quimeras solipsistas, anímicas,
entre semblantes cujas dores interagem.

Horas

Fermentando dor, em agonia elas escorrem,
como rosas febris que enfermas se acamam.
Sobre a vida curvam-se, escurecem, desramam,
e puídas pelos instantes, envelhecidas morrem.

Embebidas em desânimo, perdidas se afogam,
com as mãos à cabeça, em desespero lamentam.
A cada dia partejam os remorsos que alimentam
as lembranças que cruelmente catalogam.

No oceano do tempo – de navegar impreciso –
as ondas dos anos naufragam o sorriso
e rebentam em rochosos vereditos de decepções.

E as horas, em lento voo estremecido,
rastejam esclerosadas no céu entenebrecido,
a arquejarem as torturas de suas eternas recordações.

Conclusão

E finalmente fecham-se meus olhos,
esgotados, como pesadas portas.
Duas pás que aterram ilusões mortas,
e vagarosas às pupilas sepultam.

Duas maciças tampas de esquife
são as pálpebras que cobrem as retinas.
E qual robustas e afiadas guilhotinas
eclipsam a vida. Por fim, a luz ocultam.

Meus dedos quebradiços se abraçam,
marfíneos sobre o peito se entrelaçam
no aceno contido de uma tímida despedida.

E a sulcada fronte que outrora era agonia
torna-se insensível máscara de ausência fria.
Congelada no espasmo final de sua partida.

Mensageira

Rosa que navega aflita e sem destino
pela correnteza, sem leme, sem vela,
qual solitária e perdida caravela
que segue rumo ao desconhecido.

Rubra lágrima que pelo manso fluxo
em fúnebre e líquido cortejo
leva meu apaixonado beijo
aos lábios de um amor não esquecido.

Encontre – peço – à margem distante
um doce repouso no peito ofegante
daquela que de mim não esqueceu.

E que possa cada pétala ainda aquecer
a lembrança que insiste em se esconder
naquele coração que um dia foi só meu.

Alvorada

Rabisca-se na longínqua e escura lousa
o esboço de um sol que lento desperta,
a chamuscar gravuras em tela deserta
com rúbido fulgor que agressivo pousa.

Afagam as nuvens com tórridos paparicos
sanguíneos pinceis que agressivos retratam
ruivos cabelos inflamados que se dilatam
em cálidas mechas faiscantes de maçaricos.

Estilhaços do inferno as ondas ruborizam,
como sagradas lavas que o oceano batizam
com uma picante alfombra que se estende vagarosa.

E meus olhos atingem em ofuscantes ofensas
os ferventes bafejos de fornalhas imensas.
A calcinar-me o sorriso em mais uma manhã dolorosa.

Rosa

O amor é uma triste rosa doente
vitimada pelo tempo implacável,
que em vil degradação inevitável
rigoroso a dizima gradativamente.

Aos poucos – sem se aperceber –
a cada dia se vai débil arqueando,
mas feliz persiste a si enganando
que infinda é e jamais irá morrer.

Pobre rosa que pelo afeto presenteada
perece a cada rúptil pétala arrancada
no mal-me-quer que a vida lhe impõe.

Enfraquecida – por lágrimas regada –
mélea nasce, porém se torna salgada,
e, prostrada à terra, lenta se decompõe.

Desistente

Bem nutrida e guardada na medula,
na mais íntima gruta, tal sombra difusa
que a todos violentamente corrói e acusa,
borbulha a desesperança. E ao enlevo acidula.

Ela parasita à tísica alegria, que, reclusa,
procria sentimentos débeis e derrotados.
Congela os passos sequer ensaiados
na temerosa paralisia de cada torpe escusa.

E, ao ser percebida, tarde é, por demais.
Inútil faz-se olhar para trás
e buscar remediar o que se fez.

Tampouco lamentar o que jamais foi feito,
por se ter escolhido deter a ação no peito,
covardemente, por indesculpável estupidez.

Fada

Deitei meus olhos em seu corpo a ressonar,
os pousei na harmônica curvatura da anca
– nívea concha solitária em areia branca
que o lerdo oceano se apressaria em banhar.

Inocente dormitava em perfumado leito
qual venusto quadro em estofada galeria.
Era pintura celeste que levemente tremia
com os suspiros a lhe escaparem do peito.

Adormecida fada em bosque de melenas,
acalantos são as mágicas arfadas serenas
que desprendem deste encantado dormitar.

Que se eternize esse fascinante segundo,
regele-se o tempo na ampulheta do mundo
e só despertes para meus lábios encontrar.

Destroço

Um tênue fulgor vítreo, embalsamado,
pendia à solitária flor do ermo jardim,
como soprado manto de gaze, ou cetim.
Quase lençol sobre enfermo acamado.

O palor da fria vestimenta selenita
encapuzava as pétalas acerejadas.
Cingia as acúleas farpas delgadas
como exangue e zeloso laço de fita.

No apaixonado mutismo da rosa envolvida
pelo abraço da lua, em prazer absorvida,
assisti ao plácido enlace dedicado que era nosso.

E recordei do derradeiro toque – o da despedida –
que selou tua indesejada e impiedosa partida,
tornando o melhor de nós em inesquecível destroço.

Sit tibi terra levis

Que a terra te seja leve,
pois nela não pesaste.
Em cadáver te tornaste,
frívolo, pálido como neve.

Que o silêncio te sepulte
e a covardia te apodreça.
Tua presença empalideça
e a irrelevância te oculte.

Nada falaste, nada fizeste. Nada és.
Uma estátua invisível sobre teus pés
consente o que em todos causa repulsa.

Excremento da existência que vagueia
envolto no sufocamento da própria teia.
Em tuas artérias a insignificância pulsa.

O velho cavaleiro

Outrora, cavaleiro audaz de bravura guarnecido,
blindado pelo ímpeto da justiça a qualquer custo.
Hoje, misantropo saudosista, encurvado e vetusto,
que pela atroz avalanche do tempo foi engolido.

Antes, orgulhoso. Adornado sobre corcel robusto,
imponente e galante, por imaculada capa cingido.
Agora, idoso, perícia flácida em membro enrijecido.
Armadura oxidada sobre adiposo e anêmico busto.

O eterno herói esperado pelas suspirantes donzelas,
que das altas torres choravam recostadas às janelas,
ostenta entristecido o inevitável brasão da saudade.

Pelo bosque das épocas foi-se em apáticas aquarelas,
tendo a existência vencido a mais temida das querelas.
Débil soltou a espada para brandir a bengala da idade.

Colmeia

No silencioso e encantado bosque sideral,
sobre atmosférico galho, repousa afastada
uma orbicular e argêntea colmeia iluminada
cercada por pequenas e brilhantes abelhas.

Faiscantes e flutuantes pingos metálicos
que estáticos e seduzidos mantêm-se sorvendo
do lácteo mel, que em feixes põe-se escorrendo,
qual vaporosas lãs de almofadadas ovelhas.

E busca – por trás de algodoados arbustos velejantes –
esconder-se o marfíneo alveário dos poetas devaneantes,
que dele querem ingerir o espectral encantamento.

Pois, de tanto vitimar-se por cada doloroso segredo,
vê seu nectáreo véu gradativamente tornar-se azedo,
embebido no amargor de cada pesaroso lamento.

Apatia

Da dor, como sussurro que acalanta,
vem o revérbero abafado e contido
de um langoroso e tímido bramido
que definha no abismo da garganta.

Desaparece no silêncio da resignação
todo o brado que jamais foi tentado.
Permanecendo afônico, encarcerado,
tal escravo que renuncia à libertação.

E o torpor torna-se cancro, que acolhido vicia
na afável aceitação de uma mórbida letargia,
que gradativamente enlaça e domina a consciência.

A reação desvanece, qual a imagem esfumaçada
de um disforme reflexo em superfície fragmentada,
que apodrecido ecoa uma metáfora de existência.

Um adeus

Distante vai-se o navio. Eu permaneço.
Enraizado em gélida areia que abunda,
sou estaca plantada, árvore infecunda,
que orna a praia tal apodrecido adereço.

No horizonte a saudade, e em mim o poente
– dor da lembrança que me sempre governa.
E pequenina ainda vejo a enfraquecida lanterna
da embarcação que longe se afasta indiferente.

Sinos mudos oscilam nos campanários do céu,
como vaga-lumes no teto de um frio mausoléu
que acenam calados o adeus de uma separação.

Enquanto planto os pés – sementes inarredáveis –
à terra, d'onde erguem-se meus sonhos imprestáveis.
Sou tronco seco, que se despedindo sacoleja a mão.

Poções

Em vítreas celas frias, cilíndricas e transparentes,
trancafiados recostam-se ácidos líquidos cativos.
Encontram-se presos narcóticos devaneios vivos
que só se libertam ao cavar os muros das mentes.

Detentos que dormem em estantes espelhadas,
aguardando os desejos de um remorso latente,
banham as sombrias clausuras do inconsciente
libertando angústias igualmente aprisionadas.

Represados, fogem aromáticos em lauto resvalo
pelo túnel alforriador do aplainado gargalo.
Desembocando no lago seco de um copo servil.

E lá, emboscados, permanecem esperando
a pena capital da garganta, que, se lamentando,
sorve às talagadas culpas arremessadas em seu covil.

Balões

Não são os bolos, redondos ou quadrados,
que fascinam-me com arrebatamento visceral.
Tampouco as velas, que remetem a um funeral,
erguidas sobre aparentes ataúdes açucarados.

Nos aniversários, o que mais encantam
são os níveos e rotundos balões inflados,
que parecem felizes crânios amarrados
em arames que como troféus os levantam.

E quando bailam, qual espectrais entes,
para mim, é como se acenassem sorridentes,
avisando-me que o infalível porvir se avizinha.

Trazem-me sempre o funesto lembrete
de que para a morte basta um simples alfinete
para estourar os estufados sonhos que se tinha.

Princesa

Ancestral princesa da madrugada
que embalou o sonho dos sumérios,
e cada berçário, todos os cemitérios,
observou pacífica, alva e enevoada.

Como uma luneta brilhante e curiosa,
quiçá lívido microscópio de Hermes
que acurado analisa bípedes vermes
sobre vítrea lâmina cerúlea e terrosa.

Lua, naco do planeta que a natureza separou,
mas esperançosa e dedicada cada grão ajuntou
para tornar-se a pálida rosa dos enamorados.

Peço, no alto permaneça em vigília gravitacional
a girar em torno desse sincero poema devocional
que escrevo seduzido por teus afagos encantados.

Acaso

Age o acaso com diabólica complexidade;
somos títeres em seu enigmático tabuleiro,
imutáveis vítimas de cada ardil sorrateiro
imposto à nossa manipulada casualidade.

Ele converte o tempo em um seduzido refém
e dificulta ou executa, despido de clemência,
o que bem deseja, na elaborada coincidência
aliciada matematicamente ao que lhe convém.

Em seus labirintos reina bizarra organização
que decerto escapa à nossa lerda percepção.
Tal se houvesse uma estratégia estabelecida.

E nos vemos ao seu usufruto, como fantoches,
pendurados, quase enfileirados, meros broches
presos à triste alfombra que nos estende a vida.

Eternizada

Dividido entre o desânimo e a saudade
ele repetia obstinadamente que a amava.
Segredando a cada rosa que o cercava
particulares momentos de cumplicidade.

No teatro florido do seu triste espetáculo
ele continuou sentado, a buscar coragem,
para destapar uma metálica embalagem.
Um reluzente e mórbido receptáculo.

Até sentiu o beijo que não mais existia
a enxugar-lhe toda lágrima que caía,
com calma soprado pela brisa emissária.

E ante a plateia desabrochada do jardim,
espalhou vacilante, pelas pétalas carmim,
seus sonhos guardados numa urna funerária.

Pavio

No átimo de um pestanear a vida acontece,
e entre as lágrimas do prelúdio e as do fim
o lume da existência percorre um estopim
tão curto que mal abrasado já enfraquece.

E o tempo confina-se no espaço diminuto
que germina no ventre e finda no ataúde.
Lesto o ciclo aproxima-se da completude
e de pronto desponta o derradeiro minuto.

Flameja o reduzido pavio dos instantes,
vai-se devorado por faíscas crepitantes
que tornam a vida em um transitório porto.

E quem sabe ao fim deste breve soneto
eu já me tenha convertido em obsoleto,
e nesta precisa sentença já esteja morto.

Equívocos

Brilham os olhos, é verdade, mas, por tempo curto,
pois o melífluo encantamento logo escorre fugaz
e a visceral história erigida aos poucos se desfaz,
tornando-se ao coração, um equívoco, só um surto.

Todas as carícias, beijos e sorrisos empalidecem,
qual sombra noturna de um jazigo abandonado,
e como turvos cadáveres soterrados no passado
se decompõem. Aos pés dos amantes apodrecem.

Pobres dos que se enfeitiçam pelos sentimentos
– que, transitórios, apenas concebem momentos,
instantes que preencherão os dias com incertezas.

Mal sabem os embusteados que deveras não perdura
o amor sentido, mas a nutrida e constante amargura
– dor que resgata do pretérito as presentes tristezas.

Arrebatamento

Certas canções são como pinturas
que admiro com enleados ouvidos.
Em guaches de refinados sonidos
solevam-me a enraizadas tristuras.

São amargos monumentos erigidos,
modelados nas pequenas esculturas
das harmônicas notas das partituras
que vibram dores nos sons emitidos.

E quando a consciência flagra a desperta lembrança
– chacoalhada por imagens que no passado alcança –,
arrebatado sou, em profundo lamento.

Pois ataca-me a vil memória aflorada da melodia,
tal se de meu olvido o remorso fosse um vigia.
Quiçá um fantasma com ressentimento.

Juntos

Basta-me saber que sempre anoitece
e que o sol breve ir-se-á adormecido.
Que da noite surgirá o afável ouvido
voltado àquele que de amor padece.

Com as alvas mãos no queixo frio
a lua me concederá a sua atenção.
Colherá de uma cratera o coração
e o oferecerá ao meu peito vazio.

Converter-se-ão as nuvens em lenços macios
que dos nossos olhos buscarão refrear os rios
de obstinadas lágrimas que persistem em escorrer.

E atravessaremos toda a madrugada a prantear,
eu solitário à janela e a lua ao seu luzente altar,
esmerando-se com brandura à dor do outro conter.

Lenço

Cedeu-me ela um pequeno tecido,
um fino pano de formato quadrado
emoldurado por primoroso rendado
para secar meu triste choro vertido.

Em cada aflita lágrima nele contida
repousava a inquietude imensurável
do instante inesquecível, miserável,
da inesperada e definitiva despedida.

Em minhas mãos ficou aquele presente
enquanto ela ia-se deveras indiferente
à nodosa face que enlutava o meu pranto.

No alvo lenço, que hoje guardo comigo,
ainda conserva-se ligeiramente embebido
o saudoso perfume de seu doce encanto.

Nostálgico

Recordo-me dos saudosos quintais
em que na infância já tão distante
eu brincava como inocente infante.
Bons tempos que não voltam mais...

Hoje os percebo à rejeitada terra estéril
na qual cruzes, lápides, anjos e umbrais
pincelam disformes sombras esculturais.
Encontro-os mortos à gleba do cemitério.

E nos túmulos espalhados como brinquedos
vejo as pueris ilusões, os divertidos enredos.
Lembro-me das caixas de papelão de minhas aventuras.

Eram fortalezas criadas por minha genitora,
arquitetadas com afetuosos golpes de tesoura,
nas quais eu vivenciava, sem saber, o interior de sepulturas.

Expressionismo

Onde todos viam morte, ele via poesia.
E lúgubre seguia como devoto solitário
do enfermiço expressionismo mortuário
que tão visceralmente o atraía.

Quando todos viam dor, ele via um verso.
E partejava a tétricos e bizarros sonetos
que de si brotavam tal morbos esqueletos
desenterrados do inferno mais submerso.

Em sua alma ebuliam conceitos antagônicos,
insanos e anômalos entendimentos sardônicos
originários dos reflexivos recônditos dos sentidos.

Nocivas e insólitas idiossincrasias discordantes
que em peculiares interpretações beligerantes
convertiam em arte os seus distúrbios enfurecidos.

Carpe Vino

Com a mélea poção de Dionísio
enchamos cada um a nossa taça.
E que venha o torpor que abraça
qual olente brisa do Reino Elísio.

Do Lete bebamos o esquecimento.
Deixemos exultantes, às talagadas,
as repressoras culpas embriagadas.
Inebriemos, em festa, o sofrimento!

No interstício em que Cronos dormita,
desfrutemos o regozijo de duração restrita
que nos regala a vida, em piedoso privilégio.

À concórdia, tão insólita, aproveitemos,
devoremos o parco instante, libemos!
Com a sede do pecador, em deleitoso sacrilégio.

Sarau de estrelas

São as estrelas os salpicos dispersos
de irrequietas e fulgentes lantejoulas.
Luzidias pétalas de sublimes papoulas
que enfloram letras em celestes versos.

E suscita enleio ao versejador boquiaberto
contemplar no cosmos, em laudas siderais,
a etérea obra grafada desde eras ancestrais,
por círios espalhados em um negro deserto.

No lírico sarau refulgente do céu constelado
abre-se o livro pelos olhos do poeta folheado.
Nele rutilam as luzes de sua afeição incontida.

E no sidéreo alfarrábio uma história registrada
imortaliza em poemas cada dor experimentada
pelos efêmeros poetas que passaram pela vida.

Felizes são os esqueletos

Por que me ponho tão sério
e esculpo feições medonhas
se até as caveiras são risonhas
quando ornam a um cemitério?

Quiçá o esqueleto em seu conforto,
ali, prostrado em fúnebre apatia,
sinta cômoda e profunda alegria
pelo simples fato de estar morto.

Se lhe falta o cérebro, já dissolvido,
com ele foi-se também apodrecido
tudo o que em vida lhe trazia infelicidade.

E absorvido pelo deleitoso fim esperado,
na tranquilidade de uma cova enterrado,
talvez não lhe golpeie nem mais a saudade.

Vergel

Era um bilhete de amor sobre o canteiro,
escrito em tons níveos, rubros e amarelos,
com caracteres cuidadosamente paralelos
qual as peças de xadrez sobre o tabuleiro.

Rosas que me traziam uma mensagem singela
na doce fragrância que cada pétala desprendia.
A saudosa recordação que meu olfato invadia
do inolvidável perfume dos negros cabelos dela.

As flores ancoradas na plúmbea lauda terrosa
desabrochavam numa carta garrida e cheirosa
que despertava profundas memórias em mim.

Quem sabe lavradas por um anjo mensageiro,
ou quiçá plantadas por um demônio jardineiro,
eram frágeis letras coloridas na página do jardim.

Pranto

Deita o mar sombrio na minha fronte
e de angústia a lembrança é inundada.
Cada morna e dolorosa onda salgada
dos olhos verte, tal saliva de Caronte.

Banham a minha face líquidas navalhas
que dilaceram com um lamento vertical,
e a tola quimera da frialdade intelectual
de pronto é velada por salsas mortalhas.

Arqueia-se o pranto como corcunda
e pelos vincos do rosto se aprofunda
a banhar os dias em dolentes mormaços.

Traz a certeza, lhe lacera como espada,
de que o Paraíso roubou-me a bem-amada,
e os anjos, agora, encantam-se com seus abraços.

Temerosa

Emerge qual ilha em baixa maré,
sobre nuvens de plúmbea espuma,
a lua, que boia tal argêntea pluma.
Fraca lamparina de nevoado cabaré.

Do cimo álgido da celestina altura
perscruta o planeta azul, silenciosa.
Diligente observa, trêmula e curiosa,
como se por um buraco de fechadura.

Coberta por marmóreas folhagens
oculta-se dos racionais selvagens
que por ruas vagam como ciganos.

E receando um selênico apocalipse
protege-se com a túnica do eclipse
dos ameaçadores olhares humanos.

Atrás da janela

Atrás da janela contemplei sua face ordeira,
então lívida, por níveos cravos emoldurada.
A fronte angélica que antes florescia rosada
vencida estava, e já convertia-se em caveira.

Álgida e impassível prostrava-se silenciada
no luxuoso ataúde negro de lustrosa madeira.
Cobria-lhe um véu – alva e delgada barreira
entre meus lábios solitários e sua tez azulada.

Parecia dormitar, contudo não respirava,
pois o vidro que a exibia não embaciava
e cada olho opaco imperturbado permanecia.

E ali, lacrada, ocultava-se qual um segredo,
um romance que tão só eu conhecia o enredo.
O conto escrito no sorriso que em mim silencia.

Adeus

Deitada, traçava a fronteira entre o júbilo e a resignação,
era graciosa e delicada divisa onde a esperança esmorece.
Qual se prostrada em um plangente umbral estivesse,
era morrediça baliza que separa fulgência e escuridão.

Em seu pálido semblante uma imensa peleja ocorria,
contrários lutavam pelo usufruto de uma existência.
No leito, o duelo do corpo incendiava a sua essência,
a qual buscava à vida, enquanto a morte se insurgia.

Seus dedos frios enlacei aos meus artelhos,
contemplando-a com cavos olhos vermelhos.
Eu aguardava a treva fartar sua gananciosa fome.

Ela voltou a cabeça, com a elegância de uma rainha,
tal se por última imagem a colher buscasse a minha,
e serena expirou, contraindo nos lábios o meu nome.

Eterna em mim

Bem sei, amor, que nunca será como dantes,
pois o que outrora sobejamente nos seduzia
perdido foi-se, transportado pela poeira fria
nos regelados cristais dos astros navegantes.

Descortina-se das nuvens o níveo manto
e vislumbro no safirino páramo ancestral
as nossas constelações qual um memorial
que erige-se diante de meu saudoso pranto.

Traz-me cada sideral pestanejar em fulgor
a pungente lembrança daquele doce amor
que enlevava-nos em melífluas quimeras.

Mas ao peito meu viverá o que geramos
resguardado no castelo que arquitetamos
até o derradeiro e glacial eclipsar das eras.

NOTAS

1. Padre Ruivo: Il Prete Rosso. Apelido do compositor italiano Antônio Vivaldi, nascido em Veneza, em quatro de março de 1678, e falecido em Viena, em vinte e oito de julho de 1741.

Compôs 770 obras, entre as quais 477 concertos e 46 óperas.

2. Banshee: Ente fantástico da mitologia irlandesa. É uma forma obscura de fada, cujo grito anunciava a morte de alguém.

3. Gytrash: De acordo com a lenda, é um cão negro que no norte da Inglaterra assombra caminhantes solitários por estradas desertas. É citado por Charlotte Brontë no capítulo XII do romance "Jane Eyre", de 1847.

4. Klingon é uma raça alienígena fictícia conhecida pelo comportamento violento e voltado para a guerra. Foi criada para a série "Star Trek".

5. Vulcano ou vulcaniano é uma raça humanoide criada para a série "Star Trek". Conhecida por seu comportamento frio e racional.

6. Húbris é um conceito grego que pode ser definido como "o que passa da medida", "descomedimento". Exagero, insolência, arrogância, presunção. Descontrole sobre os próprios impulsos.

7. Sofrósina é um conceito grego oposto ao de Húbris e representa a sanidade, moderação, autocontrole, prudência, bom senso, comedimento.

8. Gregor Samsa. Personagem que se transforma em um inseto gigante. Do livro "A Metamorfose" ("Die Verwandlung"), de 1915, da autoria de Franz Kafka.

9. Nastienka é um personagem do livro "Noites Brancas", de 1848, de Dostoievski. Por ela o protagonista se apaixona.

10. Aurélia Camargo é um personagem do livro "Senhora", de José de Alencar. 1875.

11. Emma Woodhouse é a protagonista do livro homônimo de Jane Austen, escrito em 1815.

12. Agnes Grey: Personagem que dá título ao livro de Anne Brontë, de 1847.

13. Cazotte: Jacques Cazotte, autor do livro "O Diabo Apaixonado". "Le Diable amoureux", de 1772. Vinte anos depois de ter escrito essa obra, em 1792, Cazotte foi guilhotinado, acusado de atividade contrarrevolucionária. Eram os tempos da Revolução Francesa.

14. Biondeta: Personagem do livro "O Diabo Apaixonado", de Jacques Cazotte. Biondeta era o próprio diabo em forma de mulher.

15. Anna Ackmatova: Pseudônimo de Anna Andreevna Gorenko (1889-1966). Poetisa acmeísta russa.

16. Acmeísmo (do grego "cume", "ápice"): Movimento literário modernista russo caracterizado pelo estilo poético de linguagem simples, clara e usual.

17. Pozdnichev é um personagem do conto "Sonata a Kreutzer", de Tolstoi, publicado em 1889. O título provém da sonata criada por Beethoven. Pozdnichev assassinou a esposa e conta essa história no desenrolar da trama, que se passa durante uma viagem de trem.

18. Ali no-rouze é um escritor iraniano.

19. Alusão à obra "Cartas a um jovem poeta" de Rilke. Correspondência que Reiner Rilke manteve com Franz Kappus.

20. Virgílio. Poeta romano clássico, autor do poema épico "Eneida". Na "Divina Comédia", personifica a razão e é o guia de Dante pelo inferno e purgatório.

21. Na "Divina Comédia", Beatriz guia Dante pelo paraíso e personifica a fé. Beatriz Portinari, segundo alguns críticos literários, é a figura histórica que inspirou esse personagem.

22. Aqueronte, Estige, Flegetonte e Cocito são os rios do inferno de acordo com a mitologia grega. Eles são citados na "Divina Comédia" de Dante. O Lete e Eunoé são os rios localizados no fim do purgatório, já próximo ao Paraíso.

23. *Lasciate ogni speranza voi che entrate*. "Abandone toda esperança você que entrou". De acordo com "A Divina Comédia", essa era a inscrição nas portas do Inferno.

24. "O Gato Preto". Conto de Edgar Allan Poe.

25. O Horla. Ser invisível do conto de Guy de Maupassant.

26. Leprechaun: Figura mitológica do folclore da Irlanda representada por um gnomo de roupa verde trabalhando na confecção de um sapato.

27. *Spleen*: Estado de amargura reflexiva ou melancolia associado ao poeta Charles Baudelaire.

A palavra provém do grego *splēn*. Na língua inglesa, significa "baço". A conexão entre o baço e a melancolia é oriunda da medicina grega e da teoria dos humores ou galênica. Galeno, de Pérgamo, médico e filósofo romano de origem grega, considerava o baço como a fonte de um dos quatro humores corporais; abile negra, segregada pelo baço, é associada à irritação e à melancolia.

28. Mal do século: Crise de crenças e valores oriunda da Europa do século XIX. Sentimento de tédio, desilusão, melancolia e decadência. Sensação da futilidade da vida e inutilidade da existência que permeou a literatura oitocentista. No Brasil, foi o sentimento que caracterizou a chamada geração ultrarromântica ou segunda geração do romantismo, na qual se faziam presentes poemas obscuros e macabros, que discorriam acerca da ânsia pela morte, de amores idealizados, platônicos e quase sempre não correspondidos.

29. Rimbaud desenvolveu sinovite em seu joelho direito e depois um carcinoma, em razão disso teve sua perna amputada. No pós-operatório, foi descoberto que ele sofria de câncer. Após padecer em agonia por algum tempo, ele faleceu, em 10 de novembro de 1891.

30. Catherine Morland: Personagem do livro A Abadia de Nothanger de Jane Austen, escrito entre 1788/89 e publicado em 1817. A protagonista caracterizava-se pela imaginação fértil e romantismo.

31. Samsara. Para os hindus, a roda da vida,fluxo incessante de renascimentos através dos mundos.

32. Ouroboros: É um conceito representado pelo símbolo de uma serpente, ou um dragão, que morde a própria cauda. Simboliza a eternidade.

33. Referência à música "Blowin' in the Wind", de Bob Dylan.

34. Cthulhu: Monstro gigante criado pelo escritor H. P. Lovecraftem1926.

35. Íncubo: É um demônio na forma masculina que drena a energia de mulheres através da relação sexual que com elas mantém quando se encontram emocionalmente fragilizadas. Atacam geralmente à noite. A versão feminina se chama Súcubo.

36. Massa Cinzenta: Alusão ao cérebro, raciocínio. A substância cinzenta contém o corpo celular do neurônio.

37. Rubaiyat, plural da palavra Rubai, que significa quarteto. É uma obra do astrônomo, matemático e poeta persa Ommar Khayyam. A obra é um cântico à existência humana, à brevidade da vida, ao êxtase e ao amor, bem como mostra o apreço desse poeta pelo vinho.

38. Alusão a Omar Khayyam.

39. "Antes & Depois", livro das memórias do pintor Paul Gauguin, escrito entre 1901 e 1902.

40. Personagens do livro "Noite na Taverna", de Álvares de Azevedo.

41. Alusão ao poema "Uma Taça Feita de um Crânio Humano", de Lord George Byron.

42. Poetas Malditos. *Poètes Maudits.* Eram os poetas marginais que mantinham um estilo de vida conceituado como destrutivo. Viviam filosoficamente apartados da sociedade, considerada um ambiente alienante e intelectualmente limitador. Possuíam um estilo independente, que, por ser crítico, não era aceito pela grande mídia. É também uma obra em prosa do poeta francês Paul Verlaine, publicada em 1884. Os poetas malditos mais conhecidos foram Paul Verlaine, Arthur Rimbaud, Charles Baudelaire, Stéphane Mallarmé, Tristan Corbière, Isidore Lucien Ducasse (Conde de Lautréamont), dentre outros.

43. Villon: François Villon, nascido em 1431 e desaparecido a partir de 1463. Pseudônimo de François de Montcorbier, considerado precursor dos poetas malditos do romantismo.

44. Quasimodo: Conhecido como "O corcunda de Notre-Dame". Personagem principal do livro "Notre-Dame de Paris", de Victor Hugo, publicado em1831.

45. Peter Cushing e Christopher Lee são atores ingleses de filmes de terror dos anos 60/70.

46. Dandismo: Outrora, denominava-se de dândi o homem de requinte e esplêndido senso estético. O homem cavalheiresco que optou por viver de maneira intensa, sendo ligado profundamente à estética e à harmonia dos detalhes. Alguém que preenchia os seus dias com diversão, atividades recreativas e supérfluas, e possuía uma fixação pela qualidade.

47. Brummell: George Bryan "Beau" Brummell (7 de julho de 1778 - 30 de março de 1840) foi uma celebridade emblemática na Inglaterra e por muitos anos o ícone da moda masculina. Criou um estilo peculiar de vestir-se e de se comportar, no qual a afetada elegância era marca. Tornou-se admirado e seguido em sua forma de trajar-se, sendo chamado de "beau", belo. Era o exemplo claro do dândi. Morreu pobre e insano em Caen, França. Seu nome ainda é vinculado a refinamento e boa aparência.

48. *Masbaha* é um objeto similar a um rosário, de uso tradicional entre os fiéis da religião islâmica.

49. Basil Hallward. Personagem do livro "O Retrato de Dorian Gray", de Oscar Wilde, publicado em 1890. Basil Hallward foi o artista que pintou o retrato.

50. César Birotteau. Personagem do livro "Ascensão e queda de César Birotteau", de Honoré de Balzac, publicado em 1837.

51. Ivan Ilitch. Personagem da obra "A morte de Ivan Ilitch", publicada em 1886, por Tolstoi.

52. Coronel Chabert. Nome do personagem que dá título a um conto de Balzac. "O coronel Chabert" foi publicado em 1832.

53. "O Fantasma de Canterville", conto de Oscar Wilde publicado em 1887.

54. Nosfetaru. "Nosferatu, Eine Symphonie des Grauens" ("Nosferatu, uma sinfonia de terror"). Filme de terror cujo roteiro é uma adaptação do romance "Drácula", de Bram Stoker. Filme alemão de 1922, composto de cincoatos, dirigido por Friedrich Wilhelm Murnau.

55. "Casablanca". "Casablanca" é um filme norte-americano de 1942. Estrelado por Ingrid Bergman e Humphrey Bogart. É considerado um dos maiores filmes da indústria cinematográfica estadunidense.

56. Tchulkatúrin. Personagem do livro "Diário de um homem supérfluo", publicado em 1850, por Ivan Turguêniev.

57. Cléo de Mérode, famosa atriz e bailarina francesa nascida em 1875 e falecida em 1966. Pintada por Toulouse-Lautrec, foi inspiração do escultor Alexandre Falguière, que a eternizou na escultura que hoje pode ser vista no museu d'Orsay, em Paris. Notabilizou-se pela beleza e glamour, influenciando na moda. Na época, sua imagem aparecia com frequência em cartões postais e em cartas de baralho.

58. La Belle Époque: A Bela Época. Foi um período de cultura universalista na história da Europa que se iniciou na segunda metade do século XIX, com o término da Guerra Franco-Prussiana, em 1871, e estendeu-se até a Primeira Guerra Mundial, em 1914. O termo também se refere à atmosfera artística e intelectual deste período. Foi uma época caracterizada por intensas transformações culturais que se exprimiram em novas formas de refletir sobre a realidade e viver o dia a dia.

Grupo Editorial
coerência

Esta obra foi composta na fonte ITC Legacy Serif,
tamanho 11 pt, e impressa em papel pólen soft 70g/m².
São Paulo, junho de 2021